中国工业企业创新成果年度报告（2022—2023）

苏子越　主编

中国财富出版社有限公司

图书在版编目（CIP）数据

中国工业企业创新成果年度报告. 2022—2023 / 苏子越主编.—北京：中国财富出版社有限公司，2024.4

ISBN 978-7-5047-8048-5

Ⅰ.①中… Ⅱ.①苏… Ⅲ.①工业企业管理—成果—中国—2022—2023

Ⅳ.①F426

中国图家版本馆CIP数据核字（2024）第005140号

策划编辑	王桂敏		**责任编辑**	郭逸亭	**版权编辑**	李　洋
责任印制	梁　凡		**责任校对**	张营营	**责任发行**	黄旭亮

出版发行	中国财富出版社有限公司			
社　　址	北京市丰台区南四环西路 188 号 5 区 20 楼		**邮政编码**	100070
电　　话	010-52227588 转 2098（发行部）		010-52227588 转 321（总编室）	
	010-52227566（24 小时读者服务）		010-52227588 转 305（质检部）	
网　　址	http://www.cfpress.com.cn		**排　　版**	宝蕾元
经　　销	新华书店		**印　　刷**	宝蕾元仁浩（天津）印刷有限公司
书　　号	ISBN 978-7-5047-8048-5/F·3639			
开　　本	787mm×1092mm　1/16		**版　　次**	2024 年 5 月第 1 版
印　　张	17.5		**印　　次**	2024 年 5 月第 1 次印刷
字　　数	383 千字		**定　　价**	498.00 元

编委会

（排名不分先后）

目 录

第一部分　实践类成果

"三四四一"党建工作机制创新与实践

中国平煤神马控股集团有限公司

一、公司简介

中国平煤神马控股集团有限公司（以下简称"集团"）由原平煤集团和原神马集团两家中国500强企业重组而成，原平煤集团为国家"一五"规划的重点项目之一，是新中国第一个自行勘探、设计兴建的国有特大型煤炭基地，素有"中原煤仓"之称；原神马集团是改革开放之初国家第一批引进的9个重点建设项目之一，是当时国内唯一一家全套引进日本先进设备技术、生产尼龙66工业丝和浸胶帘子布的现代化企业，结束了我国高品质轮胎骨架材料长期依赖进口的历史。近年来，集团逐步形成以煤盐为源头的多条特色产业链，发展成为跨区域、跨行业、跨所有制经营的国有特大型企业，资产总额超2400亿元，拥有平煤股份、神马股份、易成新能、硅烷科技4家上市公司，6家专精特新企业挂牌新三板。目前，集团党委下属70多个基层党委（直属党总支）、1600多个党支部、4万多名党员，设有综合办公室、党委组织部、党委宣传部、纪委等部门。

二、实施背景

长期以来，集团党委始终坚持党的全面领导，加强党的建设，逐步形成了具有自身特色的党建工作思路、机制和方法。近年来，集团认真贯彻习近平新时代中国特色社会主义思想，全面落实新时代党的建设总要求和全国国有企业党的建设工作会议精神，认真学习习近平总书记关于国有企业党的建设的重要论述，把握时代特征，坚持问题导向，围绕如何做到以党的建设高质量推动国有企业转型发展进行探索，形成了以"三四四一"为主要内容的党建工作机制，助力国有企业党建强根固魂，汇聚高质量发展强大合力，为全面建设高质量现代化中国平煤神马、争创世界一流企业提供强大红色引擎。

2019年11月，中央党校（国家行政学院）、民生智库在北京组织召开研讨会，专题研讨集团"三四四一"党建工作机制的具体做法和成效。《人民日报》《光明日报》、新华社等近20家主流媒体进行广泛报道。经过近三年来的专班推进、不断完善和实践运用，企业党建工作与生产经营融合更加深入，有力地推动了企业高质量发展。

三、成果内涵和主要做法

"三四四一"党建工作机制内涵，即强化组织、队伍、制度"三个基本"，推进领航、融合、创新、共享"四项工程"，完善责任、标准、监督、考核"四个体系"，最终实现"一个目标"，就是以党的建设高质量推动企业发展高质量，全面建设高质量现代化中国平煤神马、争创世界一流企业。其中，"三个基本"是基础，重在夯实地基，补齐短板；"四项工程"是重点，重在聚焦时代要求，突出问题导向；"四个体系"是保障，重在强化过程管理，推动任务落实；"一个目标"是结果，重在体现党建优势，凸显党建价值。四个方面相互联系、互为支撑，共同构成富有集团特色的党建工作机制，是新时代提高集团党的建设质量的重要抓手，推动企业高质量发展的强大引擎。

（一）强化"三个基本"

1. 完善基本组织

坚持"四同步""四对接"，紧跟产业布局调整步伐，持续健全完善并规范基层党组织设置及职数配备，特别是加大在混合所有制企业和驻外企业中建立党组织的工作力度。2017年在对集团二级子公司进行全面摸底调查基础上，下发《关于健全集团部分二级子公司党组织的意见》，督促6家符合条件但未设置党组织的单位按要求建立党组织，并指导成立负责驻外机构党建工作的党支部，确保哪里有党员、有群众，哪里就有党的组织、有党的活动，实现党的组织和党的工作全覆盖。

2. 建强基本队伍

以增强党性、提高素质、发挥作用为重点，以践行"四讲四有"标准、做到"四个合格"、争当"最美共产党员"为目标，通过集中培训、上党课、"两微一端"学习等不同形式，全面加强党员队伍的教育管理。深化"双培养"工程，引导广大党员在爱岗敬业、履职尽责、担当作为、服务群众中走在前列、勇当先锋。坚持把最优秀的党员选拔到支部书记岗位，把支部书记岗位作为选拔领导人员的重要参考，全面推行支部副书记由党员行政正职或主持工作的党员行政副职兼任机制，为企业培养党政兼优的复合型人才。开展"双百双优"（百名优秀党支部书记、百名优秀区队长）评选活动，营造大抓支部的浓厚氛围，树立重视支部书记的鲜明导向。实施"千名书记进党校、万名党员受教育"的"千万工程"，对集团1600多名基层党支部书记和4万多名党员进行全员轮训，强化党支部书记抓党建的专业精神和专业能力，着力提升党员队伍整体素质。出台《关于基层党支部组织员队伍建设的意见》，试点开展党支部组织员队伍建设工作，正式党员人数超过10人的党支部设置1名兼职党支部组织员，协助支部书记和组织委员开展党建工作，以充实一线党建力量，培养党建后备人才。

3.健全基本制度

全面推进党建工作要求进入公司章程，下发《关于扎实推动党建工作要求写入公司章程的通知》，对党建工作要求进入公司章程进行详细安排部署，集团党委组织部、综合办公室、法律事务部、企业改革管理部等相关部门组建工作组，对各单位修订的章程逐一审核把关，集团及下属需修订公司章程的二级子公司已全部完成章程修订工作。完善《党委工作规定》《党支部工作规定》等主干制度，把全国国有企业党的建设工作会议和党的十九大、二十大对国有企业党委和基层党组织的最新部署和要求及时落实并体现到实际工作中；严格"三会一课"、组织生活会、民主生活会、谈心谈话、民主评议党员、党组织换届等基础制度，把全面从严治党的要求贯穿到党的建设经常性工作中；建立"三会一课"辅导站、基层党支部组织员、支部书记持证上岗、党员"政治生日"等特色制度，以制度创新回应党建工作的时代要求和解决党建工作中的新问题；细化党务人员配备、工作经费提取、阵地建设标准等支撑制度，为有效配置党建工作资源提供刚性保障。由主干制度、基础制度、特色制度、支撑制度构成的较为完备的制度体系，有力保证了全面从严治党各项规定在企业落地生根。

（二）推进"四项工程"

1.推进领航工程

一是把党的政治建设摆在首位。以习近平新时代中国特色社会主义思想武装头脑，指导实践，推动工作，增强"四个意识"、坚定"四个自信"、做到"两个维护"，全面落实党中央关于加强国有企业党的建设各项决策部署。举办"四个意识"专题党课和专项研讨会，开展"贯彻新思想，谱写新篇章"主题教育、社会主义核心价值观践行活动，举办党的创新理论巡回宣讲进基层和"百人千场"形势任务教育宣讲报告会，推动党的创新理论往深里走、往心里走、往实里走。认真学习领会习近平总书记在全国国有企业党的建设工作会议上的讲话精神，深入贯彻落实中共中央组织部、国务院国资委党委印发的《关于印发〈贯彻落实全国国有企业党的建设工作会议精神重点任务〉的通知》，对照30项重点任务逐一制定推进方案和工作举措，明确工作进度和责任分工予以扎实推进，已经形成一批重要的制度和实践成果。牢牢把握意识形态领导权，把意识形态工作纳入党委议事日程，精心组织召开意识形态工作研讨会，先后2次把意识形态工作作为专题民主生活会的重要内容，出台《意识形态工作责任制考核办法》《网络意识形态工作责任制考核测评方案》等制度性文件，明确把考核结果作为综合考核评价领导班子、领导干部的重要内容。

二是强化党委领导作用。强化党委把关定向作用，确立"六个坚定"作为党委把关定向基本原则，即坚定以安全绿色为前提，坚定以质量效益为中心，坚定以改革创新为动力，坚定以主业做强为支撑，坚定以全体职工为依靠，坚定以党的建设为保证，努力实现综合实力更强、质量效益更好、产业结构更优、职工共享更足、党建质量更高的发展，确保企业始终沿着正确的政治方向、战略方向前进。强化领导体制建设，坚持和完善双向进入、交叉任职领导体制，全面推行党委书记、董事长由一人担任，董事长、总经理原则上分设，总经理（矿、厂、处长）兼任党委副书记，符合条件的党委领导班子成员可以通过法定程序进入董事会、监事会、经理层，适当增加进入董事会的党委领导班子成员人数，董事会、监事会、经理层成员中符合条件的党员可以依照有关规定和程序进入党委，确保党组织作用在决策、执行、监督等各个层面都能得到有效发挥。强化讨论前置决策机制运行，明确集团党委和所属基层党委（直属党总支）发挥领导作用，细化把方向、管大局、保落实的具体内容要求，明确党委以前置程序参与决策事项的范围，规范党委参与决策的程序和方式，构建科学、规范的讨论前置决策机制。

三是提高领导干部的综合素质和能力。按照高素质专业化的要求，把培养"懂政治的企业家"和"管企业的政治家"作为集团一项紧迫的战略任务来抓，把履行"一岗双责"作为提升领导干部综合能力的一个重要实践平台来用。实施党委书记素质提升工程，集团党委下发《关于实施党委书记素质提升工程的意见》，统一编发《党委书记读本》。开展"正职争当好搭档、副职争做好助手、全力打造好班子"活动，强化领导班子整体功能，发挥党委集体领导优势。筹划组织党委中心组学习观摩交流会，通过现场翻阅优秀单位中心组学习材料、听取先进单位经验汇报，促进各单位不断完善中心组学习制度，丰富学习形式、增强学习效果。

四是加强廉洁文化建设。聚焦反腐倡廉，针对关键人物、关键岗位、关键时期"三个关键"，突出抓好超前教育、超前防范、超前解决问题"三个超前"，通过教育倡廉、制度保廉、监督促廉、惩戒严廉，切实做到信念必须更牢、纪律必须更严、作风必须更硬、工作必须更实，着力营造风清气正的发展环境。

2.推进融合工程

一是把党建工作有效融入公司决策和管理工作，实现党的领导优势和公司治理优势双向结合。建立健全公司党委参与重大决策的体制机制，坚持党委源头参与、深度介入、调研论证、把关定向，集团每年先召开党委全会，确定当年的发展目标和重点工作，在职代会暨工作会上细化落实，然后党委组织开展主题教育实践活动，把广大职工的力量凝聚到实现目标任务上。成立集团党建工作领导小组，由集团党委书记、董事长兼任领导小组组长，集团其他班子成员兼任副组长，明确成员单位职责，健全完善例会、考核、通报等工作制度，对党建工作实行统一领导、统一规划、统一部署、统一考核，在顶层设计、监督考核、激励问责上，支持和推动综合办公室和组织、宣传、纪检、群团等部门协同开展工作，构建大党建工作格局。

二是把党建工作全面融入公司生产经营中，实现党建工作成效和生产经营业绩双向提升。推动党建工作与企业重大任务深度融合。在建设高效安全矿井、劝退关闭小煤矿的产业结构调整中，在淘汰落后产能、处置僵尸企业、分离移交"三供一业"转型升级中，在推动绩效考核、干部人事和资金管理、资产处置等重要领域的改革创新中，在突破重大技术瓶颈、建设高水平国家重点实验室的技术攻关中，充分发挥党委在总揽全局、科学谋划、思想引领、资源整合方面的突出优势，充分发挥基层党组织在宣传鼓动、组织落实、服务群众、凝聚人心、维护和谐方面的突出作用，充分发挥广大党员讲党性、顾大局、肯于吃苦、甘于奉献的先进示范作用，以重要任务、重点工程、重大项目的完成情况作为检验党建工作成效的试金石，推动党建与一线业务工作深度融合。建立党员（安全）责任区制度，以班组为单元，本着"就近划分、全员覆盖"的原则，由一名党员或多名党员组成一个（安全）责任区，无党员的班组由党支部指派一名支委负责安全工作。党员（安全）责任区制度实施10多年来，全集团各单位共设立党员（安全）责任区3000多个，遍布各产业板块的所有急、难、险、重岗位，基本做到重要安全生产岗位设立了党员（安全）责任区，形成了党委领导、行政支持、部门组织、支部实施、党员参与的工作机制，构建起纵向到底、横向到边的党员安全预防网络，有力地促进了安全生产各项工作。

三是把党建工作深度融入企业文化建设，实现方向引领与力量凝聚双向促进。发挥党建引领企业文化的作用，用党的红色基因、光荣传统、优良作风推动企业高质量发展，将中国梦、社会主义核心价值观等融入企业文化，确保集团企业文化始终沿着社会主义先进文化方向前进。把党的初心使命和企业的发展愿景有机结合，把党的光荣传统与现代企业管理理念充分融合，塑造以"开放包容感恩团结"为特质的企业品格，构建由党的领导、愿景理念、战略发展、学习创新、现代管理、安全环保六大体系组成的集团企业文化体系。

3.推进创新工程

创新实施党建工作品牌化、项目化、信息化建设，研究新情况，破解新问题，推动党建创新发展。

一是实施党建品牌化建设。深入开展"党委创品牌、支部建示范、党员争优秀"活动，大力培育党建特色品牌、示范党支部和最美共产党员，持续增强先进典型辐射带动作用，在党建工作中形成百舸争流、比学赶超的良好氛围。集团总结推广的首山化工"四带四促"、平煤隆基"三融一体"等混合所有制企业党建工作法，有力提升了集团混合所有制企业党建工作规范化建设水平，获得了河南省委、省国资委党委的认可和肯定。近年来，在基层一线中先后涌现出被誉为"职工贴心人"的王川根，由普通电焊工成长为"新时期产业工人的榜样"的张玮，在井下掘进一线创造了22年安全无事故纪录的"金牌班组长"白国周，脚踏实地实现自己人生梦想的王羊娃等先进典型，他们吃苦耐劳、爱岗敬业、以身作则、无私奉献的优秀品质在集团党员职工中发挥了巨大的示范引领作用，并先后当选为党的十五大、十六大、十八大和十九大代表。一个企业，20年间先后有4名基层党员当选党的全国代表大会代表，这在全国国有企业中也不多见。

二是实施党建项目化建设。围绕生产经营、改革创新、维稳促和等中心工作，列出基层党建专题项目，组织基层党组织和广大党员进行党建课题立项申报，做好项目组织与实施、验收与评估各个流程管理，有效破解党建工作难落地和"两张皮"问题，形成"立一个项目，解一个难题，创一个模式"的良性机制。在党建项目化实施过程中，一矿党委群众参议员制度、帘子布公司党委三级民生台账等一批党建项目脱颖而出。

三是实施党建信息化建设。运用"互联网＋党建"思维，把网络媒体引入党建工作各领域。着眼于管用、好用、实用、爱用的目标，建立集信息资讯、业务管理、学习教育、线上活动、交流服务和考核监督于一体的"智慧党建"平台，将党组织建在网上、党员连在线上，通过线上线下统筹推进、良性互动，实现提升党建质量、提高党建效率的目的。建立"信息采集库"，积极推进党员管理、干部人事、档案审核等信息系统的互联兼容，实现党建工作信息化管控。运用新兴媒体，建好集团"一报一台一站一屏，一网一微一抖一频"八大宣传阵地、基层"一报一台一刊一网一微一屏"六大宣传阵地。

4.推进共享工程

坚持全心全意依靠工人阶级的方针，是坚持党对国有企业领导的内在要求。多年来，集团党委坚持全心全意依靠职工办企业，把企业职工对美好生活的向往作为奋斗目标，树立了"尊重劳动、尊重劳动者，尊重知识、尊重知识者"的鲜明导向，形成了"企业发展、职工共享"的核心理念。

一是尊重劳动，深入开展"幸福是奋斗出来的、质量效益是干出来的、工资是劳动挣来的"价值理念实践活动，引导广大职工以积极的劳动态度、过硬的劳动技能、扎实的劳动实绩服务企业，成就自我。

二是尊重劳动者，构建常态化的劳动模范、先进典型培育机制，培育出了一大批闻名全省、享誉全国的劳动模范和先进典型，从建矿初期培育的"毛主席的好矿工"李二银、"独臂铁人"曹收，到改革开放以来培育的"新时期产业工人的榜样"张玮、"金牌矿工"吴如、"矿井里走出来的院士"张铁岗、"中国第一卷绕工"张国华等，形成了劳动模范和先进典型的"群体效应"。这些劳动模范和先进典型，对内发挥了强大的示范引领作用，对外展示了优秀的企业精神和良好的企业形象，产生了广泛而巨大的社会影响。

三是尊重知识，充分发挥知识在提高劳动者素质和推动企业提质增效中的作用。扎实推进人力资源十年规划，强化职工教育培训管理，不断优化员工队伍结构，充分发挥党校、平职学院、安培中心等各类培训基地作用，实施"百千万"工程，做到"百名教授进工厂、百名技师上讲台，千名学子下车间，万名矿工大转岗"，推动知识向生产力直接转化。

四是尊重知识者，为各种专业人才的成长搭建舞台。实施高端院校优秀毕业生招聘计划，引进高端人才和急需人才，优化集团人才结构。推进"首席技术专家、首席技能大师、首席技师、首席技工"评聘，打造全国首个工人技术创新联盟。构建管理人才、经营人才、技术人才、技能人才成长"多通道"，优化专业人才成长环境，畅通专业人才晋升渠道。践行"企业发展、职工共享"核心理念，建成全国最大的工人劳模小区，实施"暖心工程"，建立困难帮扶资金保障体系，设立心理咨询室，开展职工体检和健康筛查，落实职工带薪年休假制度，安排职工赴海南工人疗养院疗养，真正让广大职工享受到发展的成果。

（三）完善"四个体系"

1. 着眼"全"，健全党建责任体系

出台集团党委、基层党委、基层党支部履行全面从严治党主体责任清单，建立健全三级党建工作责任体系，明确各级党组织、党组织书记、班子其他成员共17个方面的63项责任，逐级压实党建工作责任，形成各司其职、齐抓共管的党建工作格局，实现党建责任"全覆盖、无死角"。其中，特别重视压实"关键少数"的责任。明确党委书记责任是落实全面从严治党的第一责任人，要带头落实主体责任，对基层全面从严治党工作负总责，具体承担政治引领、组织领导、组织建设、组织保障、监督管理5个方面的具体责任。明确党委领导班子其他成员根据工作分工，协助党委书记落实主体责任，增强抓党建"一岗双责"的政治意识，对职责范围内的全面从严治党主体责任落实负责，具体承担落实分管工作、强化工作指导、推进党风建设和反腐倡廉工作、做好日常监管、落实党内政治生活制度5个方面的具体责任。明确党支部书记责任是党支部落实全面从严治党主体责任的第一责任人，全面负责本支部从严治党工作，具体承担政治引领、组织领导、组织建设、组织保障、监督管理5个方面的具体责任。明确党支部班子其他成员根据分工，协助支部书记落实主体责任，对职责范围内的主体责任落实负责，具体承担学习上级部署要求、加强党员教育监督、融合党建与分管工作、积极参加组织生活4个方面的具体责任。

2. 突出"细"，健全党建标准体系

集团党委坚持总体要求与分类指导、典型引路与问题导向、自我提升与上级支持、创建达标与推进工作、落实责任与考核监督"五个结合"的原则，出台《关于推进基层党组织标准化建设的意见》《关于推进党内组织生活标准化建设的实施意见》《关于

推进基层党建阵地标准化建设的实施意见》等系列文件，从组织设置、班子建设、党员管理、组织生活、工作载体、活动场所、工作机制、基本保障8个方面明确基层党建工作标准，形成基层党组织可遵照执行、上级党组织可考核监督的党建标准体系。比如，在工作场所标准化建设方面，注重发挥党建阵地弘正气、提士气、带活气、聚人气的作用，明确党建阵地建设总体要求为"一室四有两公开"，即设立党员活动室，有党徽、有党旗、有入党誓词、有规章制度，党员身份公开、支部党务公开。标准化建设的深入推进，使基层党组织工作机制更加健全，班子力量更加充实；使广大党员的身份意识、责任意识明显增强，荣誉感、归属感明显提高；使"三会一课"、主题党日深入开展，党员"政治生日"制度全面落实，党内组织生活更加规范，党组织凝聚力进一步增强；使党建硬件设施更加健全完善，基层党建氛围更加浓厚。

3.立足"严"，健全党建监督体系

创新监督手段。制定党建与经营工作"十条红线"，建立健全纪检监察、党委巡察、组织、督查、审计、法务"六位一体"大监督体系，通过动态监督、主动监督、全过程监督，最大限度抓早抓小、纠偏止损。强化督查问效。完善党的督促检查工作的组织体系、标准责任和形式内容，落实"三督三查"（督任务、督进度、督成效，查认识、查责任、查作风）工作要求，坚持"三不一直"（不打招呼、不听汇报、不要陪同，直接深入基层区队和党支部）督查原则，重点开展全面督查、专项督查、联合督查、调研督查、跟踪督查、实地督查。聚焦反腐倡廉。针对关键人物、关键岗位、关键时期"三个关键"，突出抓好超前教育、超前防范、超前解决问题"三个超前"，通过教育倡廉、制度保廉、监督促廉、惩戒严廉，坚决做到有腐必惩、有贪必肃，露头就打、绝不姑息。突出以案促建。成立以党委书记为组长的坚持标本兼治推进以案促改工作领导小组，建立健全党委统一领导、纪委主导推进部门协调配合、案发单位具体落实的领导体制和工作机制，在全集团组织开展以案促改工作，从不同层次筛选典型案例进行深刻剖析，用发生在身边的典型案例教育身边人，扩大警示教育覆盖面，增强针对性和实效性，使更多党员干部受到警醒。

4.注重"实"，健全党建考核体系

提升党建工作水平，关键在找准考核要素，成败在成果运用。为了保证与经济工作融合的效果，集团党委实行党建工作与生产经营双百分综合考核，将党建考核结果和经营绩效考核结果按照各占50%的比例折算后，实行百分制量化计分，考核结果与领导班子成员的薪酬待遇、职务晋升、评先评优挂钩，实现了"收入考核定、晋升靠实干、评先看排名"。双百分综合考核体系突出党的领导，突出工作实绩，把党的建设摆在更加重要的位置，实现了党建与经济工作一体化运行、一体化考核、一体化奖惩，明确回答了党委工作要不要考核、能不能考核、如何考核的问题，改变了长期以来党

建工作绩效考核凭印象、靠感觉的局面。特别是考评结果与领导班子每一名成员挂钩，更好地体现了党政目标同向、责任共担，做到了党建工作与经济工作目标聚合、标准结合、机制整合，真正使融合有形化、长效化。

（四）实现"一个目标"

通过强化"三个基本"、推进"四项工程"、完善"四个体系"，最终实现"一个目标"，即以党的建设高质量推动企业发展高质量，全面建设高质量现代化中国平煤神马、争创世界一流企业。

一是持续推动党的建设高质量。就是牢牢守住国有企业的"根"和"魂"，旗帜鲜明地坚持党的全面领导，加强党的建设，确保集团各项事业始终沿着正确的方向发展。进一步发挥好党委领导作用，党支部的战斗堡垒作用和党员的先锋模范作用，为企业转型发展提供更加坚强有力的保证。充分发挥好基层党组织和广大党员中蕴藏的巨大的凝聚力、战斗力、创造力，使集团1600多个党支部成为一个个坚强的战斗堡垒、使4万多名党员成为一面面鲜艳的旗帜，确保中央、省委各项决策部署落地生根，取得实效。

二是持续推动企业发展高质量。就是坚定不移以新发展理念为引领，以建设现代化经济体系作为主攻方向，彻底摆脱"唯速度"情结形成的路径依赖和惯性思维，推动企业发展实现质量变革、效率变革、动力变革。正确处理"稳"与"进"的关系，在确保企业稳健运行的基础上，推动各项事业再上新台阶。坚持以职工群众为依靠，在推动企业实现更加安全、更具质量、更高层次发展的同时，让职工过上更加体面、更加殷实、更有尊严的生活。

三是全面建设高质量现代化中国平煤神马、争创世界一流企业。就是力争到2030年，实现主营业务收入2400亿元，工业产值2000亿元，利税总额超300亿元，在全球有较高核心竞争力、社会知名度和商业信誉度，成为"产品卓越、品牌卓著、创新领先、治理现代"的优秀高端功能材料一流企业。

四、实施效果

（一）党的领导作用进一步加强

"三四四一"党建工作机制使党的领导作用在集团得到全面加强。习近平新时代中国特色社会主义思想在集团落地生根，"四个意识""四个自信"和"两个维护"的要求在集团的各项工作中得到全面体现，党中央的重大决策部署在集团得到有力贯彻落实。党的领导地位在集团和所属二级公司的章程中得以明确，党委把方向、管大局、保落实的内容要求得到细化，参与讨论前置决策机制的运行更加规范，发挥领导作用的组织架构更加健全，领导班子的整体功能进一步强化，综合素质和能力进一步提高，党组织在公司治理结构中的领导地位不断巩固，在职工群众中的影响力和凝聚力不断扩大。

（二）党的建设质量显著提高

"三四四一"党建工作机制的运行，使困扰当前国有企业党的建设的一些普遍性难题得到有力解决，如组织不健全、党内生活质量不高，形式热热闹闹、实际效果不佳，标准不统一、党建发展不平衡，制度不完善、刚性不足，责任传导层层递减、资源投入逐级减弱等。特别是全国国有企业党的建设工作会议以来，党中央对国有企业党建工作提出许多新要求、新部署。党的政治建设如何开展？党委领导作用如何发挥？全面从严治党主体责任如何落实？标准化和规范化建设如何推进？如何回答这些时代课题？应当说，集团在贯彻中央有关精神的基础上结合企业实际进行了积极探索，这些探索成果对其他国有企业具有一定的启发意义。

（三）企业治理体系更加科学高效

集团在推进"三四四一"党建工作机制的过程中，始终按照"两个一以贯之"的要求，坚持把坚持党的全面领导、加强党的建设和完善公司治理、构建现代国有企业治理体系一体谋划、一体推进，做到发挥党的优势与发挥现代企业制度优势相结合，坚持党管干部原则与发挥市场机制作用相结合，强化监管与增强活力相结合。为此，集团完善公司法人治理结构及其运行机制，坚持分权制衡、权责对等原则，准确界定企业党委会、董事会、监事会、经理层、职代会等各自的权力和责任，在有效发挥党委领导作用的同时，落实好董事会在重大决策、选择经营管理者、薪酬分配等方面的职权，落实好总经理负责制，保证总经理全面负责公司经营管理事务，使党组织和其他治理主体之间形成各司其职、各负其责、协调运转、有效制衡的公司治理机制。

（四）企业质量效益明显提升

"三四四一"党建工作机制的扎实推进，使企业的党建优势不断转化为发展优势，成为推动集团高质量发展的"红色引擎"。集团锚定"两个确保"、践行"十大战略"，以"材""能"企业为坐标，以"资本＋实业"为双翼，以绿色低碳为特色，大力发展以煤盐为源头的尼龙和硅碳材料、新能源等新兴未来产业，加快进军高端尼龙、芳纶制品、负极材料、半导体材料、绿能储能、煤层气开发等绿色高端产业领域，企业利润、利税实现新突破，工业产值攀上1200亿元高峰，主要经营指标领跑全省国企，呈现发展加快、结构优化、质量提升、民生稳定、风清气正的良好局面。

主创人：李　毛　杜　波
参创人：张金常　李　毅　洪　雄　刘广伟　李　晖

新能源项目全寿命周期投资管理研究

国家能源集团江苏电力有限公司

随着全球能源消费方式变革，新能源行业发展迎来新机遇与新挑战。本研究基于项目全寿命周期投资开发模式，编制关于新能源项目并购投资工作管理标准与投资项目经营期评价管理办法；同时，构建新能源项目投资效益分析模型和投资管理决策模型。研究结果为新能源项目投资决策提供理论依据与技术支持。

国家能源集团江苏电力有限公司（以下简称"江苏公司"）成立于2008年12月31日，为北京国电电力有限公司全资子公司，主要运营管理国家能源集团在江苏的火电资产。2020年9月，国家能源集团对包括江苏在内的五省区进行电力体制改革，重组了在江苏区域的火电业务，将北京国华电力有限责任公司在江苏企业移交江苏公司管理，2021年11月完成了全部产权整合。重组后，江苏公司总装机为1382万千瓦，总资产323亿元，在运机组18台，其中百万千瓦机组8台，运装机容量位居"区域五大"第一。

随着"双碳"目标的提出，我国将能源低碳化、绿色化作为调整能源结构、推动能源转型的主攻方向，逐步构建以新能源为主体的新型电力系统。煤机将逐步退出主力电源的历史舞台，煤电企业面临巨大的挑战。在这种情况下，江苏公司主动求变，提出了"向综合能源服务商转变、向绿色低碳能源供应端转变"的转型发展思路，将其作为公司新能源发展的投资方向，全力推动公司打造成为具有"时代特征、国能特色、江苏特点"的一流智慧能源企业。

近年来，江苏公司积极应对煤价上涨、煤电联动不到位等困难挑战，强化经营管理，单位千瓦盈利能力、供电煤耗、厂用电率、入厂标煤单价等指标多年来保持江苏区域同类企业最优水平。

2020—2022年，江苏公司实现利润58.64亿元，效益水平在江苏区域五大集团中保持领先，近两年成为省内唯一实现盈利的省级煤电企业，重组整合的改革成效充分释放，1+1＞2效果显著。

一、研究概述

（一）研究背景

1. 能源项目差异大

新冠疫情的暴发和蔓延加速了全球能源消费方式变革，为新能源行业发展带来新的机遇与挑战。企业之间的竞争早已上升为依靠企业素质与内功取胜的深层次较量。面对瞬息万变和日益激烈的市场，新能源企业应不断加强资源整合能力和资金运作能力。

从市场层面来看，能源项目规模差异大、项目个性化强、商业模式多样化及风险因素不确定性大等因素导致能源项目投资开发市场环境变化快，投资单位常常无法全面掌握信息。从项目层面来看，投资单位存在的"重建设轻运营"问题使建设投资与运营管理相对脱节。由此造成的低决策效率将造成投资单位错失项目机会。本课题将立足全寿命周期视角，打通能源项目"投资—建设—运营"全链条，将优质的投资决策机制与后端滚动评价机制充分结合以保障能源项目达到预期目标，并以此探讨新能源项目投资管理创新模式。

2. 当前存在问题

通过调研各类主体情况与实际工程经验总结，当前能源项目投资开发和实施过程中存在以下主要问题：投资单位未掌握项目详细信息，对项目存在的资源方、实施进度计划、项目手续、地方政策等情况认识不全面，缺乏对项目投资开发、项目建设、运营管理等全过程、全方位信息的了解，存在项目信息盲区，无法快速做出跟踪决策和精准的机会判断。应通过对企业历史数据文档、管理人员背景、市场风险、管理风险、技术风险和资金风险做全面深入的审核，为投资决策提供依据。

3. 未来发展前景

在能源结构转型的新业态下，新能源蕴藏着广阔市场，是未来公司业务开拓的主营阵地。基于此，以已完工项目完整工作资料为基础，全方位跟踪项目信息，挖掘项目市场机会，形成一套全寿命周期投资开发工作模式具有重要的市场开发意义。

时代的进步促使经济发展有了新的方式，国家倡导科学发展经济，坚持经济可持续发展，新能源经济逐渐成为我国经济项目中的重要组成部分。从发展新能源经济的作用上看，我国经济发展所消耗的能源成本不仅能够通过新能源经济降低，生态环境也能够得到最大限度的保护。发展新能源经济符合可持续发展的价值观，它不以牺牲环境为代价，而是适当地去利用自然环境，结合高新技术去发展经济。

（二）国内外研究现状

关于新能源项目的投资情况，从已经实施的新能源项目来看，新能源项目的投资主力军一个是国内性质资金，另一个是国外的一些风险资金。国内性质资金中，又以国企投资与民间投资为主。新能源项目的投资方式是灵活的，政府部门和大型企业主要以风能、太阳能、核能等新能源投资项目为主，这类项目的风险相对而言较为可控；风能、太阳能、核能的周边项目常常是民营资本所青睐的投资类型；而风险投资机构则更加看重新能源技术研发项目或者是新能源产业孵化项目。

新能源项目虽然获得了国家政策上的扶持，但是从现下新能源经济发展成果来看，新能源项目的回报并没有达到预期，不少新能源企业不但没有实现盈利，反而出现了亏损的状况，整体经营情况一年不如一年，依托新能源创造价值的企业与企业之间也开始显现出较为明显的差异。新能源项目的重点不在于经济效益的创收，而在于安全环保、节能减排和与自然和谐共处，这就必然与经济效益最大化无法保持高度的契合。从我国已经进行的新能源项目发展情况来看，项目运营存在着两极分化的状况。有的项目获得效益的周期快，而有的项目始终处于亏损状态。

有关报告显示，仅2020年，全球可再生能源投资增长约2%。且为按时实现碳中和的集体目标，流向清洁能源的资金只增不减。放眼能源转型的下一阶段，新能源仍然处在快速发展的重要时期。从政策规划着眼，多国都对新能源发展进行了中长期的规划，多国制定了有关清洁能源的发展目标，约有150个国家出台了关于新能源发展的相关支持政策。可以说，在能源转型的浪潮中，新能源的发展势头正足，新能源市场占有率将随着发展新能源观念的广泛传播而不断提升，当前，海外新能源市场开发具有较为坚实的基础。

（三）研究目标

①选择研究对象，确定纳入研究的项目范围和类型，开展新能源项目投资现状研究（包括市场环境、行业政策、实施情况、发展趋势等），分析当前新能源项目投资管理工作的薄弱环节和不足。

②强化投资项目全寿命周期管理，制定国家能源集团投资并购项目工作管理标准与经营期评价管理办法，指导投资项目经营期常态化滚动评价，常态化开展投资项目经营期评价和投资管理周期性评价。

③通过分析项目背景、决策要点、收益模式，构建投资效益计算模型（结合能源项目收益模式构建投资效益计算模型，多维度开展敏感性分析以支撑科学决策），总结项目实施风险点、关键点、注意事项，为项目实施夯实基础。

④建立新能源项目投资管理闭环体系，在生产运营期定期进行评价，分析、预测、研判各项边界条件变化对于项目运营收益的影响，对投资实施合规性、管控实效性、效益和目标实现程度以及企业战略带来的影响进行全面科学的评估，实现项目投资管理闭环。

⑤构建新能源项目投资决策模型，将该模式解构为输入端和输出端。根据输入参数分析评价得出评价结果。对并购类项目而言，可以以此了解标的企业的基本情况，包括股权结构、资产状况、经营情况、人员情况、出售意向等；对新建类项目而言，可以进行全方位信息分析和判断，从而对项目并购投资和投资开发进行初步可行性分析。

（四）研究技术路线（见图1）

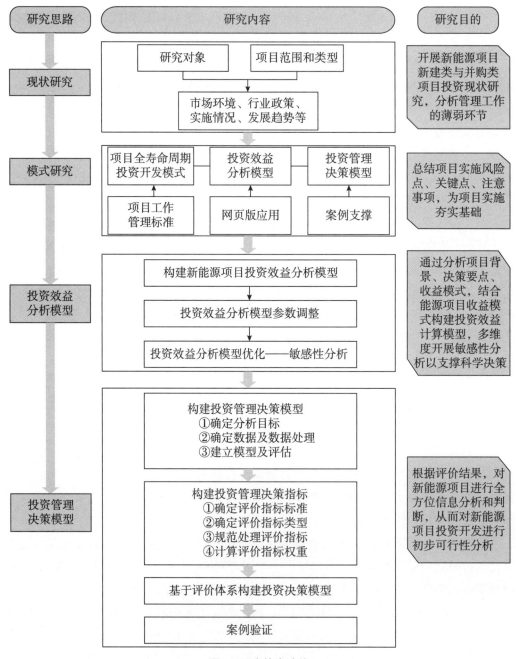

图1　研究技术路线

二、新能源项目工作管理标准

（一）新能源项目并购投资工作管理标准

《国家能源集团江苏电力有限公司新能源项目并购投资工作管理标准》明确了投资并购对象的范围，划分了各部分的工作分工；梳理了投资并购流程，从发起决策、立项审批、尽职调查、投资决策、审核决策、签订协议到组织实施，对每个步骤的主要工作内容、工作目的以及注意事项都进行了梳理；阐述了投资并购工作中潜在的投资风险，并为投资风险制订了相应的控制措施；最后对投资并购工作完成后的项目审计和评价进行梳理，对投资并购工作中的奖励惩罚机制做了规定，确定了考核和责任追究范围。

（二）投资项目经营期评价管理办法

《国家能源集团江苏电力有限公司投资项目经营期评价管理办法》确定了投资项目经营期评价管理的总则，接着划分了各个部门的工作分工，对评价对象即单体项目和项目群的含义与评价内容、评价对象进行了梳理。本报告主要从安全、效能、效益，以及环境影响和社会效益等几个方面对项目进行综合评价，主要采用逻辑框架法和前后对比法。该评价须客观反映实际情况，深入剖析问题，认真总结经验，合理提出对策建议。

三、新能源项目投资效益分析模型研究

（一）投资效益分析模型构建

新能源项目的投资效益分析是根据项目的基础数据和相关参数，计算出项目的成本、利润、投资现金流量、还贷金额、项目运营期现金流量以及资产负债，最终得到相应的关键指标。关键指标包括经营指标、盈利能力指标以及偿债能力指标。经营指标包括发电销售收入总额、总成本费用总额、销售税金及附加总额、发电利润总额、年均经营成本、单位电度经营成本、单位千瓦经营成本以及资本金出资额；盈利能力指标包括项目投资回收期、项目投资财务内部收益率（所得税前）、项目投资财务净现值（所得税前）、投资利润率以及资本金利润率；偿债能力指标包括最大资产负债率、累计最大短期借款以及贷款还贷年限。

1.经营指标

发电销售收入总额是基准电价收入和补贴收入的总和。总成本费用是折旧费、委托运维费用、业主管理人工成本、保险费、材料费、城镇土地使用税、待摊（土地租金等）、利息支出以及项目运营的其他费用的总和，总成本费用总额就是项目周期内每

年的总成本费用的总和。销售税金及附加是城市维护建设费和教育费附加，销售税金及附加总额是项目周期内每年的销售税金附加总额的总和。发电利润是发电销售收入－销售税金及附加－总成本费用＋增值税即征即退补贴＋营业外收入，发电利润总额是项目周期内每年的发电利润的总和。年均经营成本是项目生命周期内每年的经营成本，即总经营成本／电站运营周期；总经营成本是每年的委托运维费用＋业主管理人工成本＋保险费＋材料费＋城镇土地使用费＋项目运营其他费用。单位电度经营成本是年均经营成本／年发电量。单位千瓦经营成本是年均经营成本／装机容量。

2.盈利能力指标

项目投资回收期是指投产后获得的收益总额达到该投资项目投入的投资总额所需要的时间，投产后获得的收益即每年的累计税前净现金流量。项目投资财务内部收益率指项目在整个计算期内各年财务净现金流量的现值之和等于零时的折现率，也就是使项目的财务净现值等于零时的折现率，本投资效益分析模型的财务内部收益率计算的是所得税前的内部收益率。项目投资财务净现值是指项目计算期内各年的财务净现金流量，按照基准收益率折算到建设期初的现值之和。项目投资财务净现值是考察项目在计算期内盈利能力的主要动态评价指标，本投资效益分析模型的项目投资财务净现值计算的是所得税前的净现值。投资利润率是发电利润总额／总投资，而资本金利润率是利润总额／项目资本金，在运营期内这些指标是评价项目的重要指标。

3.偿债能力指标

资产负债率是指项目周期内负债总额除以资产总额的百分比，是衡量企业利用债权人提供资金进行经营活动的能力，以及反映债权人发放贷款的安全程度的指标。项目在计算期内每年都计算资产负债率，而最大资产负债率是项目计算期内每年的资产负债率中最大的。贷款还贷年限是指为项目在建设期内所借贷款而规定的还贷时间。本项目规定的还贷年限为15年。

（二）投资效益分析模型参数调整

1.投资效益分析模型概述

投资效益分析模型的核心思想就是根据项目的基础数据与参数，得到该项目的关键指标即盈利能力指标与偿债能力指标。

在得到项目的相关数据后，开始对项目进行投资效益分析，分析得到项目的投资计划、成本情况、利润情况、投资现金流量、还贷情况、项目运营期现金流量表以及资产负债表。在得到上述信息之后，分析出项目的关键指标即盈利能力指标与偿债能力指标。盈利能力指标包括项目投资财务内部收益率与资本金财务内部收益率，当这两个指标大于项目的基准收益率（一般为银行利率）的时候说明项目可行。偿债能力指标包括最大资产负债率与累计最大短期借款等。偿债能力指标就是考察债权人向企业提供资金的风险程度，也反映了企业举债经营的能力。

2.投资效益分析模型调整分析

（1）流动资金调整

流动资金的30%来自企业的资本金，另外70%来自借款。调整过后流动资金全部为借款。

（2）成本费用调整

成本费用中的光伏综合运维费原本是直接用运维费率×装机容量，调整过后是用运维费率×装机容量/（1+6%），调整过后将增值税率考虑了进去。

（3）利润、所得税、净利润、法定盈余公积金调整

成本费用经过调整，利润、所得税、净利润、法定盈余公积金都由于成本变化而进行相应的调整。计算方式没有变化，只是根据成本费用的值变化而进行调整。

（4）投资现金流量表调整

一是流动资金投入原本在运营期第一年投入，调整过后流动资金在建设期投入。二是应交增值税金，原本的现金流出不包含应交增值税金，调整过后现金流出包含了增值税金，净现金流量也因此改变，最终所得税前项目投资内部收益率也进行了调整。

（5）资本金现金流量表调整

第一年的资本金投入原本是建设投资×资本金比例，调整过后第一年的资本金投入=（建设投资+建设期利息）×资本金比例。相应地，对于借款本金偿还，原本是只算了建设期的投资借款，未算建设期利息，调整过后借款本金偿还=建设期投资借款+建设期利息。

（6）项目盈亏平衡分析

对项目进行盈亏平衡分析，寻找项目盈亏平衡点。分别按前10年和前25年计算盈亏平衡点。

分析资本金内部收益率为6.5%时，建设投资、上网产量、上网电价、利率、单位千瓦静态投资、经营成本的变化。

分析项目投资财务内部收益率（所得税前）为6%时，建设投资、上网产量、上网电价、利率、单位千瓦静态投资、经营成本的变化。

（三）投资效益分析模型优化机制

1.敏感性分析概述

通过投资效益分析模型得到项目评价的关键指标，而后对关键指标进行敏感性分

析。敏感性分析是从众多不确定性因素中找出对投资项目经济效益指标有重要影响的敏感性因素，并分析、测算其对项目经济效益指标的影响程度和敏感性程度，进而判断项目承受风险能力的一种不确定性分析方法。敏感性分析有助于确定哪些风险对项目具有最大的潜在影响。它把所有其他不确定性因素保持在基准值的条件下，考察项目的每项要素的不确定性对目标产生多大程度的影响。

2. 投资效益分析模型优化分析

自变量即建设投资变化分析、上网产量变化分析、上网电价变化分析、经营成本变化分析、利率以及单位千瓦静态投资，变化区间在（-20%，20%），间隔为5%。因变量为项目投资财务内部收益率（所得税前）、资本金财务内部收益率（所得税后）、资本金净现值、项目投资净现值（所得税后）、投资回收期（所得税后）资本金净利润率以及最大资产负债率。分析在自变量发生变化时，因变量如何变化。

为了直观地了解敏感性分析，以某基建光伏项目为例，以上网电价为自变量进行敏感性分析。当上网电价（含增值税）以5%的幅度递增或递减变化时（上下限为±20%），看关键指标的变化（见表1）。

表1　上网电价变化对关键指标的敏感性分析

敏感性因素	变化幅度（%）	取值	项目投资财务内部收益率（所得税前）	资本金财务内部收益率（所得税后）	资本金净现值（万元）	项目投资净现值（所得税后）	投资回收期（所得税后）	最大资产负债率	资本金净利润率
上网电价（含增值税）	−20	0.4207	5.8302%	5.9200%	−86.5015	−255.8508	13.1736	68.9296%	5.7983%
	−15	0.4470	6.5696%	7.2700%	21.7294	−142.2479	12.3274	68.8438%	7.1201%
	−10	0.4733	7.2892%	8.6600%	129.5406	−29.0533	11.5743	68.0853%	8.4419
	−5	0.4996	7.9933%	10.0800%	237.2882	84.0795	10.8986	68.7668%	9.7637%
	0	0.5259	8.6826%	11.5300%	344.8194	197.0026	10.2899	68.7284%	11.0856%
	5	0.5522	9.3588%	13.0200%	452.1133	309.6958	9.7379	68.6900%	12.4074%
	10	0.5785	10.0247%	14.5600%	559.4071	422.3891	9.2353	68.6517%	13.7292%
	15	0.6048	10.6808%	16.1400%	666.5595	534.9445	8.7759	68.6134%	15.0509%
	20	0.6311	11.3265%	17.7600%	773.3619	647.1587	8.3548	68.5752%	16.3720%

从表1可以看出，当上网电价为0.5259（即未变化）时，项目投资财务内部收益率（所得税前）为8.6826%，资本金财务内部收益率（所得税后）为11.5300%；当上网电

价上涨时，项目投资财务内部收益率（所得税前）、资本金财务内部收益率（所得税后）、资本金净现值、项目投资净现值（所得税后）以及资本金净利润率随之也上涨，投资回收期（所得税后）和最大资产负债率随之下降。

由图2可知，资本金利润率与项目投资财务净现值（所得税后）对于上网电价的变动比较敏感，且项目投资财务净现值（所得税后）最为敏感，资本金利润率次之。其余指标的敏感程度很低，即上网电价的变动对最大资产负债率、项目投资财务内部收益率（所得税前）、资本金财务内部收益率（所得税后）、资本金财务净现值以及项目投资回收期（所得税后）的变化幅度很小。

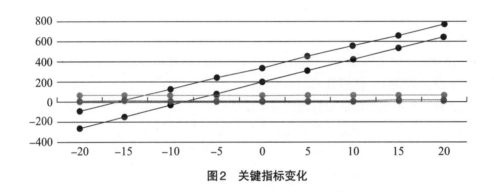

图2　关键指标变化

从风险角度来看，当其他条件不变时，本项目的上网电价变化对资本金利润率与项目投资财务净现值（所得税后）影响较大，对其他关键指标的影响较小。

四、新能源项目投资管理决策模型研究

（一）投资管理决策模型构建过程

1.确定分析目标

基于明确的分析目标，了解项目业务背景、业务需求，明确待解决的业务问题，分析工作的核心需求。与相关方进行需求讨论，内容围绕业务逻辑、需求合理性、可行性等方面。确定需求后，搭建分析框架并制订项目计划表。

2.确定数据及数据处理

提数是数据建模的基础工作，在此过程中要注意以下几点：确保熟悉业务，与业

务相关人员进行深入沟通，确定需要的数据指标；注意数据的时效性，确保抽取的数据符合业务需求；核实数据源的真实性、规范性。对于数据预处理方法主要包括以下几类：缺失值处理（灵活运用删除和插值）、异常值处理（一般都是直接删除）、筛选有效自变量等。

3.模型建立及评估

数据模型开发的目的是从数据中挖掘有价值的信息。实际中比较常见的应用场景有：预测、评价、聚类、推荐、异常检测。模型的评估是要以分析目标为导向，是需要模型更快、更准确，还是需要模型的泛化性能更好，抑或是需要模型的稳定性强等，都是建立在一开始确立的分析业务目标的基础之上。

（二）投资管理决策指标构建过程

1.评价指标选择标准

选取合理的评价指标是综合评价问题的第一步，综合指标选择具有四个准则：代表性、确定性、独立性、区别能力。

①代表性：各层次指标能最好地代表本层次；

②确定性：指标值要确定、可量化，高低在评价中有确切的含义；

③独立性：选定的指标要互相独立，不能互相替代；

④区别能力/灵敏性：指标有一定的波动范围。

建模过程中需要确定评价指标时，先将具有代表性的指标纳入体系，再从不同维度确定评价指标，通过查阅大量相关文献，在全面考虑问题的基础上，尽可能选择被广泛利用的指标，为后续工作做铺垫。

2.评价指标类型

目前的评价指标通常分为以下四类：极大型指标、极小型指标、中间型指标、区间型指标，针对不同的评价指标，采用不同的处理方法和评价规范。

极大型指标：总是期望指标的取值越大越好。

极小型指标：总是期望指标的取值越小越好。

中间型指标：总是期望指标的取值既不要太大，也不要太小为好，即取适当的中间值。

区间型指标：总是期望指标的取值最好是落在某一个确定的区间内。

除了以上四类数据型指标，本课题所构建的指标体系中还包含展示型指标和定性指标。

展示型指标：仅供展示，反映项目属性，不作为综合评价依据。

定性指标：为了使得定性指标能够比较精确地进行考核，必须尽量减少文字性表述带来的模糊性。制定定性指标考核标准的总体思路：将定性指标细化为多个考核维度，针对每一个可考核维度，用数据或事实对比等方法来制订明确和具体的考核标准。

3.评价指标规范处理

（1）指标一致化处理

指标一致化处理是将极小型指标、中间型指标、区间型指标极大化的方法。通过一致化处理后，所有指标化为极大化的指标，主要解决的是数据之间不同性质的问题。

（2）无量纲化处理

指标的无量纲化也是不可缺少的环节，一般来说指标体系各指标的数值之间往往不能直接进行度量和比较，有些指标是百分比，有些是绝对数，而综合评价需要将它们以一定方式"加总"，这就必然要使用数学变换来消除原始指标的单位与数量级对评估结果造成的影响。无量纲化也被称为指标的规范化。

（三）基于评价体系的投资决策模型

1.综合评价体系投资模型的目标

对于新建项目进行投资决策：判断是否对该项目进行投资；对于已建项目进行后评价：针对已建项目的效益分析和评价，验证前期目标是否实现。

2.综合评价体系投资模型的输入输出

①输入：各子指标的数据、打分值；
②输出：综合值及各层级指标的表现值。

3.综合评价体系投资模型的方法

各综合评价方法优缺点及差异性如表2所示。

表2　综合评价方法优缺点及差异性

综合评价方法	优缺点	输出结果	表现各指标差异	结合定量与定性
模糊综合评价方法	优点：解决了评价中的模糊问题，定性和定量方法有效结合。包含较多的信息，有利于评价者综合分析评价内容。可以看到各指标单独的表现以及各层级的表现情况，最后输出的是一个值（优秀、良好、一般、较差、极差）。 缺点：指标间信息重叠问题无法解决	值	√	√

（续表）

综合评价方法	优缺点	输出结果	表现各指标差异	结合定量与定性
灰色综合评价方法	优点：计算简单；只需要少量代表性样本，对数据要求低；数据不必满足任何分布或进行规范化。输出的是序列（排序）。 缺点：需要一个最优参照。结果只能显示被比对象的相对表现，而不能得到每个被比对象的绝对水平	序列	×	√
TOPSIS法（优劣解距离法）	优点：建立评价系统的优选解和非优选解，然后将评价对象与优选解和非优选解的距离作为判断依据。 缺点：需要一个最优参照。结果只能显示被比对象的相对表现，而不能得到每个被比对象的绝对水平	序列	×	√
多元线性回归	优点：计算较为简单，方法成熟。 缺点：无法统一定量和定性的数据，无法区分各层次指标的差异和表现情况	值	×	×
机器学习（人工神经网络方法等）	优点：在非线性和非局部复杂大规模系统中具有较强的可靠性和适用性。通常用于预测。 缺点：需要大量的高精度样本训练	值	√	×

新能源项目投资决策需要决策模型的最终结果具有可读性、差异性，同时，由于新能源项目评价体系复杂，影响因素同时包含定性指标和定量指标，为了方便后续投资决策分析，本研究选用模糊综合评价法及线性加权综合法作为综合评价投资模型的主要方法。

4.综合评价投资模型构建路径

适用于本研究的综合评价投资模型构建路径如图3所示。主要流程为：全过程识别新能源项目指标、构建指标体系，指标筛选，指标定权，模型计算，综合评分，数据检验。

（四）基于评价体系的投资决策评价案例

1.项目概况

本项目名称为：国家能源集团宿迁发电有限公司洋河酒厂6MWp光伏项目EPC工程。国家能源集团宿迁发电有限公司洋河酒厂屋顶光伏项目利用江苏洋河酒厂股份有限公司的3万吨陶坛库及酿酒车间屋顶建设光伏电站，可利用屋顶总面积约74000m²，

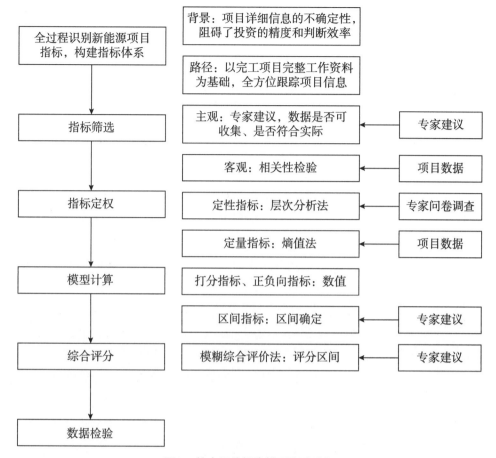

图3　综合评价投资模型构建路径

场址中心坐标为（N33.8°，E118.4°），总建设规模为6MWp，屋面全部为混凝土屋面。场址区紧邻宿城区洋河中大街，交通非常便利。本期项目拟安装545Wp太阳能光伏组件，总装机容量6MWp。拟采用发电方式为："自发自用，余电上网"，并网电压为10kV。

2.项目建设必要性评价

项目建设必要性评价从所在地区经济现状及发展规划、电力系统现状及发展规划、地区能源规划、土地利用规划、当地相关政策支持5个方面展开，主要评价项目所在地区的经济发展背景、资源规划情况、当地政策情况以及项目建设的合理性。

该项目在所在地区经济现状及发展规划、电力系统现状及发展规划以及地区能源规划方面表现良好。该项目对项目所在地区的经济现状和发展规划梳理得十分到位，该项得分25分；该项目在进行市场调研时对项目所在地区2016年以来的电力系统现状进行了全面的总结以及对未来的发展规划做了清晰的梳理，该项得分25分；该项目全面分析了当地的太阳能资源与当地概况、气象条件及影响以及光伏电站的规划，该项得分25分；该项目对项目地理位置、区域稳定性以及土地地形地质做了明确的分析，但是对土地未来的利用规划方面仍有改进的空间，该项得分15分。同时，当地有相关政策支持该项目，说明该项目投产符合当地发展规划。该项目也缺少当地相关的政策支持，这说明项目需要与当地发展规划一致。因此，工程建设必要性评价得分为90分。

3.项目过程评价

项目过程评价主要包括项目可研阶段评价、项目建设准备阶段评价和项目建设实施评价三部分。

项目可研阶段评价主要是针对可研流程规范性和可研深度进行评价。该项目的可研审批流程规范性评价得分为25分，说明在可行性研究审批过程中，没有出现组织、流程不规范，审批不及时，多次批复等流程问题，表现优秀。该项目的可研深度评价得分为25分，说明可研报告未出现内容不完整、不规范、质量不高等问题，表现良好。

项目建设准备阶段评价主要从初步设计、招标采购、合同签订、施工组织方案4个方面展开。初步设计部分得分为25分，说明未出现组织流程不规范，审批不及时、设计内容不完整、质量不高、多次批复等问题，表现优秀；招标采购部分得分为25分，说明未出现流程不规范、不及时、招标结果不能满足施工需求、流标等问题；合同签订方面得分为25分，说明合同签订及时完整，合同条款合理，且招投标阶段对最高投标价有限制，体现了项目招投标的公平性，未出现合同价款不合理等问题；施工组织方面得分为25分，说明未出现内容不完整、质量不高、流程不规范等问题，表现优秀。

项目建设实施评价主要包括进度控制、质量控制、安全控制、其他过程、竣工验收五个方面。该项目在这一阶段得分为100分，表现优秀，进度计划完整、计划内容合理、管控措施落实到位、竣工验收组织规范，可供后续项目参考。

4.项目效果和效益评价

项目效果评价从技术水平和项目安全可靠性两方面进行评分。技术水平评价中，该项目系统衰减率和系统实际效率在研究报告中未明确指出，评分可取中位数，因而项目技术水平得分为20分。项目安全可靠性评分为60分，设备可用系数在一段时间内下降，而后提高，之后呈下降趋势；电压合格率为99.99%，符合当地政策要求；安全事故发生次数为0次，说明项目安全可靠性高，表现优秀。因而项目效果评价得分为80分。

项目效益评价主要从全投资税前财务内部收益率、资本金内部收益率、经济增加值（EVA）三个角度进行分析。该项目全投资税前财务内部收益率为6.73%，处于中等水平，资本金内部收益率为7.4%，处于中等偏低水平，经济增加值为434.07万元，项目效益评价得分为55分，总体表现中等偏下，企业还需要控制项目成本，提高效益。

5.项目环境和社会影响评价

项目环境评价包括大气环境、水环境、噪声环境、固体废弃物环境和污染防治，主要评价指标检测值是否符合相对应的质量标准或污染物排放标准，同时检查设计方案中是否采取相关有效防治措施。从打分表可以看出，该项目在固体废弃物环境方面表现优秀，污染物排放严格遵守国家规定，采取了有效的保护措施。该项目在大气环境、水环境、噪声环境检测以及污染防治方面做得不是很到位，环境评价报告中未体现这几个方面，因而项目环境评价得分为60分。

社会影响主要从产业进步、节能减排、经济发展、移民安置4个方面展开评价。该项目有利于推动当地经济发展，光伏发电助力产业转型，在产业进步、带动经济社会发展和节能减排方面表现优秀。但是可研报告中未体现出被搬迁者对项目的态度如何以及当地居民对项目所持的态度，这说明项目未充分重视当地居民的意见，今后还需改进，社会影响评价得分为90分。

6.项目评价结论

综上得出投资评价总表，见表3，项目总得分为79.4，项目表现基本合格。

表3　投资评价总表

序号	一级指标	权重	二级指标	权重	得分	总得分
1	项目概况（10分）	0.1	项目建设必要性	0.1	90	
2	项目过程评价（30分）	0.3	项目可研阶段评价（10分）	0.1	100	
			项目建设准备阶段评价（10分）	0.1	100	
			项目建设实施评价（10分）	0.1	100	
3	项目效果和效益评价（40分）	0.4	项目效果评价（16分）	0.16	80	79.4
			项目效益评价（24分）	0.24	55	
4	项目环境和社会影响评价（20分）	0.2	项目环境评价（12分）	0.12	60	
			社会影响评价（8分）	0.08	90	

7. 项目存在的主要风险

①项目未来的土地利用规划不是很明确，可能造成土地资源浪费。

②项目未得到当地政府明确的政策支持，这会影响项目未来的发展前景。

③设备的衰减率和系统实际效率不高，这影响设备的技术水平。

④项目的全投资税前财务内部收益率和资本金内部收益率中等偏低，不利于企业盈利。

⑤项目在大气环境、水环境、噪声环境检测以及污染防治方面做得不到位，不利于建设环境友好型项目。

8. 对应的建议措施

①明确土地未来规划，充分利用土地资源，与当地居民协商沟通清楚，得到当地居民的支持，将当地居民安置妥当。

②提高光伏电站的工作效率，提高设备的技术水平，及时维护和更新设备，提高设备技术水平，确保项目安全可靠。

③复核盘查项目成本支出，降低项目成本，可以通过提高项目的工作效率来增加利润，提高项目的经济效益。

④提高施工人员环境保护意识，加大环境影响评估环节检查力度，促进人与自然环境和谐。

9. 主要经验教训及参考意义

国家能源集团宿迁发电有限公司洋河酒厂6MWp光伏项目EPC工程是一个合格的工程，不仅可以为企业本身带来收益，还可以给国家、社会和人民带来巨大的收益，促进当地经济的发展。本项目的开发，不但可给地区电网提供电量，还可促进地区相关产业的发展，为地方开辟新的经济增长点。为确保江苏长远能源平衡，保持能源发展的可持续性，在江苏电网覆盖范围内适当加大太阳能资源的利用是必要的。大力发展太阳能发电，将改善能源结构，增加再生能源使用的比例。

五、总结与建议

（一）研究总结

本研究基于项目全寿命周期投资开发模式的研究工作，得到以下成果，编制两篇新能源项目工作管理标准《国家能源集团江苏电力有限公司新能源项目并购投资工作管理标准》（以下简称《新能源项目并购投资工作管理标准》）《国家能源集团江苏电力有限公司投资项目经营期评价管理办法》（以下简称《投资项目经营期评价管理办法》），构建了新能源项目投资效益分析模型和投资管理决策模型。

1. 新能源项目工作管理标准

本研究通过总结新能源项目全寿命周期投资管理的工作要点（主要工作内容盘点），梳理关键环节（重点工作），提炼风险点和注意事项（决策要点），加强风险识别。深化案例分析，提炼总结以全寿命周期历史材料为基础的项目投资开发模式，为后续以前期材料带动投资开发制订参考标准，提供借鉴思路，支撑项目投资开发策略制订。同时，强化投资项目全寿命周期管理，制订江苏公司投资并购项目工作管理标准与经营期评价管理办法，以指导投资项目经营期常态化滚动评价，常态化开展投资项目经营期评价和投资管理周期性评价。

2. 投资效益分析模型

本研究通过分析新能源项目的背景、项目的决策要点以及收益模式等，构建新能源项目的投资效益计算模型，并对新能源项目多维度进行敏感性分析。通过总结项目实施风险点、关键点、注意事项，为项目实施夯实基础，以支持科学决策。

本研究构建了新能源项目投资效益计算模型，基于基础数据板块、参数板块，通过模型计算得到了关键指标。关键指标包括经营指标、盈利能力指标以及偿债能力指标。对新能源项目的关键指标进行敏感性分析，研究不确定性因素变动引起项目经济效益值变动的范围或极限值，分析判断项目承担风险的能力。根据敏感性分析，进一步判断该项目是否符合项目要求，判断项目是否值得公司继续投产。基于此投资效益分析模型，集团公司在未来遇到类似的项目，就可以改变基础参数，以快速得到项目的关键指标。

3. 投资管理决策模型

本研究通过总结项目实施风险点、关键点、注意事项，为项目实施夯实基础，辅助项目决策。先确定分析目标，确定数据并对数据进行处理，初步建立模型并评估。之后对评价指标的标准、类型以及权重进行规定。通过识别新能源项目全过程指标，构建指标体系。对指标进行筛选、定权、计算，得出综合评分，并进行数据检验。指标识别主要以已完工项目完整的工作资料与相关案例为基础。综合评分的时候采取模糊综合评价法。在对项目决策进行评分之后，决策者根据评分可以判断项目是否继续进行、如何进行。

本研究以国家能源集团宿迁发电有限公司洋河酒厂6MWp光伏项目EPC工程为案例，结合投资决策评价规则，系统地分析了一个项目是如何从项目建设必要性、项目过程、项目效果和效益以及项目环境和社会影响4个方面去判断其是否合格，并为后续研究的展开提供理论支持。

（二）研究建议

1.加强新能源项目全寿命周期投资标准化与体系化管理

关于新能源项目的投资管理，之前的标准化尚做得不到位，研究对象范围界定较模糊，部门职责分工界限也不明确，项目风险控制与项目完工后的审核评价与奖惩机制未形成具体的体系。因此，制订《新能源项目并购投资工作管理标准》与《投资项目经营期评价管理办法》，可以使新能源项目全寿命周期投资管理更加标准化与体系化。

2.促进新能源项目投资管理创新

投资效益分析模型和投资效益管理模型在一定程度上实现了新能源投资项目管理的创新，在得到项目的基础数据之后，通过投资效益分析模型可以快速得到项目的关键指标，用以判断该项目是否能满足集团公司的需要，便于做出下一步决策。在得到项目的各项指标后，通过投资管理决策模型可以对该项目进行计算评估，辅助集团公司进行决策。这两个模型在技术上可以起到辅助决策的作用，大大提高了决策的准确性，帮助集团公司规避风险，节约了时间、人力与财力。

3.大力发展新能源，促进新能源项目研究成果落地

增强新能源消纳能力，推动传统能源与新能源优化组合，按照安全高效的原则，加快推进以新能源为主的建设项目。在推进新能源项目进程中，促进研究成果落到实处，管理新能源项目严格按照工作管理标准，运用投资管理决策模型分析新能源项目是否值得投资，充分运用投资效益分析模型评估新能源项目的效益，确保研究成果落地转化。

主创人：王芯芳　卢　迅
参创人：郑　凯　赖　敏

"党建+宣传"唱响高质量发展主旋律

华润电力（贺州）有限公司

一、前言

近年来，华润电力（贺州）有限公司党委（以下简称"公司党委"）始终牢牢把握根本任务、政治责任、工作主线，紧紧围绕新时代宣传思想工作的使命任务，坚持党管宣传，按照"内聚人心、外树形象"的基本思路，成立宣传思想工作小组，建立"1235"宣传思想工作模式，即围绕"1条主线"，做优"2本刊报"，用好"3个平台"，抓好"5个方面"，采取"挖""悟""推"的宣传思想文化工作策略，充分发挥举旗定向、服务大局，统一思想、凝聚共识的作用，形成"全面覆盖、全员参与、内外结合、上下联动"的宣传思想文化工作格局，持续推进宣传思想文化工作扁平化、精准化落地，推动公司宣传思想文化工作展现新气象、进入新阶段，为公司迈向高质量发展提供思想保证、舆论支持和精神动力。公司党委获评广西先进基层党组织、华润集团庆祝建党100周年卓越党组织、华润电力先进基层党组织、中电传媒"2020—2021年度发电行业新闻宣传先进集体"，党建工作经验案例入选2022年度"国企党建创新优秀案例"，连续7年作为典型示范企业上台公开发布企业社会责任报告，并获评"百家优秀企业社会责任报告"，是国家重点研发计划《电力企业社会责任实施指南》标准研制单位。

二、做法及成效

为不断强化公司各部门、各单位意识形态工作，铸牢思想文化工作根基，公司党委紧扣"1235"宣传思想工作模式，即围绕"举旗帜、聚民心、育新人、兴文化、展形象"的使命任务这1条主线，做优党建月刊、宣传月报2本刊报，用好内部、外部、舆情监测3个平台，抓好理论武装、思想教育、队伍建设、氛围营造、品牌建设5个方面，不断加强和改进宣传思想文化工作，积极培养求实创新的宣传思想队伍，在教育人、引导人、感染人上下功夫，高唱信仰之歌、联动之歌、精神之歌、履责之歌这"四首战歌"。

（一）筑牢思想堡垒，高唱信仰之歌

习近平总书记指出，"宣传思想工作就是要巩固马克思主义在意识形态领域的指导地位，巩固全党全国人民团结奋斗的共同思想基础""要旗帜鲜明坚持党性原则"。

1.聚焦理论武装，打牢思想基础

公司党委不断加强党对宣传思想工作的全面领导，以党的政治建设为统领，以深入学习贯彻习近平新时代中国特色社会主义思想为首要政治任务，坚持把习近平总书记重要讲话和重要指示精神作为理论学习组学习首要议题。近两年来，公司党委先后组织学习党的二十大、十九届五中全会、十九届六中全会精神和《习近平谈治国理政》第四卷，跟进学习习近平总书记在全国两会等场合的重要讲话精神，组织开展理论学习中心组学习、主题党日、"三会一课"等党建学思悟践活动400余次，发放《党的二十大报告辅导读本》等6本党的二十大学习辅导书籍共1080册，并由公司班子成员分别作重点导学发言，结合企业实际深入研讨落实举措，定期跟踪督办，确保举措落地见效。同时，依托公司潇贺书院党建创新平台，统筹举办学习贯彻党的二十大精神专题宣讲会、学习会，邀请党的二十大代表、县团委书记等讲师到公司授课，推动政治学习走深走实。

2.紧扣思想建设，强化政治引导

公司党委委员、管理团队成员严格落实意识形态主体责任，以下基层、面对面、点对点的方式开展好形势任务教育，大力宣传上级党委对加强党的建设、强化中心工作的要求部署，以及华润集团、公司党委工作会议精神等重要内容，充分发挥宣传思想工作舆论引导、释疑解惑的作用，引导公司员工认清形势、坚定初心、增强信心，真正领会精神实质、切实做到学懂悟透，进而用新思想、新要求指导本职工作。

公司获评广西先进基层党组织、华润集团庆祝建党100周年卓越党组织、华润电力先进基层党组织，党建工作经验案例入选2022年度"国企党建创新优秀案例"。

（二）汇聚多线力量，高唱联动之歌

公司党委紧扣中心工作，着力"多线建设"，不断强化舆论引导，提升企业形象，获评中电传媒"2020—2021年度发电行业新闻宣传先进集体"。

1.建强"战线"，推进宣传思想工作的体系化建设

一是明确公司党委办公室是公司宣传思想工作的统一归口管理部门，厘清职能边界，统筹调度内外部宣传资源，提升工作合力。

二是通过专题解读、专项培训等形式，深入宣传党中央、华润集团及公司年度宣传思想工作的指导思想、总体思路、发力举措，引导宣传条线人员时刻明确目标任务、精准有

力开展工作；积极调动群团青年资源，建立干事有舞台、发展有空间、利益有保障的宣传人才管理机制，围绕增强脚力、眼力、脑力、笔力"四力"，不断加强教育培训和实践锻炼，提升宣传条线人员的工作本领，推动宣传思想工作不断活起来、实起来、强起来。

三是充分利用公司微信公众号、润阅号、官网、展厅、宣传栏等内部平台的宣传力量，根据不同宣传主题、不同受众群体，有针对性地制订宣传工作方案，进行系统化、分类化、专题化宣传报道，同时将宣传深度不断延伸至集团润心学苑以及公司各宣传平台，实现"量"上有增长、"质"上有突破，保持品牌宣传优势。

2.贴近"一线"，记录基层最前沿

坚持团结鼓劲、正面宣传的工作主基调，开设一线传声、追风逐光、检修专题、节日特辑等专题宣传栏目，拍摄《一路有你》《奋进的贺电人》《坚守》等系列年度回顾视频，记录公司生产运行、项目开发、工程建设等工作动态，以及一线员工坚守岗位、守护万家灯火的奋斗场景，让一线员工成为公司形象推广者、对外传播者，引导一线力量有策略地传播公司好声音，推进公司故事的多元化、多层面表达。

3.巧用"外线"，深化媒体合作

一是加强与中央媒体、主流媒体、财经媒体、地方融媒体、自媒体等的沟通交流和联动宣传，建立良好联系渠道，在各新闻平台开展系列正面宣传报道，扩大宣传覆盖面，营造有利于推动公司业务发展的舆论环境。公司每年在外部新闻平台上刊登宣传稿件超50篇，外部宣传在各区域公司排名中位居前列。

二是连续两年承办中国-东盟博览会华润电力展区参展事宜，加强了与广西各政企单位的互动交流，获《经济日报》、东博会官方微信公众号等媒体平台报道和转载，进一步扩大了公司品牌影响力，提升了公司在广西的知名度，有效助推了公司在广西的业务规模化、高质量发展。

4.守住"火线"，提升舆情管理能力

严格落实华润集团及公司关于舆情管理的工作要求，切实加强舆论引导和舆论管控，拓展舆情收集渠道，依托控股舆情监测平台，以网站、论坛、贴吧、微信等平台为重点，落实7×24小时网络舆情实时监测机制，定期通报，确保舆情早发现、早处理，公司近年来未发生舆情事态扩大事件。

（三）赓续红色血脉，高唱精神之歌

1.传承红色基因，大力弘扬华润企业精神

华润是中国共产党一手创办的企业，华润的历史是践行中国共产党初心和使命的一部历史，华润的企业精神与中国共产党伟大建党精神一脉相传。在华润集团推动精神重塑的过程中，公司党委高度重视，迅速响应，第一时间多平台、全方位抓好华润集团及公司"十四五"企业文化理念体系推广落地，确保新文化理念内化为员工的精神追求，外化为员工自觉行动，推动新文化理念成为推进公司高质量发展的内生动力。

一是迅速传达，营造浓厚的企业文化氛围。通过工作群、公司网站、微信公众号、宣传展板、LED宣传屏、社会责任报告等平台和载体发布最新企业文化，将新文化理念体系学习内容传递给每名员工，确保各办公场地、建设项目、生产区、生活区覆盖率100%。

二是活化形式，线上线下相结合，提升宣贯效果。公司党委、管理团队下基层开展蹲点工作及员工座谈会，将学习宣贯企业文化与业务相结合；将新文化理念融入全年各项重点工作，做好宣贯企业文化理念体系的规划部署；各党支部通过"三会一课"组织党员深入学习，相互谈感受、谈感想，领悟新文化理念的内涵和实质；通过潇贺书院平台开设企业文化专题课程，实现从主要领导到一线员工、新入职员工的全员学习宣贯；在员工生日会等活动上组织新文化理念知识问答，引导全体员工深入领会，入脑入心；利用党建月刊、宣传月报等载体，对企业文化深度诠释、广泛宣传，切实抓好企业文化落地。

三是多管齐下，不断开创文化育人新篇章。公司开展丰富多彩的企业文化活动，持续做好员工关爱工作，打造暖心团队，冬送温暖、夏送清凉，如举办员工生日会、徒步、文体联谊等活动，有效丰富职工的业余文化生活；帮助员工解决婚恋、子女入学入园问题，积极慰问患病员工及其家属，多次举办保险福利宣讲、婚姻家庭法律知识专题讲座等活动，大幅提升员工归属感、获得感、幸福感；依托潇贺书院，强化人才培养机制，多渠道、多途径助力员工与企业相融合共成长，2021年以来累计开展管理课程、技术课程、文化课程等各类培训200余期，参加人员超过15000人次；在贺州市高层次人才分类认定申报的文件指引下，持续为员工开展"我为群众办实事——高层次人才认定申报"活动，助力员工取得人才证书和人才服务卡，享受人才公寓租住、子女入学、便捷就医等10余项专属服务，公司1名员工被认定为E类人才，13名员工被认定为F类人才，60名人才被认定为G类人才，送审通过率100%。

2.深耕精神文明建设，强化先进典型宣传

公司党委以企业文化建设为切入点，将培育和践行社会主义核心价值观和华润价值观结合起来，大力培育责任文化、争先文化、主人文化，以思想建设为核心，补强精神之钙，以道德建设为内容，培育良好风尚，实现了精神文明建设与思想政治工作双融合、双促进、双提升。

一是弘扬时代楷模，构筑聚力高质量发展的"精神坐标"。公司党委着力加强先进典型选树宣传，通过微信公众号、官网、党建月刊、宣传月报等载体，大力弘扬劳模精神、劳动精神、工匠精神，营造持续性和连贯性的学先进、树典型浓厚氛围。同时积极推选优秀员工参加国家级、自治区级、市级等先进典型评选，近年来，多名员工分别获得广西五一劳动奖章、广西劳动模范、贺州市优秀党务工作者、寿城最美巾帼奋斗者、贺州工匠学院特聘教授等荣誉。

二是抓牢作风建设，厚植廉洁奉公文化根基。公司党委以"大监督"为抓手，高度重视警示教育，持续深入贯彻落实中央八项规定精神，通过工作群、微信公众号等形式，定期发送纪律要求、廉洁提醒，督促公司全体员工遵章守纪，引导员工坚定理想信念，增强法纪观念，在思想上筑牢"防火墙"；利用各级纪委下基层宣讲、部门工作例会、党支部"三会一课"、理论学习中心组学习等组织公司全体员工学习违规违纪典型案例警示教育集，组织观看警示教育片，发挥案例的警示震慑作用，进一步加强员工风险意识。公司员工家庭获评全国最美家庭、广西文明家庭、贺州市最美清廉家庭。

3. 弘扬传统文化，焕发时代光彩

公司党委不断领悟传统文化内涵精髓、挖掘传统文化时代魅力、丰富传统文化形式内容，通过二十四节气、中国传统节日、民族团结示范企业创建等，积极寻找优秀传统文化与公司业务发展的有效契合点，获评贺州市民族团结进步示范单位。公司党委联合富川瑶族自治县民族宗教事务局举办"学党史 感党恩 促和谐"民族团结进步主题活动，通过唱红歌、学党史、跳竹竿舞、少数民族传统体育竞技"三人板鞋竞速"、学唱瑶族蝴蝶歌、舞草龙"六个共同"环节，让公司员工感受中华传统文化的无穷魅力，增进员工对民族文化的认同感和自豪感；开展"别样巾帼风 致敬最美的你"三八妇女节民族特色摄影活动，展示民族风情，倡导团结一致的民族精神，促进各民族交流交往交融；邀请周边优秀少数民族村委代表到潇贺书院向员工分享建党百年生活的变化，从党的伟大的奋斗历程中汲取智慧力量，找准"办实事、开新局"落脚点，做到业务发展、员工关爱、社会责任及社区关怀有效结合，将"中华民族一家亲，同心共筑中国梦"目标转化为行动自觉，不断丰富广大员工及周边民众的精神文化生活，拓宽各民族文化交融的渠道。

（四）践行央企担当，高唱履责之歌

公司党委紧紧围绕电力保供、乡村振兴、捐资助学、消费助农、促进就业等方面，突出系列主题宣传，获"学习强国"平台、人民网、中国乡村振兴网、中能传媒及《中国电力报》《经济日报》《广西日报》等众多主流媒体的报道和肯定，树立了良好的央企形象。

1. 多措并举齐发力，硬核保障电力供应

在电煤供应持续吃紧、产销严重倒挂、煤价高位运行时期，公司党委带队奔波于煤炭大省探寻可采购煤源，签购保供煤，保障机组"口粮"充足；与多家银行洽谈新增授信，接续到期借款应对燃料采购需求；积极协调各方资源，协调广西人民政府出

台系列财政资金奖补政策，充分发挥了央企"压舱石"和"稳定器"的作用，圆满完成能源保供任务。其间，开展"稳电保供专项行动"主题宣传，多篇稿件发表在《中国电力报》《经济日报》及中能传媒等主流媒体。保供工作获自治区能源电力保供指挥部高度认可，广西壮族自治区发展和改革委员会致信感谢。

2. 扎根八桂大地，助推乡村振兴

公司打造了大理石废浆综合利用打破地方发展瓶颈、"贺电送粤"助力瑶乡脱贫等一批精品社会责任项目，相关事迹多次获"学习强国"平台、人民网、中国乡村振兴网、广西新闻网等媒体宣传报道，公司员工获评全国脱贫攻坚先进个人；连续8年举办"金秋助学"系列活动，帮助富川瑶族自治县莲山镇罗山、栗下塘、牛背岭等自然村的70余名学子圆了读书梦、大学梦；结合地方民生民情组织开展"消费助农"活动，解决地方农副产品销售难的问题，助力乡村群众持续稳定创收，近两年累计采购农副产品超50万元；积极通过校园招聘、社会招聘、人才引进等多种渠道吸纳人才，并提供劳务派遣、外委、劳务外包等辅助性的就业岗位，为高校毕业生、退役军人、农民工等群体提供广阔的就业空间，公司总经理荣获"第一届广西促进就业先进个人"称号。同时，充分发挥综合能源服务优势，助力地方招商引资，引进北新建材（贺州）有限公司、广西富川正辉机械有限公司、广西康信德医疗科技有限公司等50余家企业，为就业困难群体提供就业机会，累计解决就业近2000人。相关事件多次获地方媒体宣传报道。

3. 强化社会责任沟通，全面提高公众参与度

公司已连续7年作为广西企业社会责任报告发布会典型示范企业代表，向全社会发布年度社会责任报告，并获《广西日报》专访，累计印发社会责任报告7000余册，持续提升了企业影响力，树立了良好形象，曾获评"百家优秀企业社会责任报告"；是国家重点研发计划《电力企业社会责任实施指南》标准研制单位。同时，建造贺州华润循环经济科普展示厅，通过开展工业旅游、公众开放日等活动，加强与政府、客户、社区、媒体等利益相关方的互动，每年接待访客超5000人次。

4. 协助开展应急抢险，筑起牢固"防火墙"

公司专职消防队在保障公司安全生产的同时，多次协助市、县消防队扑救地方火灾，开展应急火险处理，为周边企业、居民筑起一道牢固的"防火墙"，为地方营造安全祥和的居住环境贡献力量，获社会各界好评。

主创人：彭广民
参创人：史　林　崔乘亮　何宇峰　陈利永　林建华　左孔林　罗圣海　王玉章

型号精神的融媒传播研究与实践

——以航空工业沈阳所为例

中国航空工业集团有限公司沈阳飞机设计研究所

型号精神是中国特色社会主义文化的重要表现形式，是社会主义核心价值观的重要组成部分。进入新时代，党中央高度重视社会主义文化建设工作，推动社会主义文化大发展大繁荣，要深化文化体制改革，提高国家文化软实力，加强社会主义核心价值观建设，丰富人民群众精神文化生活，增强人民精神力量。航空工业作为航空装备研制的主力军，持续提升领先创新力、先进文化力和卓越竞争力，不断增强意识形态领域的主动权和话语权，在央企领域打响了报告融媒体传播体系的第一枪。打造立体多维的融媒体大幕拉开后，中国航空工业集团有限公司沈阳飞机设计研究所（以下简称"沈阳所"）担当主机主责，率先"破冰"，在2021年建立了航空工业集团内第一家研究所融媒体工作站，也是军工央企领域内第一个建成融媒体工作站的研究所。历经两年探索、研究与实践，沈阳所依托融媒体工作站在型号精神融媒体传播应用全业务链条领域积累了宝贵的实践经验。

一、实施背景

沈阳所是新中国成立后组建的第一个飞机设计研究所，主要从事战斗机总体设计与研究工作，被誉为中国"战斗机设计研究的基地、航空英才的摇篮"。沈阳所注重总结、提炼型号精神，孕育出了"歼-8精神""飞鲨精神"等一系列型号精神，型号精神既是型号研制全线笃信的"忠诚奉献、逐梦蓝天"的航空报国精神的具体体现，也是爱国主义、改革创新、强国之志的生动表现形式。

开展型号精神的融媒传播研究是深入学习贯彻习近平新时代中国特色社会主义思想的必要方式手段，是引领企业文化建设、提升职工党性修养、筑牢"完成好型号任务是最大的政治"理念，把个人价值追求融入航空报国梦想的重要手段，是带动航空报国精神走出军工圈、走入社会大众视野的必要任务。

（一）型号精神在军工企业面临的传播困境

型号精神宣传侧重在宣传层面而非传播层面。宣传的目的是自上而下传播观点，重在宣教。传播目的是用传播信息的方式引导受众追逐信息，重在效果。军工企业当下的宣传效果与融媒体时代传播要求差距较大，传统的型号精神宣传工作模式难以满足党中央对新闻宣传工作的新要求。

（二）保密属性与大众传播存在一定距离

军工央企是国防建设的主力军，党和国家领导人历来高度重视保密工作，军工央企的新闻宣传工作与大众传播存在一定距离，这势必影响传播效果。如何向社会大众讲好航空人的故事始终是一项重要课题，还需要进一步探索和研究。

（三）传播形式距离新时代红色精神传播要求还有差距

航空工业的型号精神通常凝练于具有重要纪念意义的型号项目，如我国第一架舰载战斗机歼15"忠诚铸重器，逐梦拓海天"的"飞鲨精神"，我国第一架大型运输机"大情怀，大奉献，大协同，大跨越，大运载"的"大运精神"。

纵览精神文字表述特征，语意表述具有很强的概括性、思想性、政治性和教育性，虽然朗朗上口易于记忆传播，但是不够具象。如果社会大众不了解型号背后的故事，就会只留下走马观花式的片段性记忆，难以真正认知型号精神的内在含义。因此，传播载体的丰富性距离新时代红色精神传播要求还有距离。

（四）型号精神宣传队伍能力需要转型提升

型号精神宣传工作是党建工作的一部分，企业宣传从业人员专职从事思想政治工作，几乎不具备媒体行业经验，难以应对融媒体时代变革带来的变化。

二、内涵和主要做法

2021年，沈阳所在航空工业集团党组领导下建立了军工首家研究所级别的融媒体中心，打造了立体多维的内外联动传播体系，创建了形式丰富的传播载体，构建了生动感人的传播语境，解决了过去型号精神传播面临的传播形式单一、传播手段落后、人员能力欠缺、传播实效性低等传统、顽固性问题，总结归纳为"4^3"体系化传播模式（见图1）。

"4^3"体系化传播模式主要包括"党管宣传、服务中心、贴近生活、沟通桥梁"的4个目标；"正面导向、载体赋能、内容为本、情感共通"的4个路径；"建网、出圈、专业、创新"的4个成效（见图2）。

（一）瞄准传播"4"目标

沈阳所"4^3"体系化传播模式的第一个"4"是传播目标（见图3）。

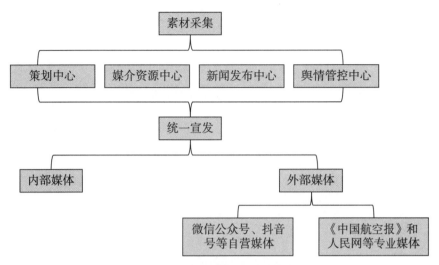

图 1 沈阳所融媒体中心功能定位

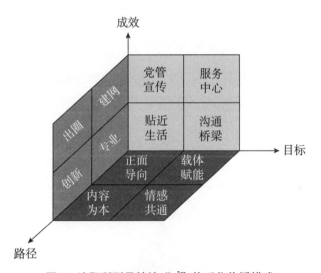

图2 沈阳所型号精神"4³"体系化传播模式

图3 型号精神融媒体传播实践目标

1.坚持党管宣传，做党委的喉舌

沈阳所党委严格监督审核环节，落实新闻宣传"总指挥"作用，重要微信内容、对外宣传稿件由党委书记亲自终审把关，确保发布内容不偏航。

2.服务中心工作，当科研的支撑

新闻宣传工作流程全面融入科研主业，深度融入型号建设，记录型号从立项、首飞到系列化发展的全过程，通过制作型号宣传片、纪录片、纪念片、专题片、访谈片等形式，展现型号全线的精神风貌，增强航空人的自豪感和荣誉感。

3.贴近生活接地气，做员工的知音

融媒体中心在舆论阵地建设上深耕一线土壤，用更具艺术性、人文关怀、有温度的作品表达航空报国精神这一主题思想，用"接地气"的语言和镜头走进职工内心。

4.搭建沟通桥梁，当对外的窗口

融媒体中心成立之初便把自身定位为沈阳所"官方新闻发言人"这一角色，把官方微信公众号定位为研究所与社会公众沟通的桥梁，力争把外宣窗口打造为网络受众可亲近、可信赖的传播载体。

（二）找准传播"4"路径

实践路径是沈阳所体系化传播模式的核心，是"4^3"中的第二个"4"（见图4）。

图4 型号精神融媒体传播实践路径

1.以传播正能量为导向，将型号精神转化为奋斗动力

融媒体中心坚持把沈阳所文化理念"因战机而生，为奋斗者圆梦，协同成就未来"

融入型号精神产品的策划、创作、推广与衍生全过程，根据型号精神的不同点实行差异化引导，将型号精神转化为职工的奋斗动力。

一是用"歼-8精神"引导职工提升开拓力。采取院士讲历史的口述传播方式，重点回忆歼-8飞机研制过程中的艰难时期，突出展示自行设计从"0"到"1"的奋斗历程，引导职工在工作中提升开拓力。

二是用"歼-15精神"引导职工增强创新力。侧重报道新故事、新技术，重点挖掘歼-15的创新性，引导职工增强创新力。

三是用"鹘鹰精神"引导职工提升"合作力"。注重宣传沈阳地区厂所协同理念，引导职工提升"合作力"。

2. 以多种载体赋能，持续增强型号精神吸引力

融媒体中心坚持创新思维，加强型号精神载体的创新设计，不断在型号精神传播活动载体上求得突破。以"型号精神＋艺术"为载体，创新活动形式。开展"型号精神＋科普"的普及性公益教育。注重"型号精神＋互动"效果，增强粉丝的黏性和信任感。

3. 以讲好航空故事为核心，掌握型号精神的流量密码

依托高精尖人才的影响力，深挖院士资源"富矿"，拍摄制作院士回忆录，提升型号精神公信力。赋予航空故事新生命，组织职工自编、自导、自演舞台剧《咱们一起飞》，提升型号精神能动力。挖掘为时代画像的人物典型，注重在离退休职工中挖掘故事范本，向主流媒体输送报道素材。

4. 以用心用情为前提，提升型号精神的传播效果

加强新闻宣传策划，建立了年度所级策划清单、季度媒体刊稿情况通报、周内部例会研判机制，固化了一套可调控、可联动、可反馈的传播模式。每年每逢飞机研制的重要节点，会在报、网、屏等内外宣平台推出一系列图、文、频的组合报道，用"虚拟范本载体"推广型号精神。关注舆情反馈，对型号精神的主流媒体报道情况、自媒体转发次数、军迷言论开展24小时不间断的监测。

（三）精准传播"4"效果

沈阳所"4^3"体系化传播模式的第三个"4"是实践成效（见图5）。

1. 建立"融媒＋"传播资源网

研究所内建立型号人物网和故事资源网，行业内建立型号传播网，与媒体携手建设立体传播网。依托"融媒＋党建"这一党建共建载体，沈阳所与多个媒体方资源互通

图5　型号精神融媒体传播实践成效

有无，在型号精神宣传上打通了策划、沟通、制作、发布堵点，形成了上下一体、内外联动的发布模式，构筑"融媒＋媒资"资源库，带动传播效果形成叠加效应。

2.型号精神走出"军工圈"，从业内迈向全国

在内容上向专业媒体看齐，做到形式出圈、人员出圈、效果出圈，宣传效果不再是微信公众号的几千几万人的点击量，而是达到现象级传播，为培育更多的航空人埋下一粒种子。

3.建立更加专业的型号精神传播队伍

在两年的实践过程中，媒体人更专业，设计师更专业，大众更专业，一支在策划、声像制作、宣讲方面颇有建树的融媒体队伍基本形成，屡次斩获荣誉，吸引更多人走近航空，成为航空型号的粉丝，传播产生了广泛的效果。

4.形成创新传播范式，担当主机重任

融媒体中心逐渐形成了"建立型号历史素材库—构建型号典型范本—策划传播载体—制作传播内容—内外宣双循环联动发布—形成舆情反馈"的创新传播范式，见图6。

三、型号精神融媒体传播研究启示

（一）以习近平新时代中国特色社会主义思想为指导，紧跟时代发展趋势

融媒体是思想政治建设的重要抓手，要在型号精神宣传过程中用习近平新时代中国特色社会主义思想指导新闻宣传具体工作实践。只有坚持党管媒体，把准正确的舆论方向，牢牢掌握意识形态的主动权和话语权，才能使型号精神依托新的载体焕发新的生命力。

（二）创新管理方法，整合传播资源

型号精神的融媒传播是企业整合型号历史媒体资源，打造内外宣一体化多元发布

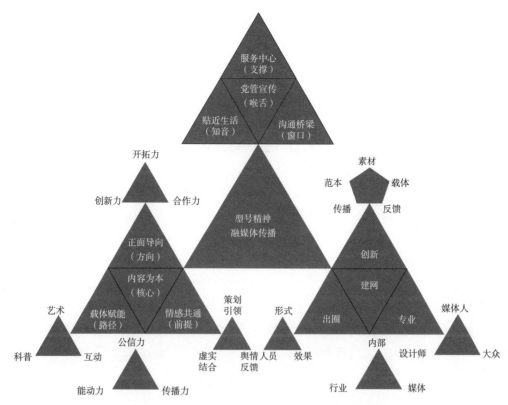

图6　沈阳所型号精神"4³"体系化传播范式

的过程，也是对企业宣传全链条、全业务领域的一次重塑再造和变革升级。管理者需要创新管理方式，做好资源建设保障工作。

（三）坚持融合思维，注重传播效果

融媒体时代传播手段不再是过去简单的自上而下的宣教形式，而要突出"融"的手段方式，推动型号精神在海量传播、多元传播、急速传播背景下夺得先机，在信息爆炸时代具备传播实效性。

（四）具有斗争精神，占领舆论制高点

融媒体是互联网时代的产物，官方媒体要做型号精神融媒体推广中的坚定的领导者和维护者，企业和从业人员务必要具有斗争精神，旗帜鲜明地表明态度，在去中心化的网络时代把握主流舆论方向，占领舆论制高点。

主创人：陈　赓　郑　奕
参创人：薛雨婷　沈熙然　杨雨檬　韩　冰

推进以"管资本"为主的"1235"中央企业产权管理创新实践

中国煤炭科工集团有限公司

一、前言

中国煤炭科工集团有限公司（以下简称"中国煤科"）是由国务院国资委直接监管的中央企业，作为一家全产业链综合性煤炭科技创新型企业，坚守保障国家能源安全的初心，为创新煤炭安全高效开采和清洁低碳利用担当使命，以持续科技创新推动行业进步。

中国煤科肩负着引领煤炭科技，推动行业进步，提升企业价值，创造绿色未来的企业使命，以建设具有全球竞争力的世界一流科技创新型企业为愿景。坚持科技创新、技术创新，为行业进步发展提供技术和服务，为煤炭行业客户解决安全高效绿色智能化开采和清洁高效低碳集约化利用技术问题。

中国煤科拥有矿山安全、智能装备、设计建设、绿色开发、清洁低碳和新兴多元六大板块。业务覆盖煤炭行业全专业领域，以基础理论研究、产品技术创新为发展基础，以"煤矿大脑"为中枢，引领行业绿色矿山、智慧矿山和透明矿井建设，深度融合5G、人工智能、工业互联网、大数据、云计算等技术。截至2022年年底，拥有1个博士后科研流动站、5个博士后科研工作站、4个博士学位专业、12个硕士学位专业，拥有国家重点实验室、国家工程研究中心、检测检验中心等省部级以上重点实验室136个。承担了煤炭行业70%以上的国家重大科技项目，获得了行业50%以上的国家级科技奖励，制定了85%的煤炭国家行业标准，设计了全国80%以上的矿井，完成了95%以上的矿用产品检测检验，煤矿在用的先进技术装备80%以上原创于中国煤科等，攻克了一系列行业共性、关键性重大技术难题，主导了煤炭行业历次技术革命，引领了我国煤炭工业科技发展。

中国煤科现有110余家子企业，其中30余家直属企业、1家控股高科技上市公司、1家新三板挂牌公司。所属企业布局于国家煤炭资源、科技资源聚集区域，分布于北京、沈阳、武汉、上海、西安、重庆、太原、南京等大中城市，截至2022年年底，资产总额530亿元，收入337亿元，利润31亿元，职工2.6万人，稳居国内同行业领先地位。

二、实施背景

中国煤科前身是由成立于20世纪50年代，原煤炭工业部所属研究院和设计院组成，经历了从事业单位到企业化、市场化的变革。中国煤科始终坚持稳中求进，优化公司治理与提升企业管理同部署，市场开拓和降本增效同谋划，科技创新顶层设计和科研成果质量提升同推进，深化改革与战略执行同研究，安全生产基础进一步夯实，经过不懈努力，企业规模不断扩大，资本结构和资产质量得到优化，经济运行基础进一步夯实。

（一）外部环境复杂多变，需要抓住机遇迎接挑战

全球碳中和加快催生以低碳为特征的新一轮能源和产业革命，我国"3060"目标加快推动能源低碳转型步伐，能源绿色低碳发展给集团公司带来机遇，也带来挑战。只有不断探索创新、思考变革并奋力一搏，才能在复杂多样、充满不确定的环境里取得突破，走上全新的发展道路。中国煤科积极探索企业产权布局、产业发展、改革创新的新模式和新举措，加快体制变革、机制创新、新旧动能转化，促进提质增效，努力推动企业高质量发展。同时也要防范化解重大风险，促进国有资本持续保值增值，为顺利开启"十四五"新征程提供重要保障。

（二）突破发展瓶颈，需要转变新思路迎接新挑战

自2008年设立至2018年，中国煤科经过10年的发展，已经到了阶段性高点，但到"十三五"末，资产总额仍低于500亿元、营业收入低于300亿元，呈现主业发展后劲不足，大规模投入不足，重大项目少的特点。随着行业经济的波动起伏，中国煤科难以推动产业发展实现实质性突破，高质量发展缺乏有力支撑，同时随着企业不断扩张，投资战线过长、行业过散问题尤为突出。转制后中国煤科建立的产业体系，支撑了一段时期内企业的较快发展。但随着内外部环境的变化，特别是国家供给侧结构性改革以及互联网经济发展，企业产业发展又面临着前所未有的挑战。一是产业布局更多沿袭计划经济的模式，存在板块分割、资源分散、发展不平衡的矛盾，同业竞争现象时有发生。二是产业发展不均衡，供给侧结构性改革迫在眉睫。三是产业发展的质量不高，智能制造起步晚、进展慢，制约着主导产业的进一步发展。

（三）积极建设科技创新型企业，需要深入实施创新驱动

习近平总书记强调，要坚持创新在现代化建设全局中的核心地位，把创新作为一项国策，积极鼓励支持创新。中国煤科作为煤炭行业唯一的科技创新基地，认识到企

业在创新引领方面仍有不足。在行业发展所需基础理论、前瞻性和关键技术上攻关力度不够，关键技术、核心装备缺少重大原创性突破；在大型煤机装备、露天开采装备、煤炭洗选装备与煤化工装备的关键零部件、核心元器件、控制系统与软件研发方面，自主可控能力不高；在现代煤化工、采煤沉陷区治理、大宗固废资源利用、煤层气抽采和利用等方面，技术突破不够，产业化发展较慢。另外，创新资源分散、内部竞争等问题时有发生，造成创新资源浪费。研发经费投入强度与一流科技创新型企业尚有差距，需要推进资源配置向科技创新倾斜，为创新驱动提供保障。

（四）领会国资监管从"管企业到管资本"的新内涵，探索管理转型新路径

2019年11月，国务院国资委印发《关于以管资本为主加快国有资产监管职能转变的实施意见》（以下简称《实施意见》），按照管资本的内涵要求，《实施意见》明确了五项履职重点：加强资本布局整体调控，进一步发挥国有资本功能作用；强化资本运作，进一步提高国有资本运营效率；优化资本收益管理，进一步促进国有资本保值增值；维护国有资本安全，进一步筑牢防止国有资产流失的底线；全面加强党的领导，进一步以高质量党建引领国有企业高质量发展。以管资本为主要求监管好国有资本，要求国有企业加强防范国有资产流失；加快建立市场经营主体，充分激发和释放经营活力；切实有效发挥国有企业在关键行业和重要产业领域的影响力和带动力。中国煤科结合自身发展战略，积极谋划产权管理方式的变革，探索管理创新的新路径。

三、内涵和主要做法

中国煤科根据管理需求与外部环境变化，不断迎接新的挑战，向形成资产管理信息系统及其有关的业务标准、专利、软件著作权等自主知识产权的目标奋进，形成了科技型企业独有的产权管理组织架构体系、制度体系和机制体系。

（一）基本内涵

中国煤科构建了"1235"产权管理体系（见图1），其中，"1"是以国有资本投资收益收缴为基础，促进国有资本保值增值；"2"是坚持"价值创造"和"风险管控"的管理理念；"3"是以"产权登记、资产评估、进场交易"为3道防线，防控国有资产流失风险；"5"是推进对外投资管理、全面预算管理、专业化整合、"两资"清理和深化资本运作5项产权管理重点工作举措。

（二）具体做法

1.夯实国有资本管理基础，维护国有出资人权益

中国煤科通过完善国有产权管理报告体系，建立健全国有资本收益管理制度，强

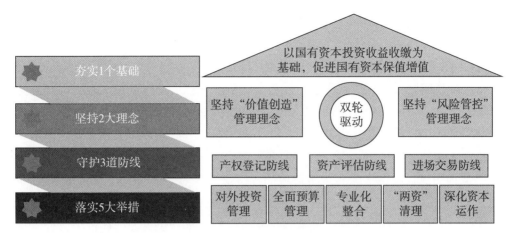

图1　"1235"产权管理体系

化全面预算管理等，持续夯实国有资本管理基础，维护集团公司作为国有出资人的权益。

（1）完善国有产权管理报告体系，夯实国有资本管理基础

国有产权管理报告既是国有产权管理的基础工作，也是摸清国有资本底数，进行国有资本管理的基础。中国煤科高度重视国有产权管理报告，定期核查企业国有产权登记，编制国有产权管理报告，包括国有产权变动、产权转让监控、产权变动和国有资本统计分析等，持续夯实国有资本管理基础。

一是定期开展国有产权登记数据核查。国有产权登记是国有资产管理部门代表政府对占有国有资产的各类企业的产权状况进行登记，依法确认产权归属关系的行为。国有产权登记高度重视审查国有产权变动的合规性，不仅是法律合规，也包括要符合国有资产监督管理规定，企业"三重一大"决策规则等。中国煤科严把产权审核关，在确保程序合规、证明材料齐备的前提下，办理国有产权登记事项。如出现程序瑕疵或证明材料缺失等情况，立即启动对产权瑕疵事项的复核程序。通过详细梳理产权变动沿革、经济行为审批程序，运用追溯评估、法律尽调等多种手段，综合定性分析和定量分析，研判是否存在国有资产流失。一旦发现存在造成国有资产流失的情况，则立即触发追责问责程序，依据追责问责结果办理国有产权登记。如分析不存在国有资产流失，则由所属企业和集团公司逐级出具风险兜底承诺，履行决策程序后，办理国有产权登记。严格确保产权登记数据的准确性、完整性和及时性。

二是编制国有产权管理报告。中国煤科定期编制国有产权管理报告，全面反映集团公司及所属企业国有产权登记户数、实收资本和占有国有资本情况。通过企业组织形式、产权级次、产权结构、行业及区域分布等多维度深入分析产权状况、特点、变化趋势及存在的问题。重点关注国有产权形成、变动及注销情况和原因分析，以及产权进场交易情况，利用无偿划转、协议转让、协议增资等出资人手段推动专业化重组整合情况，完善混合所有制改革体制机制情况，境外国有产权管理情况等。深度挖掘

产权管理数据价值，全面、深入分析集团公司及所属企业国有产权状况，充分发挥产权管理基础性、战略性和枢纽性作用，为国有资本配置提供决策支撑，更好地服务"做强做优做大国有资本和国有企业"等重点工作。

三是严格国有资产评估管理。中国煤科将资产评估工作深度融入中国煤科企业改革发展各个环节，促进企业布局优化和结构调整，服务集团公司高质量发展。建立资产评估管理制度，编制业务指导手册，并不断完善。对重大评估项目，要求评估委托方安排专人现场参与评估工作。明确要求各单位在资产评估项目备案后、在依法合规履行决策程序前，不得正式实施所对应的经济行为，为推进经济行为合规保驾护航。组建资产评估机构库，按照机构考核评价结果和业务发展需要，定期对机构库进行调整。同步建立评估审核专家库，充实评估报告审核力量。建立资产评估项目全生命周期管理台账，从评估机构选聘开始跟踪项目开展情况。评估过程中，集团公司与评估企业和评估机构双向沟通，重点关注项目过程中遇到的重大问题，及时介入协调，确保项目顺利推进。对重大项目召开专家评审会，组织评审和答疑，严格履行公示程序，确保审核效率和质量。充分发挥国有资产评估在国有产权交易中"价值门槛"和"价值发掘"的作用，确保国有资产不流失。

（2）建立健全制度体系，强化国有资本投资收益收缴管控

收缴国有资本投资收益是实现国有资本运营目标的需要。国有资本投资收益收缴的过程，实质上是集团公司作为出资人对投出的国有资本进行优化配置的过程。集团公司作为出资人，通过收缴国有资本投资收益，将国有资本投资收益集中纳入集团公司全面预算，进行有计划的投资。通过对投资回报率和投资收益的考核，逐渐引导国有资本从效益差、回报率低的领域退出，转移到投资效益好、回报率高的领域，有助于优化集团公司产业结构布局，提升集团公司国有资本投资运营效益。

2020—2021年，中国煤科两次对《国有资本收益管理办法》进行了修订，大幅提升了所属全资企业的国有资本收益收缴比例，明确控股企业分红比例指导原则，进一步强化了对全资企业和控股企业的分红约束。同时，中国煤科督导所属控股子企业按照集团公司国有资本投资收益收缴原则，建立健全本企业的利润分配管理制度。

能否合理确定国有资本投资收益上缴比例，是关系企业能否可持续发展的大问题，涉及面广，影响深远，需要慎重考虑。因此，在提高投资收益收缴比例的同时，中国煤科规定，为落实创新驱动战略，凡列入集团公司科研、生产等专项扶持项目的，履行审批决策程序后，相关资金可留存在企业，专项用于相关科研、生产项目投入。相关单位当年亏损或当年实现的净利润不足以弥补以前年度亏损的，履行审批决策程序后，根据企业及项目实际情况给予资金支持。这样的收缴原则充分考虑了国有资本投资收益上缴政策与企业科技创新投入、扩大投资及可持续发展之间的协同。

（3）强化全面预算管理，提高国有资本配置效率

全面预算管理是企业全方位、全过程、全要素、全员参与的预算管理活动。全面预算能够将企业战略目标量化和固化，对预算的有效监控能够提升企业战略管理的应变能力，预见企业发展中存在的问题和潜在风险。全面预算编制过程能够提供大量可靠的业绩指标，预算执行情况是企业考核的重要依据。中国煤科围绕企业发展目标，不断强化全面预算管理，以业绩考核为推动、以业务预算为基础、以资金预算为抓手，通过有效地发挥预算控制职能，优化国有资本配置，促进国有资本充分发挥效益，为经营决策和管理提供有力支撑。

2019年，中国煤科提出"预算管理横向全面展开，纵向全级次推进"的目标，全面预算报表编报范围第一次扩大为全级次。集团公司"以点带面"，选定4家不同业务类型的重点实施单位进行督导，分别召开现场交流会，分享优秀经验，在集团网站开辟专栏，印发专刊27期，举办"业财融合大讲堂"系列活动，营造了浓厚的对标学习氛围。随着全面预算的不断推进，业务部门更深入地参与其中，并逐渐进入角色，找到了发力点。到2019年年底，全面预算管理体系在集团总部和各所属单位基本搭建起来，全面预算管理的第一阶段任务——"业业、业财初步融合"完成。

2020年起，全面预算管理进入第二阶段——"业业、业财深度融合"，从重点解决推进过程中存在的难点与痛点，开始向更深层次、业务更前端转移。中国煤科用2020年到2021年两年时间，建立完善项目经理责任制，推行量本利速算法，全面实现定额管理，加强全面预算闭环管理，推进全面预算信息化，完成编写全面预算编制手册，实现了业业、业财的深度融合。同时，在充分考虑考核重点工作任务的基础上，对原批复指标体系升级完善，最终形成涵盖财务绩效、生产经营、科技创新、薪酬管理、投资管理、安全监管、对外捐赠7个维度30余项指标的预算批复体系，覆盖所有管理二级单位和重要经营活动环节。通过指标层层分解落实，实现了"千斤重担人人挑，人人肩上有指标"，形成了上下一盘棋的局面。

2022年，围绕"两利四率"总体经营目标，中国煤科制定了《2022年全面预算分解及重点工作落实方案》，将集团公司2022年度全面预算目标进行分解，提出了11项重点专项工作行动和4项督办任务，使其真正成为全集团一体化管控的生产经营工作任务书、重点工作指导书、全年工作手册。通过在集团公司季度经济运行会上进行部署并按季通报工作进展，强化工作推进。中国煤科细化完善了全面预算的编制、分析、运用框架，优化预算流程管控；修订预算假设，优化合同管理，细化存货环节管理、生产经营和工程成本管理等，形成了更为成熟的全面预算整体框架；固化形成"2项预算、3对指标、6个口径"的预算分析标准模型，为预算深入分析提供了完备的基础。

中国煤科以全面预算为牵引，持续深化对经营管理的促进作用，强化提高预算投入有效性，引导国有资本合理配置。一是坚持创新驱动，加大研发经费投入，提高研

发项目管理效率和研发成功率。构建以集团公司资助为引导，以各单位自主投入为主的研发投入机制，结合各单位承担的横向研发项目实现科研经费一体化管理，避免国有资本重复投入、无效投入。二是优化资源配置导向性。把实施扩大内需战略同深化供给侧结构性改革有机结合起来，要求将固定资产投资预算投入装备改造升级等长远发展能力建设中，股权投资预算投入获取产业链关键要素和突破关键瓶颈中，聚焦主业、服务实业。短期资金运用预算要统筹资金提效和风险防控，审慎开展，确保安全。各项投资安排要坚持效益优先和资金保障原则，严控亏损或低效投资，严控资金难以落实的投资，严控超越财务承受能力、过度依赖负债的投资。充分发挥上市平台功能，支持主业发展。三是加强协同营销，做好产品与技术的功能搭配，形成经营合力。不断强化落实集团公司"一盘棋"思想和营销一体化，强化集团层面一体化营销宣传推广。充分发挥集团公司全产业链优势，加强协调配合，通过产业链优势互补，产品和技术的代差，增强整体竞争合力。

2. 加强国有资本投资运营管理，优化国有产权布局

中国煤科通过分类施策推动产权专业化整合、利用资本市场优化国有资本配置、强化混合所有制改革等，不断加强国有资本投资运营管理，推进国有资本保值增值。

（1）坚持科学谋划和分类施策，深入推动产权专业化整合

中国煤科突出系统谋划，"一企一策"制订方案，采取多种整合方式和路径，推动专业化整合。在本企业内部，围绕智慧矿山、清洁低碳、战略新兴等领域，优化资源配置，清理低效无效资产，通过协议转让、出资新设进行整合。在集聚创新资源方面，通过与其他央企合作，共建产业生态圈，构建行业云平台。在产业区域布局方面，落实国家重大区域战略和国务院国资委央企产业兴疆工作部署，与地方国企积极开展合作。充分利用社会资本，开展分拆上市、员工持股等混合所有制探索。在操作过程中，充分考量操作难易和复杂程度，强化整合方案落实落地。对于清晰易操作的，确保一步到位、及早见效；对于难度大的，则以部分整合或先托管再整合等方式分步实施；对于规模大、任务多、情况复杂的整合事项，详细分解任务举措，明确实施步骤、时间节点、责任部门、责任人，确保落实到位。强化过程管控，对整合工作从指导督促、考核评价、经验推广等全过程进行闭环管理，务求取得实效。

中国煤科所属安标国家矿用产品安全标志中心有限公司（以下简称"安标国家中心"）作为我国矿用产品检测检验认证领域排头兵，积极贯彻落实国务院国资委关于在检验检测领域聚焦主责主业和专业化整合有关部署要求，强化顶层设计，以发展规划为行动指引一体推进安标国家中心集团化发展与全国布局，将"规模化、集团化、品牌化"发展纳入安标国家中心"十四五"发展规划，明确了建设综合领域国内一流和矿用领域全球领先的检测检验认证集团发展方向，着手构建全国协同服务网络。勇于把握改制脱钩和整合发展机遇，开展检测检验机构整合工作。通过3年的时间，相继完

成11家检验机构的整合并平稳承继，业务由矿用产品准入检验认证延伸到在用检测检验全环节，逐步建立起布局合理、实力雄厚、公正可信的全国性协同服务的矿用产品检验认证全生命周期服务体系，形成了立体式的国家矿山安全监管监察支撑与服务体系。以服务矿山为发展目标一体推进矿用产品检验认证全生命周期管理。发挥整合企业属地优势、创新优势，开展用户侧、市场侧有效监督，有力支撑我国矿山安全监管监察。2022年，安标国家中心收入利润双增长，其中整合业务带来的收入在整体营业收入贡献占比达50%；通过专业化产权整合，推动国有资本保值增值成效显著。

（2）利用资本市场优化国有资本配置，持续强化资本与产业互融共促

中国煤科拥有A股上市公司1家，新三板挂牌公司1家。一方面，集团公司扎实开展提高控股上市公司质量工作，聚焦投资者需求，积极利用资本市场深化改革、促进发展，不断提升市场价值。主动运用科学合规的方法和手段，提升企业价值创造能力和可持续发展能力，优化上市公司资产质量。不断增进投资者对企业价值及经营理念的认同，推动市场对股票内在价值的发现，缩小内在价值与市场价值的差距。扎实推动所属上市公司内在价值与市场价值齐头并进。围绕价值创造、价值实现、价值经营，2022年所属A股上市公司股票被纳入MSCI中国A股在岸指数等多只股票指数，进一步彰显市场投资价值。另一方面，集团公司抢抓资本市场高质量发展机遇，统筹推进所属企业上市培育，努力构建多层次资本运作平台。全力做好重点上市后备企业培育工作，拓宽所属优质科技创新企业融资渠道，会同专业机构对所属子企业分拆上市工作的可行性进行分析论证，对照证券市场上市条件和上市公司分拆规则，编制完成《所属企业科创板上市可行性研究报告》，科学制订所属企业分拆上市计划，分类推进上市平台建设，形成梯次发展格局。2022年，集团公司分阶段、有重点地推进所属企业北天玛智控科技股份有限公司高质量完成科创板上市辅导验收、申报受理、审核问询等各环节重要工作，获得上海证券交易所科创板股票上市委员会审议通过，创造了A股上市公司分拆至科创板IPO（首次公开募股）首家免聆讯无条件过会记录。

（3）积极稳妥深化混合所有制改革，激发国有资本活力

中国煤科始终把深化混合所有制改革作为深化改革和改革三年行动的重点内容，强化顶层设计，完善公司治理，激发混改企业活力，促进国有资本和非公资本互利共赢。

一是强化顶层设计，加强党的领导，以制度建设为抓手，建立健全混合所有制改革制度体系。中国煤科在推进混合所有制改革进程中，始终坚持"三因三宜三不""分层分类"的工作原则，规范有序发展混合所有制经济。坚持把建立党的组织、开展党的工作作为改革必要前提，严格按照"四同步、四对接"要求，全面加强混改企业党的建设。以制度建设为抓手，围绕公司治理、生产经营、人力资源、财务资产、投资、审计监督、纪检监察、党建等，先后制订出台混改有关制度文件及管理规定16项，内容涵盖混改操作流程、实施路径、资产审计评估、责任追究、加强党的建设等各个环

节，初步构建起了混改制度管理体系。特别是针对出资新设混改企业较多的实践模式，进一步完善了投资制度管理体系，对于涉及股权投资事项，严格履行审计评估、投资审批等相关决策程序，切实保障混合所有制改革"阳光操作"、依法合规。

二是坚持以完善治理为核心，将强化公司治理作为转变体制机制的重要着力点，积极推动混改企业在完善公司治理、健全市场化经营机制等方面当先锋、作表率。中国煤科按照现代企业制度建设要求，推动17户混改企业建立起了"三会一层"现代企业治理体系，完全实现了董事会应建尽建，满足了外部董事占多数要求；对绝对控股和相对控股混改企业分类明确了董事会投资决策权、经理层选聘权、业绩考核权、薪酬分配权及职工工资分配权等职权，并建立了向经理层授权机制，构建了权责法定、权责透明、协调运转、有效制衡的公司治理机制，为把制度优势更好地转化为治理效能奠定了坚实基础。把混资本和改机制紧密结合起来，坚持市场化改革方向，推动混改企业深入实施三项制度改革，全面实行管理人员竞争上岗、末等调整和不胜任退出机制，实现了经理层任期制和契约化管理全覆盖，实施了多样化的中长期激励机制。9户混改企业通过员工持股制，916名员工与企业建立了"你中有我、我中有你"的利益共同体，4户企业实施了8个科技型企业项目收益分红激励制度，切实激发了企业活力动力。

三是坚持以"激发活力，优化配置"为核心，引导混改企业聚焦核心主业，强化创新支撑，加快转型升级，推动企业发展质量和效益快速提升。中国煤科积极引导混改企业围绕核心主业，充分利用非公股东资源、技术、管理及市场等禀赋优势，加大产业链融合发展和技术创新力度，打造了一批经营业绩优、核心竞争力强的优秀企业。通过引入外部资本，有效发挥外部积极股东作用，实现向新产业、新业态、新商业模式等业务领域拓展延伸，形成了新的经济增长点。中国煤科立足自身技术和品牌优势，以节能环保和新能源产业为平台，先后发起设立中煤科工清洁能源股份有限公司和煤科院节能技术有限公司，并同步引入了战略投资者和员工持股，在高效煤粉锅炉等煤炭清洁利用技术领域实现了快速发展，形成了系统集成、工程建设和运营服务的一体化商业模式。所属重庆设计院有限公司出资新设了重庆电力工程公司，引入外部资金，借助外部股东资金和资源，成功拓展了新能源设计市场的业务领域。

3. 清理低效无效国有产权，顺畅国有资本退出路径

中国煤科积极清理低效无效控股权，压减亏损企业和"两非"企业，开展参股企业清退专项工作，加速低效资产处置，促进国有资本资源配置和价值重组，通过"瘦身健体"实现提质增效。

（1）积极清理低效无效控股权，推进企业压减工作

中国煤科持续开展企业压减工作，大力推进非优势、非主业的"两非"企业清退，亏损企业治亏及清理。这既是推进供给侧结构性改革的重要内容，也是集团公司优化

组织结构、提高管理效率、坚持高质量发展的必然要求。

一是强化组织领导。集团公司与所属企业高度重视，统一思想，形成改革合力，通过召开专题会议、约谈重点企业、巡访调研等措施，推动压减工作开展。集团公司在对所属企业进行全面排查、分析的基础上，聚焦主责主业，以突出重点、整合资源、做强做优为原则，推进压减工作方案实施。各企业结合实际，制订了重点突出、目标量化、步骤清晰、措施得力、可操作性强的压减工作方案，并推动方案落地实施。同时，做好预判工作，对于符合集团压减标准的企业主动纳入压减范围；对于不在压减范围内的企业，也结合行业和企业发展的实际，主动梳理压减工作目标和重点；对一些目前经营还算正常，但盈利能力弱、预计将来可能成为出血点的"观察型企业"，提前诊断，早做判断，适时纳入压减范围。

二是加强过程管控。定期汇报，狠抓督导，建立了企业定期汇报制度。有压减任务的企业每月定期召开例会，每季度书面报送工作进展，及时报告当期工作进展情况和下阶段工作计划等重点内容。集团公司结合各企业实际情况，对进展缓慢的企业实行月度书面报送工作进展制度，同时，对于未按集团公司时间节点完成的企业，进行挂牌督办，采取约谈企业主要负责人、向企业予以警诫和问责等形式，推进工作进展。中国煤科建立法人企业指标管理机制，一手抓企业压减工作，一手抓严控法人企业设立，确保集团公司发展质量，从根本上防范股权投资风险。同时，将压减工作纳入年度考核，明确压减工作绩效考核标准，以促进和保障目标的达成，形成闭环管理。

三是注重协同推进。中国煤科将处置"僵尸企业"和特困企业专项治理作为供给侧结构性改革的重点，加强组织、分类实施、强化保障，并与压减工作有机结合，协同推进。积极整合内部资源，推动同类型、同地区业务企业的合并重组，以提升管控效率，消除内部同业竞争。以压减工作为契机，全面推动内部企业的优化整合工作。将压减工作与企业治亏工作协同推进，通过常态化压减工作，建立企业扭亏增盈、提质增效常态机制。明确将连续三年出现亏损的子企业，自动列入压减名单。通过建立压减治亏联动协同常态机制，各企业增强了对治亏工作的重视，树立了提升企业价值和效益的理念。不断止住"出血点"，夯实了集团公司经济运行基础，使集团公司向高质量发展迈进。

（2）开展参股企业清退专项工作，提高国有资本参股投资效益

2020年，中国煤科对参股股权开展全面清查，发现部分参股股权存在产权登记不完整、参股回报率低、长期不分红、股东履行权责渠道不顺畅等问题。集团公司制订《参股企业管理办法》，规定当参股企业出现连续三年以上亏损且扭亏无望的；无正当理由，连续三年以上不分红的；成为已无实质性经营的空壳公司；无法保持正常联系，出资企业股东权益难以正常保障等情形后，应及时清理退出。中国煤科将参股企业清退作为每年的专项工作，并持续推进。

一是制订"一企一策"清退方案。由集团公司所属企业对其出资的列入清退名单

的参股企业制订"一企一策"清退方案，明确时间表和路线图。制订过程中依据每户参股企业的实际情况，选择进场转让、协议转让、解散清算、法律诉讼等合理的清退方式，与参股企业其他股东充分沟通，必要时引入专业服务机构提供支持，确保清退方案的合法合规性和可操作性。

二是形成清退工作机制。集团公司所属企业组建成立清退专项工作组，依据"一企一策"清退方案对其出资的列入清退名单的参股企业开展清退工作，层层分解任务，责任落实到人。建立清退工作月报机制，每月汇总参股企业清退进展情况、下月工作安排、当前存在的问题及解决方案等。集团公司对出资企业推进清退工作进行督导，针对退出过程中遇到的问题共同研究解决方案。

三是开展参股清退考核，形成长效管控机制。由集团公司所属企业针对其所出资的列入清退名单的参股企业签署清退责任书，严格按照清退方案工作计划，按时完成清退工作，清退工作成效由集团公司统一进行考核，形成闭环管理。集团公司组织所属企业深入总结清退工作中的做法和经验，总结成熟案例，固化长效机制。在新设参股企业过程中，将是否有明确的退出机制列为重点审核事项，从源头扫除参股股权退出障碍。

2020—2022年，中国煤科清退参股企业36户。在参股清退专项工作基础上，不断加强参股股权管理，建立"细账"严控风险，形成"控新设、监运营、清低效"的一体化工作机制，实现对参股企业全生命周期的监管，强化了对外参股投资的国有资本权益保障。

4.以"管资本"视角推进资产管理信息系统建设

近年来，国务院国资委在对中央企业国资监管信息化建设方面提出了一系列新的部署和要求。紧紧围绕集团公司"十四五"发展规划指导思想、发展思路和总体目标，设计与集团公司发展战略相符，与集团公司实际情况相适应的国资监管信息化顶层架构，已经成为一项十分必要的任务。中国煤科从"管资本"出发，站在"出资人看企业"的高度，积极推进企业资产管理信息系统建设。

（1）从出资人角度，构建资产管理信息系统"四步走"策略

中国煤科资产管理信息系统建设规划分四个阶段：基础阶段、初级阶段、中级阶段和高级阶段。系统建设着眼于"出资人看企业"及为企业高质量发展提供决策支撑的管理需求，按照各个阶段分步进行。

基础和初级阶段：主要是操作者和初级管理者使用。在这两个阶段，要根据"出资人看企业"的需求，搭建企业资产管理信息系统的基础框架，逐步完善资产负债表各资产项目的子系统建设，实现资产管理系统与各子系统的集成。各子系统是通过业务产生数据，是资产管理信息系统的有机组成部分；资产管理信息系统是透过数据看业务，在各子系统基础上全面反映业务开展和资源配置情况。

中级和高级阶段：主要是中高级管理者和出资人使用。在这两个阶段要解决"出资人看企业"的问题。系统要站在出资人的角度，看企业的资产来源、现状和结构等，解决企业"资产是什么"的问题。其中，高级阶段还要结合企业的发展目标、内外部因素等，解决企业"资产应该是什么"的问题。通过找准"资产是什么"和"资产应该是什么"之间的差异，推动企业制订措施、消除差异、达成目标，实现高质量发展。

目前，中国煤科资产管理信息系统建设正处于基础阶段。通过夯实资产概念、指标选取、数据逻辑、业务流程等基础内容，完善数据标准，稳步搭建企业资产管理信息系统的基础框架。初步实现企业国有产权登记信息与天眼查、企查查等工商登记信息的定期自动比对及待办提醒功能，与国务院国资委产权管理信息系统数据互联互通，将企业内部产权审批流程与国务院国资委审核流程对接，实现产权登记事项审批责任"一线式"穿透；实现资产评估管理信息化，从机构选聘、项目执行、评估审核备案、项目评价等方面实行全流程线上闭环管理，做到"关键节点能把控，关键证据有存档"；实现产权风险定期排查信息化，根据企业产权管理相关制度规定，同时结合企业内外部审计、巡视发现的产权风险问题，从"业务管理点都是风险点"的角度全面梳理产权风险管控指标，通过填报指标字段的方式嵌入资产管理信息系统，针对风险种类和风险等级设置不同的风险提示类型，定期跟进问题并整改；实现土地、房产和矿权三类重要资产的地域分布可视化，对于资产盘活专项工作及权属瑕疵问题整改工作进展定期上报与跟进。

（2）从企业实际出发，坚定从"小而美"到"大而强"的资产管理信息化道路

通过调研其他中央企业资产管理信息化建设工作，发现大多数企业是通过ERP系统的整体应用，优化资产管理业务流程和核算方式，建立数据链接和标准体系，形成资产数据分析体系，从而实现资产一体化管理。中国煤科结合自身实际，将资产管理系统与其他系统有序集成，贴近企业实际，循序渐进，逐步满足从操作者、初级管理者、中高级管理者到出资人不同层级人员管理的需要，逐步完善资产管理系统的框架和功能，解决"资产是什么""资产应该是什么"的问题，走出了一条具有中国煤科特色的从"小而美"到"大而强"的资产管理信息化道路。

近年来，中国煤科逐步完善资产负债表各资产项目的子系统及相关业务系统建设。推进司库体系建设，全面上线具备境内企业银行账户、资金集中、融资统筹、资金预算、资金结算、票据管理、应收款项清收、借款和融资担保等管理功能的司库管理信息系统；建设应收账款和合同资产管理信息系统，实现对应收账款及合同资产事前预防、事中控制、事后催收的全过程监控管理，建立常态化管控机制；建设存货管理信息系统，实现存货三种形态的排查和多维度分析，推进建立健全存货管理制度；建立统一的全面预算信息化管理平台，将管理架构、法人架构、板块划分、预算科目、管理指标、数据计算规则等各类数据标准固化至统一预算平台中，建立符合公司战略管理的预算体系，实现公司的战略目标分解，通过全面预算管理系统有效地控制企业拥

有的各类资源，优化资源配置，提升资源利用效率；采用集团"一体化"账务处理系统，固化财务与业务的映射关系，自动生成会计凭证，实现费用审核、报销和核算的标准化；构建PDIE（交易前投资者教育）集成平台与PLM（产品生命周期管理）系统，实现科研项目需求—研发—生产的全流程信息化管理；建设基于税务统一标准和多级监管模式下的税务管理系统，实现税务基础规范化、税务管理精细化、纳税申报自动化、税务分析智能化，提高集团在税费管理、数据分析、风险管理、决策支持等方面的能力；构建合同管理信息系统，引入法律、财务介入业务前端审核，防控合同签约风险，增强事前控制的有效性。各系统建设过程中，中国煤科坚持需求调研、流程梳理、数据标准制订和项目实施方案编制的"3+1"建设模式，摸清用户需求，明确数据标准和业务流程，将各子系统打造为"小而美"的专业化信息系统。

随着各子系统建设推进，中国煤科同步推进系统协同和集成，建设"大而强"的集团化资产管理信息系统。一是逐步打通各应用系统壁垒，强化系统联动和数据共享，完善风险防范和监测预警，实现各应用系统纵向贯通、横向协同、运转高效、效能提升。如通过应收账款和合同资产管理系统，打通合同履行监管系统、NCC财务管理、主数据系统等系统壁垒，实现应收账款信息共享，支撑企业应收账款日常管理及考核。二是强化各子系统数据综合分析利用，聚焦资产分布、资源配置、重大专项任务落实、综合监督管理等，深入开展数据分析利用工作。三是以资产管理信息系统为看板，对接提取各子系统业务和财务数据，推进体制机制建设。常态化开展数据资源加工、综合分析、可视化展示等应用，分类形成分析应用成果。

四、实施成效

（一）产权登记和资产评估工作做细做实，国有产权管理基础不断夯实

中国煤科认真贯彻执行国家有关法律法规和国资监管各项规定，把守法经营、合规经营作为守护国有资产价值的生命线。通过产权登记和资产评估两项工作抓手，严格履行出资人审核把关义务，扎实推进产权管理基础工作。2022年，中国煤科产权登记准确性和完整性进一步提高，完成"两资两非清理"、"参股清退"、股权重组和混合所有制改革等专项工作相关的资产评估备案项目60余项，助力企业各项改革任务顺利开展。资产评估在国有资产"价值守护"和"价值发掘"方面发挥了重要作用。在2022年度中央企业资产评估专项检查中，中国煤科被评价为"优秀"。

（二）国有资本投资收益收缴水平逐年提升，国有资本配置基础不断夯实

中国煤科通过完善制度体系，将国有资本投资收益上缴比例要求固化为制度条款并严格执行，大幅提高了国有资本投资收益收缴水平。2020—2022年，中国煤科国有资本收益收缴金额年均实现大幅增长，所属控股上市公司天地科技股份有限公司分红

水平逐年提高，为国有资本的合理配置提供了坚实保障。国有资本收益的上缴反哺深化改革、科技创新、生产投资等各领域，资本创造的价值影响不断体现，资产质量不断优化。2022年中国煤科所属控股上市公司天地科技股份有限公司被纳入MSCI中国A股在岸指数等多只股票指数，进一步彰显市场投资价值。

（三）国有产权管理不断深化，助力企业高质量发展

中国煤科不断深化产权管理，坚持聚焦主业战略，服务推进煤炭安全绿色开发和清洁高效利用，持续优化布局，按照"资产同质、市场同向"原则，近年来对14户企业进行了重组或相关业务的重组整合，产业资源逐步向优势领域集中，向前瞻性战略性新兴产业拓展，锻长板补短板，做煤炭安全绿色开发高端装备引领者和清洁高效利用探索者。通过持续推进专业化整合，加快打造原创技术策源地和煤炭科技现代产业链"链长"，主责主业更加突出，资源配置更为优化。

五、未来展望

2023年2月，中共中央、国务院印发了《数字中国建设整体布局规划》。3月，根据国务院机构改革方案，组建国家数据局，负责协调推进数据基础制度建设，统筹数据资源整合共享和开发利用，统筹推进数字中国、数字经济、数字社会规划和建设。国家数据局的成立充分说明数字中国建设与数据资源体系在未来国家发展战略中的重要地位，标志着我国数字经济正式进入专业化、具体化的推进阶段。

中国煤科将认真贯彻落实中共中央、国务院关于数字中国建设的部署和要求，着力打造"数字中国煤科"。中国煤科将乘着数字中国的东风，以"数字中国煤科"为标志，建设数据产权制度，建立数据资源持有权、数据加工使用权、数据产品经营权等分置的产权运行机制，研究制订数据资产计价办法、数据要素按价值参与分配的办法等，为激活数据要素价值创造和价值实现提供基础性制度保障。在现有信息系统基础上，充分挖掘产权数据价值，发挥数据资产深化支撑战略、支持决策、服务业务、创造价值、防控风险功能。促进产权管理顺应数字化发展要求，更好地服务于集团公司高质量发展。

主创人：王志刚　周小君
参创人：李红梅　艾栎楠　刘　亮　张　瀛　董新燕　赵嘉琦

加强党的领导和完善科研院所治理的深度融合实践研究

中国直升机设计研究所

一、前言

本研究全面承接中央企业进一步把加强党的领导和完善公司治理统一起来、加快完善中国特色现代企业制度的部署要求，基于中国直升机设计研究所（以下简称"直升机所"）深度融合的实践探索，逐步挖掘出科研院所党建工作与发展战略相一致、与发展模式相匹配、与经营管理相协调的关键点：通过建立标准，使党建工作从"无形"向"有形"转变，同科研生产经营一样可量化、可考核；通过建立体系，使党建工作从"有形"向"有力"推进，持续增强对科研生产经营的引领力、促进力、保障力；通过建立机制，使党建工作从"有力"向"有效"推进，以科研生产经营、改革发展成效检验党建工作实效。在此过程中，直升机所总结提炼出"思想归零"党建工作方法、外场党建"四融工作法"等，并逐步构建起"深度融合、优势互补、发展共谋、任务共进"的党建与业务相融合的工作格局，将党的政治和组织优势转化为推动高质量发展的强大动力，为建设世界一流直升机研发机构提供有力支撑。

二、实施背景

国有企业是中国特色社会主义的重要物质基础和政治基础，是党执政兴国的重要支柱和依靠力量。坚持党的领导、加强党的建设是国有企业的"根"和"魂"，是国有企业的光荣传统和独特优势。近年来，党中央作出了加强党的领导、全面深化改革、推进国家治理体系和治理能力现代化等一系列重大决策部署。作为由中央管理的国有特大型企业中国航空工业集团有限公司（以下简称"航空工业集团"）的直属科研院所，直升机所虽属事业单位，但基本实行企业化管理，党的建设工作均严格按照国有企业党建工作要求开展。立足新发展阶段，为不负党和国家对军工科研院所高质量发展的殷切期待，迫切需要进一步研究将加强党的领导和完善科研院所治理融合的举措手段，将党建工作的独特优势转化为改革发展的核心竞争力，引领保障科研院所高质量发展。

习近平总书记在2016年全国国有企业党的建设工作会议上指出，坚持党对国有企业的领导是重大政治原则，必须一以贯之；建立现代企业制度是国有企业改革的方向，也必须一以贯之。中国特色现代国有企业制度，"特"就特在把党的领导融入公司治理各环节，把企业党组织内嵌到公司治理结构之中。总书记鲜明地提出建设"中国特色现代国有企业制度"，对党的领导融入公司治理作出顶层设计，这是对中国特色现代企业制度的重大理论创新和实践创新，为国有企业加强党的全面领导和完善公司治理相统一指明了方向，提供了根本遵循。

（一）党章党规为党组织内嵌于国有企业法人治理结构提供了行动方针

党的二十大通过的《中国共产党章程》第三十三条第二款规定："国有企业党委（党组）发挥领导作用，把方向、管大局、保落实，依照规定讨论和决定企业重大事项。国有企业和集体企业中党的基层组织，围绕企业生产经营开展工作。保证监督党和国家的方针、政策在本企业的贯彻执行……参与企业重大问题的决策；加强党组织的自身建设，领导思想政治工作、精神文明建设、统一战线工作和工会、共青团、妇女组织等群团组织。"《中国共产党国有企业基层组织工作条例（试行）》在总则部分就明确了国有企业党组织工作应当遵循"坚持加强党的领导和完善公司治理相统一，把党的领导融入公司治理各环节""坚持党建工作与生产经营深度融合，以企业改革发展成果检验党组织工作成效"的原则，并在第四章"党的领导和公司治理"中明确了党组织在公司治理结构中的法定地位和重大经营管理事项经党委（党组）前置讨论的范围和要求。

（二）《中华人民共和国公司法》为党组织内嵌于国有企业法人治理结构提供了法律支撑

《中华人民共和国公司法》第十八条规定："在公司中，根据中国共产党章程的规定，设立中国共产党的组织，开展党的活动。公司应当为党组织的活动提供必要条件。"这一条款为党组织在企业中的地位和作用提供了明确、具体的法律支撑，赋予了国有企业党组织参与企业治理的主体资格。从2015年开始，国有独资、全资和国有资本绝对控股企业陆续完成了将党建工作写入公司章程的部署要求，国有科研院所也同步落实。

（三）行政规范性文件为党组织内嵌于国有企业法人治理结构提供了政策支持

《中共中央关于进一步加强和改进国有企业党的建设工作的通知》《关于深化国有企业改革的指导意见》《关于进一步推进国有企业贯彻落实"三重一大"决策制度的意见》《中央组织部、国务院国资委党委关于加强和改进中央企业党建工作的意见》等行政规范性文件，都以较大篇幅为党组织内嵌于国有企业法人治理结构提供了具体的制度安排和政策支持。中共中央办公厅2021年印发的《关于中央企业在完善公司治理中加强党的领导的意见》以及中共中央组织部、国资委党委印发的《中央企业党委（党组）前置研究讨论重大经营管理事项清单示范文本（试行）》，在明晰中央企业党委（党组）讨论和决定重大事项的职责范围，规范党委（党组）前置研究讨论重大经营管理事项的要求和程序，明确党委（党组）在董事会授权决策和总经理办公会决策中发挥作用的方式，强化党委（党组）在执行、监督环节的责任担当，以及加强党委（党组）自身建设等方面，均做出了制度性安排。

（四）党的领导融入治理体系是提升工作质效的内在需求

党的领导深度融入治理体系，在体制层面上就是要落实党委（党组）与其他治理主体在成员上"双向进入、交叉任职"，在机制层面上就是要建立起以党委（党组）前置研究讨论为根本要求的议事决策机制和以党建工作责任制为主体的党建工作机制，从而形成制度体制机制完备的党建体系。但实践中发现，国有企业党组织融入公司治理方面还存在一些问题。

一方面，党组织的内嵌必然会遇到各治理主体权责体系重构的问题，如不对原治理体系中的权责进行重新分配、优化，可能遇到党委会前置程序泛化、党委和其他治理主体间权责边界模糊等问题。另一方面，国有企业现代化管理制度紧随时代发展，如果国有企业对党的建设重视度不够，不能及时建立起符合新时代国有企业经营管理特色的党建工作体系，党委（党组）"把、管、保"的领导作用就很难体现。此外，传统党建管理方法难以适应新时代员工队伍特性，员工党组织活动参与度和认可度不够理想。例如，在海量信息环境背景下，舆论生产方式发生重大变化，传统思想政治工作的方式方法对青年员工的吸引力不断减弱，需要创新思想宣传的内容与手段来增强主流舆论阵地对青年员工的影响力。

三、内涵和主要做法

直升机所在探索建立与科研院所发展战略相一致、与发展模式相匹配、与经营管理相协调的深度融合的党建工作机制，加强党的领导和完善科研院所治理方面，大体经历了从"无形"到"有形"、从"有形"到"有力"、从"有力"到"有效"三个阶段。

（一）建立标准，使党建工作从"无形"向"有形"转变

推动党建工作与科研院所治理深度融合，必须使党建工作同科研生产经营一样可量化、可考核。

1.建立党建责任标准

推动党建与科研院所治理深度融合，既要把党建工作融入科研生产责任制，也要

把科研生产工作融入党建工作责任制，实现思想同心、目标同向、行动同力。新时代航空工业高质量党建工程"1122"工作体系是集团公司党组对标对正"新时代党的建设新的伟大工程"作出的重大部署，由"1个核心引领""1个顶层规划""2个重要决定""2大运行机制"构成。直升机所在贯彻落实航空工业集团"1122"党建工作体系文件精神基础上，结合工作实际对体系进行了适应性延展。把发挥"把方向、管大局、保落实"的领导作用和建设成为宣传党的主张、贯彻党的决定、领导基层治理、团结动员群众、推动改革发展的坚强战斗堡垒作用逐条分解，落实落细，按照党组织、党群部门、党务工作岗位3个维度建立了党建工作责任清单，逐一列表明确了所内23个责任主体的党建工作责任，并建立了党委书记、党委委员、纪委书记加强对"一把手"和领导班子监督的《工作手册》，使各级党组织和党员干部知责、明责。确保党委领导下的领导小组、委员会及其办事机构规范运行，每年初根据年度党委工作要点、经营工作计划集中调整责任内容，为履职尽责打好基础。

2. 建立党建工作标准

加强型号研制全线党的建设，是坚持和加强党的全面领导、落实强军首责的必然要求。直升机所聚焦主责主业，以组织体系建设为重点，以发挥党组织和党员作用为着力点，以"政治工程、精品工程、廉洁工程"为目标，落实全面从严治党和型号研制"双融双促"。建立政治标准，制定发布《贯彻实施中共中央关于加强党的政治建设意见的具体措施》，明确了型号研制全线涉及政治信仰、政治立场、政治能力、政治生态、组织实施5个方面共87项工作措施，落实型号研制全线党建工作责任制。建立重大事项请示报告标准，制定发布重大事项向上级党组织请示报告制度及清单，涵盖科技创新、型号研制、深化改革、质量安全等方面内容，全方位覆盖党委、基层党组织、干部和党员。建立党组织负责人履职标准，总结党史学习教育和基层党建工作实践成果，编著10万余字的《基层党组织书记红宝书》，收录全所加强思想教育、建强战斗堡垒、打造过硬队伍等方面的典型案例，对提升基层党组织书记政策水平和业务能力、激发"双融双促"新动能具有很强的学习借鉴意义。建立廉洁从业标准，关注科研外协等重点领域廉洁从业风险，制定发布科研外协、招标管理、物资采购、工程建设、生产外协、合同管理6个重点领域的廉洁风险防控目录指引，将防范化解廉洁风险嵌入型号研制全周期管理。

3. 建立党建考核标准

建立健全《基层党建工作考核评价办法》《基层党组织书记述职评议考核办法》等系列党建制度，实施具体有效的党建工作考核标准，把软指标变成硬约束，细化量化考核评价指标。把推动改革发展、促进科研生产经营、抓好队伍建设、做好群众工作纳入考核范围，采用综合研判方式强化党建工作与业务工作"双融双促"实效。针对科研、党建、管理、保障等不同片区工作特点进行差异化设置，确定适当权重，每季度动态调整相关指标，发挥指挥棒作用。聚焦工作要求落实，以工程思维推进党建计划管理，建设党建项目管理系统、党建业务流程信息系统，年度党委工作计划、型号研制全线党的建设、高质量党建引领保障科研院所高质量发展等重要专项严格采取项目管理方式，形成计划制订、执行监控、结果反馈、质量评估一体的党建计划管理模式。

4."建标准"的特色做法——"4+N"纪检委员工作体系

发挥纪检委员作用是打通全面从严治党"最后一公里"的迫切需要，为切实有效地发挥基层党组织纪检委员作用，直升机所构建了"4+N"纪检委员工作体系，其中"4"为1支队伍、1份履职清单、1种培训模式、1套量化考核体系，"N"为多种纪检委员履职保障。从"谁来干、干什么、怎么干、干得怎么样"4个维度保证纪检委员有效履职（见图1）。

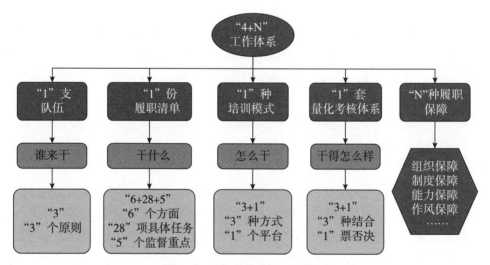

图1 "4+N"纪检委员工作体系

主要做法：坚持"应设必设、高标准、先审后用"3个原则，建设一支高素质纪检委员队伍，解决"谁来干"的问题；明确"6+28+5"工作事项，整理一份纪检委员职责清单，解决"干什么"的问题；实行"3+1"培训模式，建立一种贴合实际的培训模式，解决"怎么干"的问题；构建一套量化体系，将考核结果与纪检委员晋升、薪酬直接挂钩，解决"干得怎么样"的问题；从组织、制度、能力、作风等方面提供N种保障方式，责、权、利相统一，确保纪检委员履职尽责。

工作成效：通过"4+N"纪检委员工作体系的系统推进，直升机所纪检委员队伍自身建设能力显著加强，2018—2020年纪检委员本科以上学历占比由78.6%提升至97.4%，领导干部本科以上学历占比由16.1%提升至89.7%。纪检委员对党风廉政建设和监督工作参与度明显增强，具有相关专业和管理知识的纪检委员积极参与重点领域廉洁风险防控目录指引制订等重要专项工作。职工群众对本单位领导班子认可度稳步提升，2018—2019年所内单位和部门领导班子廉洁从业单项得分平均值由9.80分提升至9.84分。

（二）建立体系，使党建工作从"有形"向"有力"推进

推动党建工作与科研院所治理深度融合，必须构建加强党的领导与科研院所治理深度融合的治理体系、价值体系、组织体系，明确实践要求，激发党建工作对科研生产经营的引领力、促进力、保障力。

1.完善治理体系，在机制上深度融合

贯彻"两个一以贯之"，以"合规、高效、集成、创新"为总原则，构建了一套落实全面从严治党主体责任、为科学决策提供管理标准的"1333"决策管理工作体系[①]。决策管理体系与治理管控体系"两系"融合，确保"把方向"作用；决策层、执行层、业务层"三层"融合，确保"管大局"作用；经营管理决策、决策管理过程、决策落地过程"三维度"，确保"保落实"作用。建立决策主体权责清单，厘清党委与其他治理主体权责边界，保证权责透明、协调运转、有效制衡。持续完善科研院所坚持和加强党的全面领导的组织体系、工作机制，党的领导通过进章程、进制度、进流程的方式融入运营体系。落实党委对重大事项的决定权、把关权和监督权，建立重大经营管理事项党委前置研究方向、重点内容目录。明确党委在决策、执行、监督各环节工作方式，建立所级决策执行监督落实工作"一本账"，全力支持纪委在科技自立自强、装备质量建设、乡村振兴等重大决策部署中发挥监督作用，推动各治理主体高效协同、发挥合力。

2.完善价值体系，在观念上深度融合

直升机所推进党的建设与党员干部职工的价值追求和使命担当相融合，以加快建设具有"领先创新力、先进文化力、卓越竞争力"的世界一流直升机研发机构使命定位凝聚广大员工力量，打造忠诚奉献之师。坚持以党的科学理论武装自身，把"不忘初心、牢记使命"作为党员干部的终身课题并建立长效机制。加快先进文化力建设，开展文化与战略适应性评估，收集问卷1985份，覆盖64.59%的干部职工，形成20余万字访谈记录，并引入权威企业文化诊断等模型，全面盘点文化基因，确定文化阻滞因

---

① "1333"决策管理工作体系：1个体系、3个决策主体、3维管理、3项机制。1个体系，即"1+N"权责体系；3个决策主体，即建立"三位一体"治理模式；3维管理，即决策前、决策中、决策后全流程规范；3项机制，即决策督办机制、决策考评机制、决策双评估机制。

素和文化发展方向，形成《企业文化调研诊断报告》。助力型号攻坚，打造型号文化，总结提炼"直–8精神""鱼叉精神""直–10精神""直–20精神"等型号精神，打造型号故事分享会重要文化品牌。通过定期形势任务宣讲、理论务虚会，以及常态化思想动态调查、改革大讨论、所领导联系基层、党建联系点等方式，教育引导广大科研人员一心一意为党工作、心无旁骛钻研业务，推动"忠诚奉献、逐梦蓝天"的航空报国精神入脑入心。集中整治形式主义、加强作风建设，每年组织全体中层及以上干部、项目负责人开展形式主义、官僚主义自查整改，形成分析报告并将改进举措纳入下年度党委工作计划和党建重要专项，持续弘扬"严、细、实、快"的工作作风。

3.完善组织体系，在力量上深度融合

心怀国之大者，矢志国之重器，建立直升机"红翼"党建联盟（天津），做好产业链"链长"。党建联盟作为天津保税区"红色领航　同心共建"党建（人才）联盟第一个直属专业分会，是由直升机所发起，联合中国航天科工集团第三研究院第八三五七研究所、中国航天科工集团第三研究院第八三五八研究所、中国电子科技集团公司第五十三研究所、天津七一二通信广播股份有限公司、天津七六四通信导航技术有限公司、天津航空机电有限公司等单位共同成立的党建共建平台。党建联盟成立的出发点和落脚点是坚持"直升机产业链延伸到哪里，党组织就要建到哪里，作用就要发挥到哪里"，聚焦主责主业，集合主辅机优势资源，通过组织共建、产业共促、党员共学、阵地共享，构建全方位、宽领域、多层面的协作交流和党建共建平台，加快形成具有时代特征和直升机特色的大党建格局，推动党组织与产业链同步延伸，组织活动与科研生产同步开展，以高质量党建引领直升机产业高质量发展，实现直升机领域科技自立自强，为加快建设科技强国贡献智慧和力量。

按照"四同步""四对接"要求做好组织设置，5年来先后建立型号研制临时党支部13个、党员突击队32支、党员攻关小组上千个，扩大党的基层组织覆盖和工作覆盖。深入贯彻落实党中央和集团公司人才工作会议精神，抓"关键少数"，建立党员总师过双重组织生活制度和党员总师指导联系基层党组织机制，促进党员总师和基层党组织共同提高。完善"双向进入、交叉任职"领导体制，并在规模较大的单位配备专职党组织书记，深化全面从严治党主体责任。系统实施"青年马克思主义者工程"和"青蓝""青苗"计划及新员工"启航"工程，打造直升机人才中心和创新高地，探索新时代人才培养新途径，为培养具有全球视野、战略眼光的战略科学家、卓越工程师和领导人员奠定坚实基础。"青蓝"寓意"青出于蓝，而胜于蓝"，旨在培养信念坚定、勇于创新、学习力强、忠诚奉献的技术领军人才。"青苗"寓意"处于生命初期、发育成长的幼苗"，旨在培养信念坚定、科学管理、改革创新、引领团队的高水平管理人才。直升机所"青蓝""青苗"计划通过专题培训、跨领域挂职锻炼、学习研讨、课题研究等方式，打造具有科研院所特色的青年人才成长发展平台，帮助青年人才快速成长。整合党校、团校、培训中心资源，成立赋能工程中心，为干部提升、员工赋能打造全新平台。充分发挥群团组织桥梁纽带作用，持续开展型号攻关专项劳动竞赛、岗位技能竞赛等活动，弘扬工匠精神、劳模精神。

4. "建体系"的特色做法："四融"外场党建工作体系

新形势下外场管理难点重重，在贯彻落实"集团抓总、主机牵头、体系保障"要求下，在重大专项现场保障和跨单位联合党建的实践中，直升机所逐步探索出一套"四融"外场党建工作体系。"四融"即融心、融力、融情、融魂。

主要做法：融心，即通过支部共建，保障业务融合、资源互用、信息共享；通过业务流程梳理，促进军地、主辅、内外、梯次联动。融力，即通过创先争优，树立标杆；通过总师大讲堂，开展技术交流，提升团队能力。融情，即通过协调各方解决群众关心的生活、工作问题。融魂，即急难险重，党员攻关，确保故障排除不过夜，打赢装备保障攻坚战。

工作成效：通过"四融"外场党建工作体系，外场"拧成一股绳"，故障及时处理率由60%提升至80%。落实主机牵头责任，联合主机厂、参研单位开展支部共建，并牵头组建多个临时党支部，强力保障各项外场活动，以高质高效服务打造客户满意品牌，圆满完成国庆70周年阅兵、海军70周年阅兵、"1910""2107"等重大专项保障任务，获"阅兵保障先进单位"荣誉。各级机关及现场参阅官兵给予充分肯定和高度认可，中央电视台、各军兵种等赠送锦旗50余面、感谢信200余封。

（三）建立机制，使党建工作从"有力"向"有效"推进

直升机所遵循党建工作和科研院所治理规律，完善跟进督办、"双融双促"、政治监督配套工作机制，从承接上级要求，到深入贯彻落实，再到成效评估检验不断创新方式方法，以科研生产经营、改革发展成效检验党建工作实效。

1. 建立跟进督办机制，将最新精神融入重点工作

将贯彻落实习近平总书记重要指示批示以及上级党组织重大决策部署作为加强党的政治建设、强化党内监督的重要任务，制定实施《深入贯彻落实习近平总书记重要指示批示工作实施办法》《深入贯彻落实党中央、集团公司党组重大决策部署工作实施办法》，建立贯彻落实习近平总书记重要指示批示精神工作台账。在深入学习领会基础上，研究部署各项工作，尤其是弘扬航空报国精神、推动军民航空装备研制、强化科技创新和军民融合、深化改革发展等方面工作，制订落实任务清单，明确具体措施、工作目标、时间节点、牵头落实的党委委员以及具体负责部门和部门负责人。通过调研检查、书面检查、专项督查、内部巡察、核查复核、督促整改等方式及时全面掌握职能部门、基层党组织贯彻落实进展和成效，确保贯彻落实纵向到底、横向到边。

2.建立"双融双促"工作机制，将引领保障融入治理体系

一是规划引领，在目标上深度融合：紧密结合科研院所三年滚动发展规划、"十四五"发展规划，同步编制党委工作规划，开展"党建+战略"专项工作、"深化改革　创新发展"大讨论，将改革发展任务细化落实到基层党组织、党员，以党建方式促进规划落地。二是"融入内嵌"，在机制上深度融合：将全面从严治党要求深度嵌入业务管理和型号研制体系，将型号研制中的人财物以及质量、审计等重大事项纳入党委决策清单，每季度分析研判科研生产和经营管理整体形势，每年度开展型号任务攻坚党建专项工作。强化对科技创新、质量建设的党建引领、组织领导和制度保障，构建"一个体制、两大联盟、三个实体、多项措施"①协同并举创新模式，履行原创技术策源地建设主体责任，打造"策源地链长"，加快推进直升机领域科技自立自强；创新运用职能监督、巡察监督、纪检监督"三管齐下"工作方式推动质量问题专项整改，切实加强对装备质量工作的牵引和监督。三是守正创新，在方法上深度融合：每年年初召开党的建设工作会，对党建工作与改革发展的深度融合进行总体部署。每年一季度根据航空工业集团党建工作要点和科研院所型号科研经营管理年度重点制订党委工作要点，形成深度融入的工作方案和任务分解表。每季度"三会一课"重点学习讨论具体举措，提出深度融入的针对性要求。各基层党组织主动推进基层党建深度融入工作，"思想归零"党建工作方法成为党建与业务深度融合的重要载体。

3.建立巡察流程化工作机制，将巡察监督融入管控体系

充分认识基层党组织在深度融合中的重要基础性作用，通过加强巡察监督等方式全面加强对基层党组织行权履职的政治监督。以集团公司党组"1121"巡视巡察工作体系②为基础，深入研究巡察工作重点内容及方式方法，强化深度融合要求，构建"1334"巡察流程化工作机制（见图2）。巡察流程化工作机制以加强对被巡察单位党组织履行党的领导职能责任的政治监督为主线，通过整改效果评估机制，推进责任落实、问题整改、改革发展和长效机制建设。上述"4个推进"倒逼被巡察单位完善内部治理、提升治理效能，倒逼被巡察单位政治生态优化重构，进而持续推动基层党组织党建独特优势转化为改革发展优势。

---

① "一个体制、两大联盟、三个实体、多项措施"具体指成果转化体制；院校联盟、行业联盟；直升机协同创新中心、无人直升机系统公司、重点实验室；激励科技创新等多项措施。

② "1121"巡视巡察工作体系由"1个目标、1套制度、2个规范、1本手册"构成。

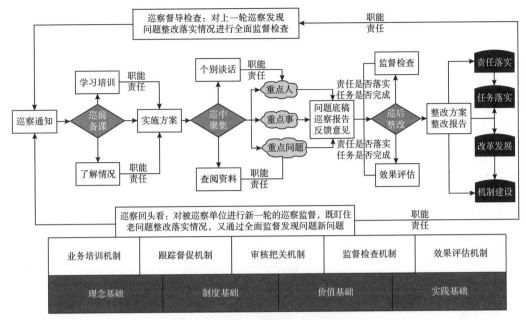

图2 "1334"巡察流程化工作机制①

4."建机制"的特色做法:"思想归零"党建工作方法

"思想归零"来源于质量管理领域的"双五归零",包括技术归零和管理归零。"思想归零"的主要目的是针对企业科研生产经营管理中存在的问题,从思想上分析和判断问题产生的原因和机理,消除员工思想认识上的"不合格"因素,从而从根本上解决业务问题。运用"思想归零"推进党建与业务深度融合,是坚持守正创新、发挥党的建设优势的实践需要。

主要做法:"思想归零"的出发点均为解决科研生产经营管理中存在的问题。通过对党支部班子、班组长和业务骨干、普通员工、上下游企业的走访调研,收集典型思想问题及案例,形成思想问题自查对照表。通过会前疏导、经验疏导、典型疏导、预判疏导等多渠道疏导,提高"思想归零"会质量。找准思想问题只是"思想归零"的开始,最终目的是解决思想问题。突出整改措施和行动计划要求,督促做到知行合一,做到"思想归零再出发"(见图3)。

工作成效:直升机所自2018年开始探索"思想归零"的创新应用,经历了多年实践和多轮迭代,从最初只有党建引领步骤的"思想归零"1.0版本,演变成为"党建引领+科研践行"、更加强调"双融双促"的2.0版本。2022年正式推出了"思想归零"3.0版本,在原基础上又融入"文化赋能"环节,形成党建引领、科研践行、文化

---

① "1334"巡察流程化工作机制是对集团公司"1121"巡视巡察工作体系的系统性承接,主要包括"1条主线、3个重点、3篇文章、4个推进"。

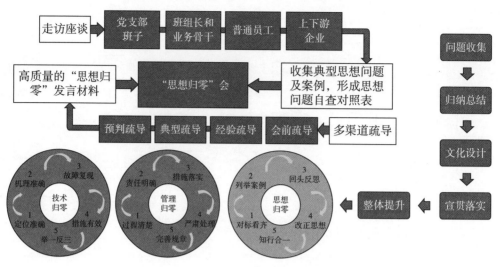

图3 "思想归零"党建工作方法

赋能"三位一体"、互融共促新局面。通过常态化践行"思想归零"，各基层党组织逐步改善了党建和业务"两张皮"的现象，促进各基层党组织党建工作整体提升，推动直升机型号研制工作不断迈上新台阶。中央媒体刊载系列专题文章，对"思想归零"做法进行了全国性宣传推广。

四、实施效果

2018年以来，直升机所持续开展了加强党的领导和完善科研院所治理的各种研究、探索、实践和校验。经过多年的经验积累，逐步形成了符合科研院所治理特点的一套党建工作体系，把党建工作有机融入科研院所改革发展、科研生产经营工作中，并在实际运用中收到了良好效果。

（一）初步解决了党委和其他治理主体间权责边界模糊问题

优化重构后的治理体系，改变了当初直升机所党委前置事项过多、过杂，难以集中精力聚焦"把方向、管大局、保落实"的情况，在运行机制上更加顺畅。党委会、所务会、经营管理领导小组会3个主体既独立运作又协调配合，各司其职、各负其责、协调运转。党委更多聚焦重大发展规划、重大科技攻关、重要型号研制、履行"兴装强军"首责，决策效率和决策质量有效提升。

（二）改善了全面从严治党向基层延伸的压力传导不到位情况

党建责任标准、工作标准和考核标准的建立，使党建工作同科研生产经营一样变得可量化、可考核，改变了基层党组织以及基层党务工作人员不清楚自己"该干什么""该怎么干""干成什么样才被认可"等情况。党建工作考核由软指标变成了硬约束，直接与履职考核、薪酬绩效、提拔任用挂钩，想干事、干成事成为主流。基层党组织建设质量以及党务工作者履职意识、履职能力有效提升，基层党组织建设质量不平衡情况有效改善。2018—2020年，四星级基层党组织由6个提升至13个，二星级基层党组织由13个降至5个。其中，直升机所航电系统部党支部获评中央企业先进基层党组织。

（三）改善了党建和业务工作"两张皮"现象

通过不断强化党建价值创造功能，对党建工作考核体系开展系统性重塑，在推进党的领导与研究所治理相结合、党建工作与生产经营相结合、党建文化与企业文化相结合、党内监督与廉洁从业相结合的过程中，逐步构建起"大党建"工作格局。从实践结果来看，党员在科研院所改革发展中起到中流砥柱作用，2017年以来评先评优中党员占比80%以上。政治优势、组织优势转化为发展优势，取得了"十三五"一系列发展成果：科技创新多点突破，装备发展实现新跨越，经营质量与效益全面提升。

（四）提升了党建工作的认可度

针对党建工作价值创造展示度不足的问题，直升机所通过头脑风暴、改革创新大讨论、"党建+战略""思想归零"会、故事分享会、"一分钟读懂"漫画展现等鲜活形式，帮助职工对党建工作价值、党建工作方式再认识，切实强化了对广大职工特别是青年群体的思想引领力。同时基于信息化的党建项目考核系统，以及每季度动态调整、提前发布的党建考核指标体系，最大限度地实现了隐性工作显性化、定性工作定量化和柔性工作刚性化，最大限度地降低了人为因素对考核结果的影响，考核结果认可度大幅提升，党建指挥棒作用更加显著。

主创人：黄文俊　焦士蕾　樊　乐
参创人：吴晓炜　刘宏福　周　源　王晓欣

采用标准化管理理念　坚持科技创新驱动
加快建设世界一流企业

嘉峪关祁连山水泥有限公司

当前，中国特色社会主义进入新时代，国家对质量、安全、环境、知识产权工作的管理力度前所未有，依法依规生产是企业的必由之路，习近平总书记提出的"绿水青山就是金山银山"的理念，为生态文明建设和美丽中国建设提供了方向。水泥工业作为典型的资源、能源消耗型工业，在节能降耗、污染减排方面负有特殊的使命。

嘉峪关祁连山水泥有限公司将质量、职业健康安全、环境、能源、知识产权管理体系"五标"认证，水泥产品的质量认证、低碳认证、有害物质限量认证和中国核工业集团有限公司的质量体系、产品认证、资源综合利用认证以及正在推进的技术研发管理标准体系等国际标准和其他管理体系，与企业生产管理实际相结合，推进管理体系和管理能力现代化建设，将基于风险的思维和标准化管理体系认证融入企业的业务全过程，为企业带来管理新思维。

甘肃省冶金废渣高效利用建材工程技术研究中心和甘肃省省级企业技术中心2个省级研究平台，为企业推动绿色制造和循环经济的实践提供了技术保证和理论支持；公司确立了"最大限度消纳固废，成为经济、生态效益的追求者和引领者"的企业使命；公司拥有国家重点支持新产品1个、甘肃省优秀新产品新技术3个，7个科技计划项目通过市级验收，5项成果通过省级科技成果鉴定（国内领先和国际先进水平各1项）；公司在快速发展的同时，实现了全冶金固废替代天然原材料生产水泥的目标，年减少碳排放量30万吨以上；主导产品通过质量认证、低碳认证、有害物质限量认证和资源综合利用认证，产品的品牌价值持续提升；公司是甘肃省工业企业环境保护标准化A级企业，创建的安全生产标准化一级企业进入验收阶段；2012年被认定为高新技术企业、2017年荣获"国家知识产权优势企业"称号、2022年被认定为甘肃省"专精特新"企业；申请知识产权52件，拥有有效知识产权36件，其中发明专利3件，具备运用知识产权信息研发生产新产品的能力。

一、实施背景

（一）绿水青山就是金山银山

中国特色社会主义进入新时代，依法依规生产是企业的必由之路。如果跨越法律的红线，将会造成不可挽回的损失。

2014年9月，腾格里沙漠污染事件曝光，被告单位宁夏明盛染化有限公司犯污染环境罪，被处罚金500万元，相关责任人被判处有期徒刑一年六个月。腾格里沙漠污染事件教训深刻，足以引起相关生产单位的重视。

（二）国际标准化组织管理体系基于风险的新框架整合为企业管理带来了新思维

ISO 9001：2015《质量管理体系　要求》及ISO 14001：2015《环境管理体系　要求及使用指南》两项国际标准于2015年发布，ISO 45001：2018《职业健康安全管理体系　要求及使用指南》及ISO 50001：2018《能源管理体系　要求及使用指南》于2018年发布。至此，新的国际标准化组织管理体系统一了管理框架，明确提出将基于风险的思维和管理体系融入组织的业务过程中，这样更加易于认证企业的体系整合。

根据国际标准化组织管理体系，公司要结合行业特点，通过管理评审捋顺关系，确保企业管理体系符合GB/T 19001—2016《质量管理体系　要求》、GB/T 24001—2016《环境管理体系　要求及使用指南》、GB/T 45001—2020《职业健康安全管理体系　要求及使用指南》、GB/T 23331—2020《能源管理体系　要求及使用指南》、CJC 399—41《水泥中有害物质限量认证实施规则》、CNCA—LC—0101：2014《低碳产品认证实施规则　通用硅酸盐水泥》（以下简称"质量环境安全能源管理体系"或"体系"）标准要求，确立长远的生产经营目标，符合顾客要求和适用法律法规要求。

（三）工业企业在快速发展的同时，面临着指标落后的困境

习近平总书记提出"必须树立和践行绿水青山就是金山银山的理念"，这为生态文明建设、美丽中国建设提供了根本遵循。水泥工业是典型的资源、能源消耗型工业，资源、能源的过度消耗，粗放型管理会造成生产效率低下。我国水泥产量长期位居世界第一，据数字水泥网预测，到2030年，我国水泥熟料产量约为16亿吨，碳排放量为13.76亿吨，占全国碳排放总量（约102亿吨）的13.5%。随着国家发展和改革委员会等部门下发的《高耗能行业重点领域能效标杆水平和基准水平（2021年版）》，以及GB 16780—2021《水泥单位产品能源消耗限额》的正式实施，水泥企业如何降低水泥熟料的综合能耗（电耗、煤耗），提升运行指标迫在眉睫。将国际标准化组织管理体系的策划与水泥企业"精细化管理"结合，可极大推动企业管理水平的提高，通过持续改进，可持续优化指标。

（四）认证企业存在体系文件与实际管理不一致的"两层皮"现象

作为认证国际标准化组织管理体系的运行者，如果不将管理体系文件的理论与企业自身实际结合，就会导致理论脱离实际，出现认证一套文件，平时管理是另一套文件的"两层皮"现象。

二、主要做法

公司贯彻执行"依靠科技进步，追求卓越品质；遵守法律法规，打造绿色建材；控制危险因素，关爱员工健康；提高能源效率，持续优化指标"的管理方针，始终将体系管理作为提升企业各项基础工作的有效手段。按照GB/T 19001—2016、GB/T 24001—2016、GB/T 45001—2020、GB/T 23331—2020，确定"合法经营、员工健康、行业对标、提质增效"的质量、环境、职业健康安全目标。

（一）依托政府部门、行业协会、网络，确保法律法规识别的及时性、有效性和充分性，研究国家政策，管控风险

公司通过"五体系"（GB/T 19001—2016、GB/T 24001—2016、GB/T 45001—2020、GB/T 29490—2013、RB/T 106—2013）的运行，管控风险，开展法律法规的识别、内审、第三方审核机构审核等多方面工作，确保适用法律法规的充分性、适宜性和有效性，使各种生产经营活动满足相关的法律法规。通过体系的运行，及时掌握产品质量、安全、环保、能源等标准的变化，提前策划准备，修改企业相关的管理制度和标准，有效化解企业的运行风险。

（二）领悟体系精髓，将国际标准化组织管理体系融入企业运行

1.注重体系标准语言的理解，充分理解体系标准的要求，建立"管理体系就是企业日常管理"的理念

国际标准分为技术类和管理类两类标准。技术类的国际标准侧重数据、方法和过程；而管理类标准翻译后，更加注重对标准语言的理解。其中的术语理解直接关系到日常工作，如理解不透，往往造成体系工作的困难，不能很好地和实际工作融合。

计划经济时代，国际标准化组织管理体系还没有被引入，相当一部分企业使用以苏联管理体系为基础结合中国特色的管理方式，虽然老的管理体系不是特别完善，但也建立了整体的基本管理框架。相关的管理性语言虽不尽相同，但也可找到与国际标准化组织管理体系对应的标准语言。这些语言沿用至今，并与现行的国际标准化组织管理体系融合，如：厂矿—公司、车间—部门、安全、技术委员会—组织机构、规划—方针、年月工作计划—方针目标、规章制度—文件化信息、操作规程—运行准则、

检查—审核、会议—管理评审、检查通报—内审沟通、计量设备检验—监视和测量设备，改造项目—管理方案、安全考核及奖励等—绩效评价等。因此，只有充分理解国际标准化组织管理体系标准，结合企业原有的管理体系，查漏补缺，完善体系，才能避免因各种管理模式的交叉或是对标准理解不透，为了认证而增加一些"不实用、不适用、不使用"的体系管理文件，造成认证被动。

2.将体系标准融入业务运行、决策过程、战略制订

为了避免相对独立、条块化、过程接口过多、效率低下，企业在融合质量环境安全管理体系时，必须理解企业日常管理与认证并没有直接的关系，不认证的企业也要管理这些内容。管理体系文件就是企业的日常管理文件，包括企业制订的通知、办法、制度、操作规程、管理细则等。不要为了企业认证而建立文件，体系应顺应日常工作，而不是日常工作去顺应体系。

（三）识别发展机遇，将体系融入企业的各项管理，开展科技攻关和资源综合利用，争取国家政策支持，解决生产技术难题

1.研究国家政策，识别发展机遇，推动企业整体策划，争取国家政策支持

公司拥有"甘肃省省级企业技术中心"和依托公司成立的"甘肃省冶金废渣高效利用技术创新中心"两个省级创新平台。在固废利用过程中，公司开始关注知识产权的创造、保护和应用工作。2011年获得第一张专利证书，2013年被确定为甘肃省企事业单位知识产权试点单位，2017年被确定为国家知识产权优势企业，2021年企业的知识产权管理体系通过第三方认证，2023年被认定为国家知识产权示范企业。截至目前，公司申请知识产权58件，其中，拥有有效发明专利3件、实用新型专利39件、软件著作权6件。

"五标"管理体系的运行，有力地促进了以废渣资源综合利用为主体的技术创新工作。公司通过产、学、研、用合作方式，解决冶金废渣在水泥生产过程中的技术难题。通过承担国家、省、市级科技项目来推动科技创新创效工作的深入开展。

多年来，公司生产原料立足酒钢冶金废渣，先后将石灰石选矿废渣、石灰石选矿废石、石灰石窑灰、硅石选矿废渣、铁矿石选矿尾矿、高炉矿渣、普碳钢渣、粉煤灰、燃煤炉渣、脱硫石膏、铜冶炼渣、硅微粉、玄武岩废渣等十余种工业固废用于水泥生产。铁矿石焙烧废石、煤矸石、不锈钢渣也将投入生产。公司确立了最大限度消纳固废，成为经济、生态效益的追求者和引领者的企业使命，在国内率先实现全固废生产水泥的目标。

在固废利用过程中，公司拥有国家重点新产品1个、甘肃省工业优秀新产品3个，

先后参与16项国家、行业、团体标准的制订和修订工作。公司的专利产业化率达到95%以上，3个项目被列入甘肃省知识产权计划项目。

2. 对应体系标准解决生产技术难题，助推水泥企业高质量发展

公司为提升经济技术指标，解决生产技术难题，做了以下主要工作：①选用紫焰割炬式燃油枪，火焰温度可达到1500℃，使点火烘窑柴油用量降低63.3%，烘窑过程中带煤后燃烧状况良好，柴油用量大幅下降。②生料磨使用无动力分层锁风阀，生料磨辊摩擦密封改为迷宫式密封与硅胶布柔性软连接密封相结合的方式，生料磨开机时窑系统烟囱氧含量为6%~7%，停机状况下，窑系统烟囱氧含量为4%~5%，降低了生产电耗。③为应对新疆煤容易自燃的问题，对入磨热风实施沉降室和旋风除尘器两级降尘，解决了窑头的飞沙（大量高温熟料颗粒）通过煤磨热风管道进入煤磨系统的工艺安全问题，降尘效果显著。煤粉灰分与原煤灰分的差值由5%~10%下降到1%以内。可充分发挥煤立磨的烘干效果，提高煤粉质量，保障了水泥窑的稳定运行，水泥窑各项指标明显提高。

（四）结合职业健康安全管理体系，开展安全生产标准化一级达标创建工作，推动企业安全标准化工作上台阶

"安全第一"是永恒的主题。大部分的先进水泥企业开展了安全生产标准化一级达标创建工作，安全生产标准化一级达标创建和职业健康安全管理体系相辅相成，具有统一性而侧重点又不同。安全生产标准化一级达标创建侧重于满足国家、地方和行业的法律法规，确保企业的合法性和合规性；而职业健康安全管理体系侧重于管理的程序和方法。职业健康安全管理体系和安全生产标准化一级达标创建相结合，可规范企业的管理程序，提升水泥企业的安全管理标准。

（1）让广大员工直接参与安全生产标准化一级达标创建工作，提高全员安全意识。培养全员工作习惯，将安全意识根植于每一位员工内心；鼓励更多的员工参加职业培训，考取焊工操作证，做到持证上岗，参与到现场整改中去。

（2）专业的人干专业的事，针对专业性较强和危险系数较高的项目，公司应采取外包监管的管理方式，管控企业的安全风险。如耐火材料、大型回转窑、磨机检修等专业性强的项目，水泥筒库清理等危险性较大的项目，应委托有资质、专业性强的外包队伍实施，企业重点实施监管管理，管控安全风险。

（3）通过安全生产标准化一级达标创建，落实安全整改费用，加快安全设施整改工作进度。由于水泥生产线数量、规模和投产年限的区别，现场条件参差不齐，公司通过开展安全生产标准化一级达标创建，确保了安全费用的落实；普查现场的安全隐患，对照相关安全标准，补齐了历史遗留的现场安全短板。

（4）班组安全建设和作业场所安全管理纳入企业安全生产整体工作。以加强班组安全建设和作业场所安全管理为抓手，突出健全班组安全管理制度、落实班组安全责任、完善班组岗位操作标准、加强班组安全现场管理、深化班组安全文化建设五个重点，将安全生产责任落实到每个班组、每个岗位，将安全生产监管网络延伸到每道工序、每个环节，下功夫提升企业本质安全水平。

（五）公司以践行"双碳"战略为契机，通过使用"含钙低碳"原料降低水泥生产碳排放量

水泥熟料生产需要大量使用石灰石（$CaCO_3$），这些石灰石通过煅烧分解为氧化钙（CaO）和二氧化碳（CO_2），公司通过对区域内各类"含钙低碳"废渣和原料进行检查，发现矿渣、炉渣中二氧化硅（SiO_2）和氧化铝（Al_2O_3）含量与黏土接近，可作为硅铝质原料；石灰窑窑灰、矿渣、炉渣中含有氧化钙，可部分替代石灰石降低二氧化碳排放量。通过配料调整、煅烧实验，公司成功将矿渣、炉渣、石灰窑窑灰、钢渣等工业废渣作为水泥生产原料。使用"含钙低碳"原料生产水泥后，公司每年消纳废渣100万吨以上，减少了水泥生产二氧化碳排放量，降低了熟料标准煤耗，获得了显著的经济效益。

（六）围绕《高耗能行业重点领域能效标杆水平和基准水平（2021年版）》，开展水泥熟料能效技术攻关，创一级标杆水平

（1）学以致用，尊重科学，依托能管，热工先行。将能源管理系统与系统热平衡计算相结合，学以致用。实行"班通报、日对比、周分析"，优化操作管理，查找并改进用电、用煤薄弱环节。与系统热平衡计算和标定结果对标，找出能耗差距存在的根源，进而制订相应的措施。

（2）围绕水泥窑煅烧推行"五稳定两精调"。解决治理生料磨、煤磨、收尘器、大型风机等大负压重点热工部位的"跑冒滴漏"现象，获多项专利；注重"四新"技术应用，实现窑尾气体成分、水泥窑筒体温度、窑头烧成温度、篦冷机冷却状态四个可视化。

（七）按照PDCA循环，持续完善管理体系

按照PDCA（计划、执行、检查、处理）循环，推动部门以月计划、月总结、经理办公会议汇报等方式，有计划、有步骤地持续改进管理体系，开展内审、管理评审工作。

1.充分发挥专业管理的核心作用

按照体系文件部门专业化管控原则，体系主管部门负责文件的控制，企业管理部门建立的规章制度同时作为体系的程序文件，按照"推进部门组织协调、职能部门审

核把关、主管审定、高层审批"的控制流程实施评审。这种专业管理方式有效解决了长期以来一项工作多处描述不一致、文件多个版本并存、体系文件杂乱无章、管理制度繁多的问题。

2.坚持理论与实践相结合的评审原则

针对安全操作规程、安全作业标准等岗位操作类文件，由安全管理部门组织各部门责任工程师、管理技术人员、一线职工有计划地进行评审。在不影响班组正常检修维护工作的同时，充分保证了评审的人员、时间、专业性均到位，提高了文件的可操作性。

3.生产旺季开展内审，体系运行实施常态化管理

内审工作计划尽量避开公司定期监测、外部年检、年审等年内重点工作和月内统计、扎账、专业检查等业务繁忙时段。用清晰、通俗、易懂的语言文字代替了过去单一、陌生的标准条款号，使内审计划更容易被接受和理解，普遍得到各部门的重视和回应，并能够主动联系体系推进部门，有针对性地进行自我检查。

4.利用生产淡季做好检维修，提升企业的现代化管理水平

水泥企业具有季节性生产的鲜明特点，在生产旺季，企业生产任务重，员工劳动强度大，企业主要的精力集中在生产顺行、优化指标上。而在生产淡季及错峰生产的时候，水泥企业被迫停产，公司此时可以利用大量的时间和精力组织生产检修，抓基础管理，持续完善文件化的管理体系。

（八）开展灵活的管理评审，注重绩效管理实效

发挥领导作用，确保资源配置，搭建管理体系的平台框架。充分发挥企业发展战略的作用，应对政策风险、经营风险、战略风险、人才风险、财务风险等。在方针目标策划时，将生产经营计划、安全环保工作计划融入质量、环境、职业健康安全目标及其业务过程。管理评审的时间可以和其他业务活动（如战略策划、商业策划、年会、运营会议及其他国际标准化组织管理体系标准评审）一起安排，以避免管理层重复参会。

（1）通过宣传栏、宣传墙、电子屏、企业公众号等持续开展企业文化宣传，营造企业文化氛围。结合年度总结、生产调度会、经营分析会、质量专题会等专项管理评审的方式，将管理评审与相关的活动一起开展。管理评审不对详尽信息进行彻底评审，但侧重补充管理评审的输入输出信息要符合标准要求。

（2）制订绩效考核方案。指标设置方面以目标导向为原则，"以吨产品绩效工资含量及成本完成情况"为部门绩效工资总额基准，"以经营绩效指标评价及安全环保指标评价"为部门绩效工资增减依据，着力突出以提高盈利能力为主导的考核理念。对公

司部门、处室群体以及主要负责人制订有针对性的绩效考核指标，其中包括安全指标、工艺技术指标、质量指标、设备指标、能源指标、财务指标、费用指标等。

三、实施效果

（一）通过应用国际标准化组织管理体系，形成自主知识产权，争取国家政策支持

通过应用国际标准化组织管理体系，公司形成自主知识产权，充分识别法律法规，开展科技攻关和资源综合利用，承担国家、省市级科技项目，争取国家政策支持。截至2022年12月，公司累计申请知识产权52件，拥有有效知识产权28件，其中发明专利3件、实用新型专利20件、软件著作权3件、商标2件。发明专利全部为利用废渣生产高端水泥产品的技术，由此表明公司已具备运用知识产权信息研发生产新产品的能力。2013年，公司被甘肃省知识产权局确定为甘肃省企事业单位知识产权试点单位，2017年被确定为国家知识产权优势企业。2021年12月公司的知识产权管理体系通过第三方认证。目前公司正在申报国家知识产权示范企业。

（二）国际标准化组织管理体系与生产经营实际情况高度融合，实施技术攻关，解决行业性难题

（1）开展了包装机粉尘治理攻关，经第三方检测，装车人员呼尘已小于$1.5mg/m^3$且既满足了职业健康总尘小于$4mg/m^3$的要求，又满足了国家法律法规要求，确保企业经营的合法性和合规性。

（2）积极探索，勇于创新，解决了窑尾烟囱冒蓝烟的问题。窑尾烟囱冒蓝烟是水泥行业普遍较难解决的问题，公司在技术攻关过程中，发现在开磨期间基本没有冒蓝烟的现象，于是通过模拟开磨期间的工艺技术参数，增加增湿塔的喷水量，适当打开入口的冷风阀降温，将窑尾收尘器出口的温度控制在120℃以下，效果较好，由此解决了窑尾烟囱冒蓝烟的问题。

（三）开发满足《核电工程用硅酸盐水泥》《铁路混凝土》标准的水泥新产品

针对周边区域开工建设的铁路工程、核工业工程等重点工程，按照TB/T 3275—2018《铁路混凝土》、GB/T 31545—2015《核电工程用硅酸盐水泥》标准要求，实现特种水泥批量供货，2020年累计销售符合两个标准的特种水泥9.4万吨，拓展了产品种类，增强了市场竞争力。

（四）国际标准化组织管理体系结合生产经营实际情况，经济技术指标大幅提升

国际标准化组织管理体系结合生产经营实际情况，解决了生产技术难题，经济技术指标大幅提升。近三年来，公司通过体系助推水泥企业高质量发展，台时产量大幅提高，能源消耗大幅降低。

（1）能耗指标实现"保二争一"，在集团内部名列前茅。通过节能改造、工艺攻关、优化配料、精细操作，主要能耗指标同比全面下降。2022年全年熟料单位产品综合电耗完成52.98kW·h/t，综合煤耗完成96.05kgce/t，综合能耗完成102.56kgce/t，均优于《水泥单位产品能源消耗限额》二级水平。2022年7月熟料综合煤耗、综合能耗分别完成93.32kgce/t、99.71kgce/t，达到一级水平，在集团名列前茅。

（2）使用已分解的"含钙低碳"原料后，生料的烧失量降低2%，料耗由1.51降低到1.45，大幅降低了煤耗、料耗和生产成本。每年消纳上述类别废渣100万吨以上，减少了水泥生产一氧化碳（CO）排放量，降低了熟料标准煤耗，获得了显著的经济效益。

（3）技术改造严谨论证，勇于创新，节能降耗。篦冷机实施优化改造，提高了热交换效率，熟料温度降低50℃，二次风温提高100~150℃，三次风温提高100℃；实施生料磨双选粉节能改造后，电耗降低明显，生料工序电耗下降2.84kW·h/t；实施高温风机改造，单耗降低2.0kW·h/t；对窑尾锅炉、高温风机、增湿塔、收尘器等出口实施降阻改造，窑尾收尘器出口负压下降800Pa。

（4）公司通过国际标准化组织管理体系助推水泥企业高质量发展，经济效益十分明显。每年销售抗硫等特种水泥和低碱水泥30万吨。年新增销售收入1亿元以上，实现利润1500万元以上。生产销售的9个水泥产品和2个建筑砌块产品中全部被认定为资源综合利用产品，享受税收优惠政策。高新技术企业享受40%的所得税减免优惠政策。

主创人：蒋朝晖　常占新
参创人：闫智荣　张　峰　李永睿　鄢　平　武学龙　刘革平

混合所有制企业思政工作与高质量发展
深度融合的探索与实践

陕西中能煤田有限公司

宣传思想工作是企业的喉舌，是企业密切联系职工的桥梁和纽带。陕西中能煤田有限公司（以下简称"中能煤田公司"）党委聚焦混合所有制企业的性质，坚定新时代中国特色社会主义混合所有制示范企业道路自信，通过思想引导、文化宣教、新闻宣传，切实提高宣传思想工作的实效性，努力将宣传思想工作优势转化为企业发展优势，通过创新宣传载体等形式，形成"大宣传格局"。中能煤田公司党委以争第一、做唯一的姿态，守正创新、精益求精，把宣传思想工作融入企业各项工作中，不断提高企业的知名度和影响力，努力打造宣传品牌，持续放大宣传效果，做到润物细无声，占领宣传思想高地。

一、实施背景

中能煤田公司地处革命老区榆林，是一家由陕西煤业化工集团有限责任公司（以下简称"陕煤公司"）、中国华电集团有限公司、江苏悦达集团有限公司以及自然人组成的国有控股混合所有制煤炭企业，现有职工1800余人。作为投资管理型公司，企业下辖10家单位，涉及煤炭开采、煤矿对外托管、绿植蓄养、科技创新、文化链条发展等产业。2021年以前，基层单位负责人对宣传工作的认识参差不齐，浅显地认为是表功、吹牛、自我标榜，对上级下达的宣传任务指标很排斥；工作方法不完善，导致宣传思想工作成效不足，只会用"老办法"解决"新问题"，与有效开展职工思想政治工作要求相去甚远；部分领导对宣传工作投入有误区，经费上不能给予保障，直接导致硬件设施无法满足宣传工作有效开展的需要；对主流媒体重视程度不够，不能够进行有效沟通合作，借助外力效果不佳；活动载体不鲜活，宣传思想工作向心力不够，主题不够鲜明，职工的参与感不足，教育效果较差。鉴于此，中能煤田公司探索制订"15361"工作法，即融入党建引领安全生产这个中心；做到明确企业文化建设要前卫、时尚、接地气，明确精神文明创建路径，明确新闻宣传工作的职责使命，明确各个时段的媒体融合建设，明确公司意识形态工作面临的形势和任务；强化完善制度建设、巩固阵地建设、提升队伍建设；坚持聚焦先进典型、热点事件、一线宣传、视频制作、作风转变、舆情监控；实现构建思政"大宣传格局"。

二、主要做法

新形势下，中能煤田公司在激烈的市场竞争环境中，强化对宣传思想工作的重视，坚持开拓创新、实践探索，扎实有效推进宣传思想工作，确保企业内塑品牌、外树形象，同时职工的向心力和凝聚力的形成，进而为企业高质量发展提供强大的内生动力。

一是立根铸魂，旗帜鲜明地守好新闻宣传"主阵地"。中能煤田公司始终坚持政治引领不动摇，始终把新闻宣传工作放在重要位置，深入贯彻上级单位关于意识形态工作的决策部署和精神，及时跟进学习，做好舆情监控，全面统筹规划，坚持党委统一领导、党政工团齐抓共管模式。从公司机关到二级党总支，均设立党群中心，选强配齐专职党群干部，将工作下沉到区队、班组。同时通过"走出去、请进来、坐下来、动起来"学习创新的工作新方法，组织政工干部轮训和到行业优秀企业进行对标交流学习，使之逐步成为思想政治工作的行家里手。党委宣传部牵头协调、各单位各部门共同参与的新闻宣传工作机制业已形成，公司上下聚合发力，整合优质资源，形成了上下互通、左右联动、齐心协力推进新闻宣传工作的强大合力。

二是凝聚思想共识，守正创新"兴文化"。中能煤田公司以高质量党建铸魂，以特色文化引领，全方位整合"万家灯火"初心，示范企业使命，"免费"文化方略，"让中能鸟语花香　让中能人万家灯火"的初心使命越来越坚定，让"再造强大新中能"梦想的"信仰指数"随时满格，"信心力量"始终满仓。不断抓好企业文化体系梳理与提炼拓展新内涵，2022年编撰8本企业文化系列宣传丛书，颠覆传统宣教模式，这8本丛书以新颖的风格赢得了干部职工的好评，已成为公司对外交流的文化品牌。狠抓企业文化理念宣贯与践行形成新共识。2022年9月底，邀请全国知名艺术家、朗诵家到公司，举办了一场高品质的诗歌朗诵晚会，共有10余万人参与观看。抓实企业文化实践落地与深植实现新突破。公司新的企业专题片《初心如磐　追梦扬帆》以新颖、别具一格的风格，成为公司对外宣传的点睛之作。新建成的开放式企业文化展厅已有40多批次近万人现场观摩学习，在陕北片区成为文化引领新风向标。开放式免费茶吧、书吧、咖啡吧遍布矿区，职工艺术文化长廊项目正在快马加鞭实施，为"品位中能、中能品味"注入了新内涵。网红打卡地逐步增加，让中能人有了诗与远方的憧憬，2022年先后荣获陕煤集团文明单位、榆林市"市级文明单位标兵"等荣誉称号。

三是构建宣传原则，激发载体工作活力。中能煤田公司新闻宣传已经形成了具有一定规模的报道类别，逐步总结形成了"立足行业，面向社会"的报道原则。中能煤田公司以行业为企业宣传报道的依托，有重点地将企业高质量发展的新成就、新经验、新风貌，通过国家主流媒体向社会宣传出去，借助社会新媒体力量讲好企业"三个引领、两个示范"故事。先后和省市"学习强国"平台取得联系，成为链路供稿员；与股东宣传部门多方沟通，形成发稿联动，让股东时刻了解公司的发展方向；服务下属单位与中能袁大滩矿业安全环保中心共同策划了安全微视频展播及投票活动，三天时间访问量达47万人次、投票量16万人次，在行业内部创造了第一，在社会层面做到了唯一；开放自媒体平台，吸引更多的年轻人参与活动策划，实现了抖音作品最高点击量11.8万人次、微信公众号文章最高阅读量2.7万人次。积极参加社会类征文，先后被中共中央宣传部（以下简称"中宣部"）党建杂志、陕西省总工会和榆林市、区宣传部授予奖项。

四是整合宣讲资源，持续放大宣讲效果。中能煤田公司紧紧围绕推动党的创新理论"飞入寻常百姓家"这一使命，深入实施"四员五进"宣讲行动，以强化"三个保障"为基础，以区分"三个层次"为重点，以做好"三个结合"为动力，强化政治理论引领，凝聚队伍合力，服务企业高质量发展。"四员五进"是指，领导干部进支部、进机关，党员干部进一线、进班组，先进典型和专家教授进矿区，通过强化制度保障、聚焦核心层、做好"三个结合"提高宣讲效能。将理论宣讲工作开展情况纳入当年党建工作考核中，制订宣讲年度考核细则，以机制建设推动理论宣讲活动制度化、常态化、长效化。以两级党委中心组为重点，持续开展宣讲，做到集体学习配套分管研讨，持续提升领导班子的能力和水平。以新理念引领新发展，用"五看中能"，提高干部职工的政治站位，坚定文化自信和发展自信，提高工作站位，让"作风就是带出来的"成为中能人学习创新的工作新风向标。企业在宣传贯彻党的二十大精神，持续赋能企业高质量发展方面的典型做法，先后被中宣部党建网、"学习强国"平台等主流媒体报道，提升了企业的品牌形象。

五是融合发力，做优做强宣传思想矩阵。中能煤田公司在宣传思想工作中"筑匠心"，敢于在未知领域先行先试，在荆棘中开拓出一条条新路。提升自媒体质量，体制机制创建上不断取得新突破，集中精力进行宣传策划和定向宣传，扩大宣传效应，公司微信公众号成功进入中国煤炭企业最具影响力前15名。开展新闻宣传"擂台四比"擂台赛，通过比思路、比成绩、赛实招、亮举措，全面对标对表，切实提高自媒体的知名度、影响力。持续提升文明创建工作质量，稳步推进文明单位创建，形成以文明单位、文明部室、文明区队、文明班组等为主要内容的文明创建工作格局。坚持典型引路，激发干部群众干事创业热情。高质量开展"益学堂"大讲堂，通过党员干部讲党课、管理干部讲业务、团员青年讲文化、班组长讲案例，提升文明创建工作水平，塑造公司宣传思想工作新品牌。通过"五创"，逐步形成课题研究工作体系，实施"揭榜挂帅""赛马"等新型项目组织方式，形成更多更好的政研成果，企业政研重大课题多点突破，为高质量发展提供强劲动能。通过创新理论学习，提升党员干部理论学习效果，不断提高宣传干部的业务素质，全面推广使用"学习强国"平台，确保平台日人均积分高于40分，日均参与度保持90%以上，切实把党员干部、职工群众的思想引导到正确轨道上，形成向上向善的共同价值追求。

六是释放引力，加大新媒体的推广和应用。中能煤田公司注重微信公众号文章版面的美学编辑，图文设计别具匠心，标题构思新颖，激发职工阅读兴趣，短短半年时间从改版前的单篇点击阅读量约187人次/月到如今的阅读量篇约1710人次/月；牢牢把握热点事件，策划活动方案，聚集职工关切，推出《跨越时空的骄傲》《劳动创造幸福》微视频，点击量超过7万人次；与企业特定人群形成互动，打破宣传的局限性，让人人都是"媒体人"，个个都是"麦克风"变成了现实，提升了企业新媒体的影响力。每年根据新闻宣传工作的实际，有针对性地修订完善《新闻宣传管理考核办法》，推行新闻好稿奖励机制，对在抖音、微信公众号等平台发布文章阅读量前三名的通信员和支部书记进行奖励，激励支部书记关注、关心通信员的成长；逐步建强新闻、文学创作两支队伍，公司宣传部人员实行包保基层单位制，充分挖掘通信员潜力，激发学习的主动性，保证了稿件质量逐步提升；开展季度写作培训、采风活动，邀请上级单位、国家级主流媒体专家集中培训授课，组织有一定写作基础的通信员到二级单位进行有针对性的采风培训，不断提升通信员写作水平。顺应互联网发展趋势，开通了微信视频号，以立体多元化的表达方式，和职工群众零距离交流和沟通，提升企业的对外影响力。

三、实施效果

一是创新平台，传播中能"好声音"。中能煤田公司党委宣传部打破常规，将传统媒体与新媒体深度融合，形成"两站一刊三平台"（网站、广播站，内刊，微信平台、抖音平台、快手平台）的"立体式"宣传新格局。六个媒体各有侧重点，针对不同受众面，发挥各自优势，实现了网站"活"、广播"新"、内刊"深"、微信"快"、抖音"潮"、快手"热"。在此基础上，公司还充分挖掘短视频内容，用镜头展现企业在高质量发展征程上的点点滴滴，用职工的语言真实讲述职工群众在安全生产、经营管理等方面的心得感悟。先后拍摄公司从基建到生产短视频《矿工，你最美》《妈妈，我想你了》等多部，受到了公司干部职工的一致好评，被评为"公司年度最佳好视频"。建设2个一级党群服务中心和8个基层党群活动室，通过"微宣讲"深入人心、"微讨论"增进交流、"微展示"凝聚力量，推动思政工作精准化、集约化、便捷化。

二是主动策划，唱响中能"好声音"。围绕中心工作，实现了小切口、深挖掘，将道德建设融入企业、部门、单位与班组的日常管理，让社会主义核心价值观入脑入心。举办公司"益学堂"大讲堂，使其成为公司各个层面树立道德典型和讲述道德事迹的最佳载体；举办基层部门、单位"主题讲堂"，使其成为基层单位对内展现职工精神风貌、对外展现职工素质的大舞台；举办班组"微型案例讲堂"，使其成为班组发掘、倡导好人好事，比学赶超的有效平台。用新作为提升新能力，构建以仪式化、及时化、常态化为基本特征，以凝聚人心为目标的激励体系，坚持与时俱进，突出典型培育，构建常态化的典型选树机制，形成"学有榜样、行有楷模、追有目标"的浓郁氛围，连续开展班组长节、季度中能之星评选，选树宣传一批事迹突出、正面影响力强的"中能好人"，将社会主义核心价值观具体化、形象化，成为引导职工心无旁骛干事创业的样板。获中国煤炭职工思想政治工作研究会"思想政治工作先进单位"荣誉称号。

三是抓好舆情管控，凝聚中能"正能量"。一年来，中能煤田公司围绕"搭建舞台、展示亮点，构筑渠道、凝心聚力"的目标，不断占领舆论先机，找准立足点，发挥作用，凝聚起推动企业转型发展的正能量。公司内部长期存在的各类QQ群、微信群等都在宣传部备案并确定舆情信息员。建立完善舆情管理制度及应急预案，做到热点舆情早研判、早预防，发现舆情早汇报、早处置。有计划地开展主题宣传宣讲活动，累计开展党的二十大精神等重大主题宣讲30余次，进一步凝聚思想共识，让党的"好声音"传遍公司各个角落。加大与主流媒体的沟通联系，结合重要时间节点，多角度、立体化开展宣传报道。组织舆情信息员实时监测所负责的内容是否存在不当言论，正确引导舆情方向，坚决不给错误思想提供传播渠道。目前，公司现有网评员24名、舆情信息员36名，能够较好地完成网格舆情监测和舆论引导工作，企业网信工作整体呈现出"管得住、防到位、控得牢"的良好局面。

主创人：党亚明　王惠武
参创人：高海军　马　翔　蔡海涛　王　瑞　赵　洋　胡恺昕

焦化企业采用"双线并行"
推进绿色低碳可持续发展的探索与实践

迁安中化煤化工有限责任公司

迁安中化煤化工有限责任公司（以下简称"迁安中化公司"）于2003年6月30日成立，是开滦能源化工股份有限公司、北京首钢股份有限公司（以下简称"首钢"）与迁安市国有控股集团有限公司强强联合、优势互补、合作发展的重点煤化工项目，也是2005年首批进入国家发展和改革委员会颁布的符合焦化行业准入条件的企业。

公司注册资本9.924亿元，厂区占地面积102.1万平方米，固定资产42.5亿元，2022年产焦炭255万吨，焦油9.63万吨，粗苯2.75万吨，硫铵3.59万吨。厂区占地面积102.1万平方米，焦炭年设计产能为330万吨。在工艺流程上，采用国内外成熟先进的生产工艺和技术装备，充分体现"先进、适用、可靠、环保、经济"的原则，符合国家行业政策和焦化技术发展方向。

公司成立以来，按照"以产品质量为基础，以经济效益为中心，以科学化管理为根本，以企业文化建设为纽带，谋求企业长期稳定、可持续发展"的指导思想，坚持"人文焦化、绿色焦化"理念，秉承"不断超越"的企业精神，努力打造国内一流现代焦化企业。2020年开始，公司按照国家关于行业超低排放能耗双控要求，启动环保工作全面攻坚行动，高标准推进环保深度治理和节能降耗工作，2022年获得"河北省绿色工厂"称号；2023年7月6日，通过河北省生态环境厅环保绩效A级企业现场审核；2023年7月14日，通过生态环境部专家组现场复核。经过两年时间的反复冲锋，迁安中化公司突破一连串制约企业绿色可持续发展的瓶颈，走出一条绿色低碳的发展之路，有着20年建厂历史的迁安中化公司正在将"绿色焦化"由目标变为现实。

一、实施背景

（一）中国式现代化的本质要求

党的二十大报告提出："推动绿色发展，促进人与自然和谐共生。大自然是人类赖以生存发展的基本条件。尊重自然、顺应自然、保护自然，是全面建设社会主义现代化国家的内在要求。必须牢固树立和践行绿水青山就是金山银山的理念，站在人与自然和谐共生的高度谋划发展。"从党中央的战略部署和总书记的科学指引中，迁安中化公司党委看到了大党大国为民族谋发展的历史远见；领悟了把"环境当作民生"，为人民谋幸福的初心情怀；领悟了"建立人类命运共同体"，为全人类做贡献的胸襟担当。迁安中化公司党委将建设国内环保节能一流企业写入五年发展规划，将公司的发展思路与国家的发展战略紧密相连，举全公司之力为中国式现代化增添精彩一页。

（二）焦化行业肩负的社会责任

焦化行业既是重要的基础能源原材料产业，也是高耗能、高排放的重点行业之一。我国作为世界上最大的焦炭生产基地，2022年焦炭产量占世界焦炭产量的68%以上。"十三五"时期，全国焦化行业二氧化碳排放量估算为1.5亿～1.55亿吨/年，焦化污染物排放对区域乃至全国空气质量都有较大影响。实现焦化行业绿色可持续发展不仅是深入打好污染防治攻坚战的重要要求，也是焦化行业必须承担的社会责任。当前，国内面临的主要矛盾是人民日益增长的美好生活需要和不平衡不充分的发展之间的矛盾，人们对生态、安全、健康和美好生活的绿色需求已经成为一种趋势。迁安中化公司位于迁安市西部工业区，厂区内有千余名职工，附近有生态河流，周边有若干社区村镇。公司推进绿色可持续发展不仅是响应国家宏观政策的号召，更是作为国有大型焦化企业义不容辞的责任。

（三）企业永续发展的动力源泉

企业发展是国家命运所系，"企业兴、国家兴，企业强、国家强"。当前，我国经济正由高速增长阶段向高质量发展阶段转变，企业转型升级是实现高质量发展的必然选择。绿色可持续发展为企业产业转型升级提供了新动力来源。迁安中化公司通过实施节能环保改造，提高企业工艺设备水平和劳动生产效率，进一步促进企业发展从粗放型低效率向精细化高效率迈进，推动实现高质量发展。迁安中化公司经过近20年的发展，从初创期、成长期到成熟期，正面临环保设施落后、设备日渐老化、人员结构失衡等一系列问题。企业曾经的竞争优势正在逐渐丧失，亟须通过实施绿色可持续发展，重新注入新活力，推动企业实现二次成长。通过实施绿色可持续发展，在大幅延长企业寿命的同时，带来设备、工艺、制度、文化等全方位提升，企业发展质量也将达到一个前所未有的高度。

二、内涵和主要做法

（一）企业绿色可持续发展的基本内涵

绿色可持续发展是在传统企业发展基础上的一种模式创新，是建立在生态环境容量和资源承载力的约束条件下，将环境保护作为企业实现可持续发展重要支柱的一种新型发展模式。具体体现在三个方面：一是要将环境资源作为企业经济发展的内在要素；二是要把实现经济、社会和环境的可持续发展作为企业绿色发展的目标；三是要把经济活动过程和结果的"绿色化""生态化"作为企业绿色可持续发展的主要内容和途径。

（二）实施绿色可持续发展的两个前提

一是消除观念方面的障碍。目前，部分焦化企业中往往存在对绿色可持续发展的偏见，对经济效益的重视程度高，对环保节能工作往往采取应付了事的心态。此外，一些焦化企业的管理层仍然缺乏对绿色可持续发展等方面的正确认识（或认识不足），还停留在把满足环保法规的要求作为企业环保工作的"上限"，而不愿做进一步的努力。

二是消除经济方面的障碍。建设绿色可持续发展体系需要大量资金投入。一方面，许多企业资金不足，亏损问题尚未解决，对环保"心有余而力不足"；另一方面，涉及成本收益问题，成本投入很大，但收益不是立即可见并且是不确定的，给企业经营带来巨大风险和压力，导致部分企业举棋不定，决心不足。

（三）实现绿色可持续发展的三个标志

一是设备工艺的提升。通过构建绿色可持续发展体系，实现设备及工艺的改造升级，工艺技术充分体现"绿色、低碳、循环"理念；设备自动化、信息化、智能化程度大幅提升，设备及工艺整体达到行业一流水平。

二是管理水平的提升。通过构建绿色可持续发展体系，进一步夯实管理基础，完善环保、能源等各项管理制度，确立对标—改进—运行—提升绿色可持续发展管理机制，推进企业持续发展。

三是团队精神的提升。通过构建绿色可持续发展体系，进一步统一思想、凝聚合力，公司发展要以贯彻国家发展战略为主线，坚持创新管理驱动，坚持绿色发展思路，坚持担当社会责任，推动企业高质量绿色发展。

（四）主要做法

迁安中化公司经过反复研究，制订了中长期（"十四五"至"十五五"）绿色可持续发展方案，坚持"三步"推进的战略思路。

本文仅针对迁安中化公司绿色可持续发展战略第一步的管理思路展开介绍，第二、第三步发展思路本文不涉及。

第一步（2021—2022年）：探索期——夯实基础，主要目标是做好环保绩效创A各项准备，制订节能减碳方案；

第二步（2023—2025年）：攻坚期——苦练内功，主要目标是完成环保绩效创A，能耗指标跻身地区先进；

第三步（2025—2030年）：冲刺期——跻身一流，主要目标是环保能耗指标达到国内一流。

第一步，迁安中化公司绿色可持续发展采取"双线"并行方式（见图1），统筹推进。

"双线"，即一条攻坚线——构建"1243"管控系统①，推进绿色可持续发展；一条督导线——实施"1+1+N"监督系统②，护航绿色可持续发展。

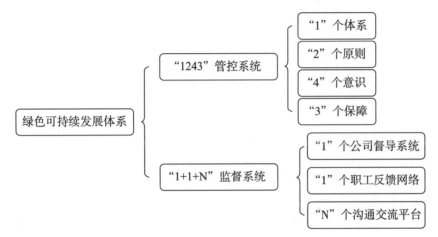

图1　迁安中化公司绿色可持续发展体系

1.一条攻坚线

（1）构建一个体系：绿色可持续发展体系

目标：实现全流程常态化超低排放和可持续生产。

构建思路：以BDCA（对标找差—制定措施—督导落实—常态管理—对标提升）管理循环为基础，以技术升级和管理创新为依托，打造绿色可持续发展体系（见图2）。

1）立足三个对标（对标反思阶段）

①对标焦化行业环保绩效A级标准——认清差距。根据《河北省重点行业环保绩效A级标准 炼焦化学工业（常规焦炉）（试行）》文件要求，迁安中化公司聘请冶金工业规划研究院、中国炼焦行业协会、北京市生态环境保护科学研究院、河北旭阳焦

---

① "1243"管控系统："1"个体系（绿色可持续发展体系）+"2"个原则（实事求是、持续改进）+"4"个意识（危机意识、战略意识、创新意识、担当意识）+"3"个保障（思想保障、资金保障、组织保障）。

② "1+1+N"监督系统："1"个公司督导系统+"1"个职工反馈网络+"N"个沟通交流平台。

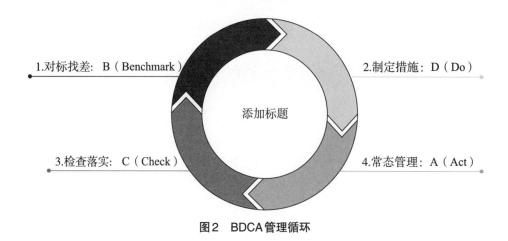

1.对标找差：B（Benchmark）　　　2.制定措施：D（Do）

添加标题

3.检查落实：C（Check）　　　4.常态管理：A（Act）

图2　BDCA管理循环

化有限公司、北京首钢股份有限公司等专家团队从装备水平、数字化智能制造、有组织排放、无组织排放、节能降碳水平、监测监控水平、环境管理水平、清洁运输水平八个方面查找问题，建立问题清单，为下一步开展超低排放改造，实现全流程、全工序超低排放奠定坚实基础（见图3）。

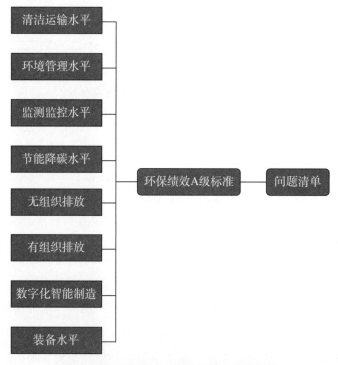

图3　对标环保绩效A级标准建立问题清单

②对标行业环保先进单位成熟做法——汲取经验。针对企业目前不符合环保绩效A级标准要求的部分，行业内有成熟解决方案的，优先向环保绩效A级企业汲取成熟经验，先后组织团队走访了唐山首钢京唐西山焦化有限责任公司、河北纵横集团丰南钢

铁有限公司焦化厂、河北旭阳焦化有限公司等区域先进焦化企业，又组织技术攻关组去宝武碳业科技股份有限公司、中国宝武钢铁集团湛江钢铁公司、河南安阳焦化厂等行业示范企业学习交流，根据企业自身情况，制订最佳优化提升方案。

③对标环保节能科研院所先进技术——难点突破。针对企业目前不满足环保绩效A级标准要求且行业内也无类似成熟解决方案的，与行业协会、科研院所等环保节能先进单位积极合作，先后开展技术交流12次，结合企业实际，专题研究整改方案，在多项技术探索上取得了领先优势。专家组认为，公司环保项目运行期间取得的各项技术性能指标符合技术协议及可行性研究报告的性能、功能要求，节能、减排、降碳效果显著，取得良好的环境和减碳效益，在行业内具有示范引领作用，推广应用前景广阔。

2）推动整体提升（制订措施阶段）

根据企业环保工作当前硬件设施、制度建设、人员配备及环保亮点等方面存在的问题和不足，实施"三强一创"整改措施，促进公司环保综合治理水平整体提升。

①强化环保硬件设施。环保硬件设施是提升企业环保综合治理能力的基础。环保设施的完善，要从政府管控要求、企业自身条件、项目技术路线等多个角度统筹考虑，按照环保项目"成熟一个、实施一个"的方针，力争在最短时间内，通过精益管理用最小支出实现最大改善。

多年来，迁安中化公司高标准推进环保治理，持续拓展绿色发展新路径，大力度投入10余亿元用于环保设施升级改造和污染排放综合治理，对照环保绩效A级标准建设了全封闭筒仓、全封闭皮带通廊、4#备用干熄焦、污泥干燥等60个节能环保工程项目，目前各项环保数据全部达标，环保综合管控水平达到环保绩效A级标准（见表1）。

表1 节能环保工程项目

序号	项目名称	施工时间
1	污泥干燥项目	2021.6—2022.8
2	焦炉烟气回配项目	2021.4—2022.3.30
3	化工一段焦炉煤气精脱硫改造项目	2021.5—2021.12.31
4	化工粗苯无管式炉改造项目	2021.5—2022.3.31
5	备煤车间三期筒仓汽车卸煤坑除尘项目	2021.9—2022.3
6	备煤车间三期筒仓仓顶除尘器项目	2021.9—2022.3
7	备煤车间三期筒仓仓下配煤系统除尘系统项目	2021.9—2022.1
8	干熄焦1号、2号除盐水无人值守项目	2021.9—2022.3
9	4#备用干熄焦项目	2021.11—2022.12
⋮	……	……
60	酚氰废水站恶臭气体治理系统升级改造总承包项目	2022.7—2022.11

②强化环保制度建设。在硬件设施逐步完善的同时，要通过完善环保管理制度，明确责任分工，规范日常管理，并建立应急处置机制，实现环保设施提档升级和环保管理提质增效的"双完善双提升"（见图4）。

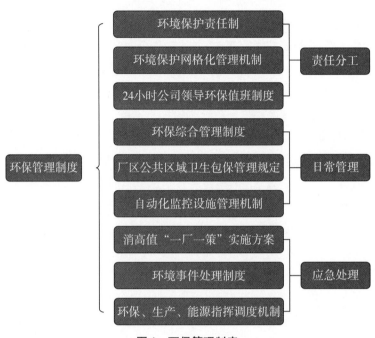

图4　环保管理制度

迁安中化公司环保责任分工坚持"四项原则"："三管三必须"（管生产经营必须管环保，管行业必须管环保，管业务必须管环保），"党政同责、一岗双责""领导带头、全员参与""保护优先、预防为主、综合治理、公众参与、损害担责"。

迁安中化公司环保日常管理做到了"四全管理"：即全时段、全方位、全区域、全过程按照政府生态环境部门有关规定实施管理。建立污染物（大气、水、放射源、固废、机动车、环境噪声）防治管理、环保奖惩机制、自动化监控设施等各方面的管理机制，确保生产过程中的污染物达标排放，不对周围环境造成有害影响。

环保应急处理要明确处理流程，建立环保、生产、能源统一协调机制，确保公司内部各类污染物达标排放、生产有序进行、能源合理使用。

③强化环保人员配置。成立能源环保部，按环保管理需要配备充足专业管理人员和基层单位专兼职管理人员，确保能源环保工作能够层层落实。当更美好的环境成为每个人的向往，当节能降碳成为每名职工的自觉，参与降碳行动的人便不再仅是专业搞环保的，而是公司的每一个人，他们立足岗位，立足自身，通过小改小革，将节能环保进行到底。

④创建环保亮点工程。环保硬件设施、日常环保管理、岗位人员配置三者之间相

辅相成，要统筹管理、整体提升，才能确保设备正常运行、日常管理到位、环保人员力量满足环保工作需要。同时环保管理的思路要与国家推进可持续发展战略保持一致，企业要充分发挥自身优势，通过实施环保治理创新，解决企业实施可持续发展的难题，为其他企业树立标杆典范，继而带动整个行业环保治理水平提升。

迁安中化公司打造的极致清洁运输系统，是企业实现环保绩效 A 级标准的亮点工程。90%以上的原料煤通过火车运输；公司生产的冶金焦炭全部通过封闭通廊内的皮带直接送往首钢股份公司迁安钢铁公司高炉，全程不落地；焦丁、焦末使用新能源车辆运输；除尘灰和化工产品使用符合 GB 17691—2018《重型柴油车污染物排放限值及测量方法（中国第六阶段）》的汽车运输，清洁运输比例在 95%以上。此外，公司投资 1000 余万元，购买叉车、装载机、洗扫车等各类新能源车辆共计 21 台，厂内固定维护单位车辆全部更换为新能源车辆，厂区内作业车辆全部采用新能源，并投资 800 余万元在厂内建设了充电桩，满足 12 辆车同时充电的需求，打造极致清洁运输，引领行业发展方向。

3）紧盯六个环节（检查落实阶段）

在推进环保工程项目建设等重点工作的同时，加强项目建设的督导检查，确保全过程安全高效规范运行。

①方案选择—结合企业实际，选择最佳方案。环保工程项目确定后，要对该项目可行性方案进行广泛调研，着重考察参考性强、成熟度高的已建成案例，充分论证各种解决方案在安全性、合规性、先进性、经济性和可扩展性等方面的区别，根据项目建设需求，选择最佳解决方案。

②合同管理—抓住关键要素，明确合同内容。合同内容是项目实施后的法律依据，必须满足招标要求，符合实际情况。重点核查合同主体资质及履约能力，明确合同招投标要求、工期进度条款、工期顺延约定、工程量、工程款支付、验收结算和违约条款等关键要点，确保合同内容合规有效。

③施工计划—实施详细项目管理，使项目按照既定计划运行。要求各项目组统一编制项目推进的网络图，明确工程推进时间节点，汇总后公示，每天通过环保工程项目施工微信群对所有在建项目推进情况进行督导，第二天早调会通报各项目推进情况，确保各项目按计划工期推进；同时组织环保工程项目"四比一创"竞赛活动，通过"比安全、比进度、比质量、比管理、创佳绩"每月进行评比打分、兑现奖励，推动项目高效运行。

④风险管控—设定风险管理目标，进行可控范围管理。按照合同要求，从企业绿色可持续发展的角度，对环保、质量、安全、工期、成本等项目施工过程中的重点、难点及项目的主要风险点进行把关审核，对于存在的风险项，采取必要措施，将风险由大变小，从有到无进行化解。

⑤竣工验收—加强结算校审，力求工程计量的准确。从合同条款的谈判、施工组

织设计的编制到明确的施工工艺流程和施工操作方法，对涉及工程结算的步骤必须具体、详细记录，经建设单位或监理单位签字认可，收集整理工程施工中的所有签证资料，加强结算校审，力求工程计量的准确。

⑥高效总结—善用图片数据，提高总结归纳能力。总结是最易被忽视的环节，项目阶段总结与完工后的项目管理总结尤其重要。通过总结，可以及时发现项目管理中存在的缺憾和不足，便于在下一个项目管理进行弥补和完善；同时将管理中的先进经验进行总结归纳，在下一个项目进行推广和应用。

4）强化日常管理（常态管理阶段）

①督导制度有效落实。建立环保工作常态化检查机制，实行周汇报、月汇总、季总结，所有环保问题按制度追责问责，各单位自查问题，考核金额每月汇总，确保常态化检查落实落地。

②保持设备稳定运行。环保设施明确专人负责，建立健全岗位责任、操作规程、运行记录台账、监测报告机制，做好运行记录，确保生产设施、环保设施、监测设施同步运行，做到实时监控、协同控制，确保污染物排放稳定达标；环保治理设施的维保坚持"五防护四保持"标准，做到"日常点检、专业点检、精密点检、技术诊断、设备维修"良性运维循环，保证设备设施"外观整洁，结构完整性、性能与精度、自动化程度"始终如一，确保环保设施高效稳定零故障运行；关键重要设备做到"一用一备"，做好设备预防性维修及突发故障的应对。各单位应对环保设施进行定期检查，及时消除设备隐患，环保设施运行出现故障时，必须在规定期限内完成维修或更换。因不可抗拒原因，设施必须停止运行时，应由公司事先报环保主管部门，说明停止运行的原因、时段、相关污染预防措施等情况并取得主管环保部门的批准。

③提高职工业务水平。基层职工对现场环保设备的运行状况和"脾气秉性"最为熟悉，对于污染源和存在的隐患心知肚明，所以公司要立足于提升基层环保岗位工作人员的业务水平，引导职工认真巡检、关注异常、及时处置。环保岗位业务水平包括环保意识和环保技能，公司要根据岗位特点组织开展环保知识和技能的培训，培养职工环保意识，帮助职工提高对异常状况的敏锐度，练就一双"火眼金睛"；同时公司要通过外请专家的形式对职工进行专题技能培训，带动一线职工环保技能的提升，让职工掌握设备设施的运行规律，找出隐患点，控制污染源，有针对性地制订预警措施，建立污染事件发生、汇报、治理的应急管理机制，减小污染对环境造成的影响。

5）坚持持续提升（精益求精阶段）

①关注环保政策变化。环保政策通常根据空气质量变化和宏观经济形势等不定期进行调整，企业要紧跟最新环保政策要求，调整生产节奏，及时对环保设施进行检修，确保环保设施稳定运行和环保数据达标。

②关注行业技术进步。关注行业最新环保技术发展情况，强化与中国炼焦行业协会、武汉科技大学等环保技术前沿单位的沟通交流，及时分析最新技术的经济性、适

用性、可行性，充分利用先进技术提高企业环保管控能力。

③关注问题持续改善。根据日常环保工作暴露的问题进行归纳总结，充分借鉴周边单位及行业最新思路，持续改进现有环保工艺、环保设施等方面存在的问题。

（2）遵循两个基本原则：实事求是，持续改进

"实事求是"原则：要求企业的发展思路必须坚持一切从实际出发，无论面对何种困难、何种压力，都能够做到直面问题、科学决策，保证企业真正健康持续高效发展。

"持续改进"原则：要求企业的管理要致力于全方位循序渐进地改进和完善，通过全员参与和团队协作，提高企业的核心竞争力。

（3）树牢四个意识：危机意识、战略意识、创新意识、担当意识

一是危机意识。在市场经济条件下，企业之间的竞争从表象上看是优胜劣汰，但优与劣之间是可以转换的，关键在于企业能否察觉到身边已经存在的种种危机。危机意识能够激励企业上下奋发图强，即使危机发生了，也能力挽狂澜，转危为安，从而使企业长盛不衰，走上可持续发展的道路；反之，危机意识淡薄或无危机意识，企业就会停滞不前，危机发生时又束手无策，最终陷入困境。迁安中化公司通过形势任务宣讲，主题教育，经济活动分析会、调度会、班前会等形式，让各级人员明确企业所处的位置和形势，树立起危机意识。

二是战略意识。企业是现代社会的经济细胞。在当前经济形势复杂多变的环境中，企业有无战略意识，能否对企业的发展作出卓有成效的战略安排，直接关系到企业的生死存亡。企业要想持续发展，必须站在全局的高度，去把握未来环境的发展变化，通过强化自身的优势，取得企业内部资源和外部环境的动态平衡，最终保证企业发展战略的顺利实施。迁安中化公司在2020年就确定了依托股东双方特色优势，立足煤化工发展总体布局，坚持"人文焦化、绿色焦化"理念，以高质量发展为中心，以提质增效为重点，以安全环保为保障、以创新驱动为动力、以加强党的建设为引领，努力打造业绩突出、经营稳健、协同有力、管控高效、具有核心竞争力的焦化企业的工作战略，持续夯基固本、立柱架梁，把安全环保作为企业生存发展的生命线，深入贯彻落实新发展理念和生态文明理念，实施"节能、低碳、绿色"发展方式，不断加大环保技改项目建设力度，将企业生存发展的主动权掌握在自己的手中。

三是创新意识。创新意识是企业持续发展的驱动力，是一切工作取得进步的关键因素，是企业管理创新的灵魂。没有创新，就没有竞争力，没有竞争力，社会也将难以进步。创新意识是衡量企业能否在现实社会中生存下去的重要指标，是企业能否实现绿色可持续发展的关键因素。迁安中化公司在打通"三支人才队伍"发展通道的基础上，进一步探索实施择优升级制度，切实将工作能力强、岗位贡献大、政治品质优的干部职工列入择优升级范围，持续激发内部活力；坚持走出去学习领先技术，积极吸取先进企业工艺改进、设备升级的优秀经验，加快数字化、自动化、智能化发展步伐，提高企业生产效率；搭建技术创新平台，建立起技术课题攻关、技术改造项目、

职工合理化建议征集三个层次的工作平台，每年由总经理办公会审核立项，由专业部门组织推进实施，职工创新热情高涨，有力地推进了企业绿色可持续发展战略的实施。

四是担当意识。新时代，呼唤企业有新使命和新担当。要实现中国式现代化，走向未来的美好，路上一定会经历无数艰难险阻。面对前进过程中的困难，企业要坚持到底，自我激励，主动作为，坚持绿色可持续发展，积极融入中国式现代化的宏伟篇章，在贯彻国家发展战略和主动承担社会责任中体现自身的价值。2021—2022年，为提高公司环保管理水平，公司领导每周带头深入现场督导检查，专业的车间管理人员每天现场检查是否存在环保问题，当天汇总，翌日通报，每周督导整改情况，形成管理闭环；针对夜班环保管控力量薄弱问题，启动24小时领导环保值班制度，通过强化领导人员环保责任的落实，显著提高企业环保工作应急处理能力。

（4）抓好三个保障：思想保障、资金保障、组织保障

1）思想保障

①提高职工环保意识。定期下发形势任务宣讲材料和《中化简报》，充分利用企业微信公众号、企业网站、企业抖音号、企业内刊等持续深入开展环保宣传，及时跟进公司重点工程项目进展、重点关注企业管理工作成效，先后在河北省国资委、《首钢日报》、冀工之家等外部媒体发表图片文稿40余篇，微视频作品90余条，企业美誉度大幅提升。

②发挥榜样示范作用。在创建绿色可持续发展体系过程中，持续跟踪亮点工作和先进人物，树立环保先锋等标杆典范。在定期评选"中化之星"的基础上开展年度先进评选，对项目建设中涌现出的先进人物和典型事迹进行跟踪报道并大力弘扬，对公司安全生产、项目建设、经营管理工作中的创新做法、特色经验进行立体式、全方位的宣传，营造良好环保攻坚的氛围。

③激励全体职工参与。深入推进职工创新创效和职工合理化建议工作，鼓励职工围绕增收节支、安全环保、技术改进、管理提升选题立项，专业部门在项目审核、过程指导、成果认定中发挥作用，鼓励基层参与企业环保管理创新，发挥集体智慧，推动企业环保治理工作再上新台阶。这些活动不仅促进了全员参与，还提升了职工对环保工作的重要性和必要性的认识，促进了各级环保责任的有效落实。

2）资金保障

资金是企业实施绿色可持续发展的基础。要尽力争取股东各方的全力支持，建立环保能源项目绿色审批通道，环保项目资金优先计划列支，确保环保工程项目进度不受资金影响。

3）组织保障

绿色可持续发展体系的构建，需要短时期内实施多个重大环保工程项目，建立常态化管理体系等，不仅时间紧、任务重、实施难度大，而且需要多部门协同开展，在这种情况下，原有的组织机构设置和审批流程就显得十分冗余和僵化，亟须建立一个

组织架构科学且灵活、人员配置集中且精干的液态组织模型。

迁安中化公司在构建绿色可持续发展体系过程中，每安排一项环保工程项目或其他环保重点工作，均成立专题项目组，项目组人员根据项目属性和实际情况，从机关部室和基层车间灵活调配，明确责任分工，定期归纳总结，定期督导落实，充分发挥液态组织的灵活性、集约性和高效性，有力支撑了公司在两年时间内完成超10亿元投资的60个环保工程项目的建设。

2. 一条督导线

（1）建设一个公司督导系统

迁安中化公司将涉及绿色可持续发展的重点工作纳入在线监督系统，通过明确时限和责任人进行督导，通过对比图片和现场核查完成验收，形成管理闭环，工作效率显著提升，绿色可持续发展工作完成率超过99%。

（2）建立一个职工反馈网络

通过建立公司—车间—班组三级舆情网络，实现公司对基层职工思想状况的全面动态掌握。针对公司绿色可持续发展体系开展持续性专题摸排了解，每月形成舆情反馈，为公司把握绿色可持续发展体系建设的节奏和力度提供有益参考。

（3）搭建N个沟通交流平台

在公司督导系统和职工反馈网络的基础上，搭建了公司领导基层调研、机关部门专业调研、基层车间内部调研等若干与基层直接沟通交流的渠道，确保信息沟通效率和准确度，持续对绿色可持续发展体系建设进行跟踪调研，并提出改进意见。

在构建绿色可持续发展体系过程中，之所以采取"双线"并行推进方式，主要考虑到在两年时间内实现环保治理能力、环保常态管理能力、人员综合素质等多方面的同步提升，既存在时间紧但又刻不容缓的特殊需求，又面临任务重必须全力以赴的巨大压力。为避免出现因急于求成而决策失误，因配合不当而出现纰漏，因进展缓慢而丧失信心等，迁安中化公司一方面采取"集中力量干大事"的思路汇集最优质的资源、最精干的力量，持续突破实施绿色可持续发展体系过程中各种难点；另一方面按照"众人拾柴火焰高"的思路，整合广大职工的智慧，对环保攻坚行动中各种方案措施进行调整，确保绿色可持续发展体系的实施方向正确、措施得当、执行有力、效果满意。

三、实施效果

（一）经济效益

一是产能效益逐步释放。通过建设绿色可持续发展体系，迁安中化公司环保绩效等级由2021年4月的D级到2022年7月1日通过唐山市生态环境局A级企业验收，其间，因环保绩效等级提升，炭化时间由48小时缩短至年均24小时，焦炭增产52万吨、焦油增产 1.6 万吨、硫铵增产 0.59 万吨、粗苯增产 0.48 万吨、煤气增加 1.58 亿立方米、发电量增加 0.44 亿千瓦时，累计实现经济效益超 1 亿元。

二是环保税款明显降低。经过持续攻坚，公司二氧化硫、氮氧化物、颗粒物等排放数据显著降低，吨焦排污税减免金额逐年增加，环境保护税额由 2020 年的 222 万降低到 2022 年的 172 万，排污费用支出大幅降低。

三是节能降费成效初显。伴随公司不断加大节能降碳管理力度，能耗指标日益向好。更换节能电机 120 台，节约电费 57 万 / 年；加强日常节水管理，实施 3# 干熄焦三重水冷回水回收改造、深度水处理提升改造等节水项目，年均回用水量同比增加 30 吨 / 时，年均节约费用 52 万元；强化能源综合管控，加强"跑冒滴漏"检查，落实躲峰填谷等节水节电措施，年均节约能源耗费 600 万元。

（二）生态效益

一是厂区环境焕然一新。投资 1300 万元实施厂区绿化美化工程，厂区地面全部达到了"非硬即绿"的标准，绿化面积由 18.5 万平方米增加到 25 万平方米，全厂绿化率提升了 35%，氧气释放量增加 1900 千克 / 天，二氧化碳吸收量增加 2700 千克 / 天，碳排放量进一步降低，建成了花园式工厂。

二是职工健康得到保障。投资 2000 万元对化工区域脱硫硫铵挥发性有机物（VOCs）升级治理，现场异味得到有效管控。投资 6000 万元对全厂皮带通廊进行密封及加装除尘系统，现场粉尘大幅减少，空气质量得到显著改善，职工作业环境有了质的提升，职工健康得到了有效保障。

三是节能减排完成蜕变。先后投资 212 万元建成装煤推焦除尘脱硫系统、投资 316 万元建成干熄焦环境除尘脱硫系统、投资 7000 万元建成三套钙基移动床干法脱硫装置及配套风机系统，二氧化硫排放总量由原来的 700 多吨减少至 200 多吨；投资 1 亿元建成焦炉烟气脱销系统，氮氧化合物（NO_x）由原来的 1600 吨 / 年左右降低至 300 多吨 / 年，焦炉烟气 NO_x 排放浓度由未治理前的 500～1200mg/m^3 降低到 50mg/m^3 以下；投资 1.4 亿元建成备用干熄焦系统，实现了全干熄焦，显著减少了环境污染，实现全流程、全工序超低排放。2022 年被河北省纳入重点产业链供应链企业"白名单"，2023 年首批通过河北省生态环境厅环保绩效 A 级企业（2023 年最新标准）现场验收。

（三）社会效益

一是发展活力全面迸发。通过实施绿色可持续发展体系建设，设备工艺实现了提档升级，厂区环境有了翻天覆地的变化，公司环保管控水平、职工综合素质均有了显著提升，使公司获得了新的竞争优势，为公司未来 5～10 年发展厘清了思路，为实现职工收入持续稳定增长奠定了坚实基础。

二是团队精神充分凝聚。在实施绿色可持续发展体系的两年内，从公司领导到基层职工，从外委单位到项目组成员，上下同心，锚定目标，日夜奋战，废寝忘食，持续攻坚，反复冲锋，全力以赴。据不完全统计，2021—2022年，各单位因环保建设主动加班达3563人次，项目提前完工率在90%以上，涌现出一大批勇于担当、敬业奉献的优秀职工。两年的思想洗礼与作风锤炼，磨炼了全体职工的意志，打造出了一支拼搏奋进的团队，为公司争创国内一流现代焦化企业点燃了全员斗志，汇聚了强大合力。

三是企业获得广泛认同。通过构建绿色可持续发展体系，迁安中化公司走上了一条以绿色发展为导向的高质量发展之路，承担了相应的社会责任。环保是企业可持续发展的生命线。经过破釜沉舟、壮士断腕式的环保治理，迁安中化公司实现了社会效益和经济效益的双丰收。厂中有林、林中有景、景在绿中，绿色工作、绿色生活、绿色生产，一幅美丽和谐的绿色画卷赫然眼前。推进绿色可持续发展的思路和方法，吸引了行业众多企业前来学习和借鉴，公司环保治理水平的跃升得到了省、市等各级地方政府的广泛认可，秉持着"人文焦化　绿色焦化"理念的迁安中化公司已经成为区域的行业示范。

主创人：张玉国　王　奇
参创人：曹贵杰　王晓民　白中华　应朝晖　宋孔儒　关少奎

打造智能制造新平台　助力制造业数字化转型

联通数字科技有限公司

一、前言

（一）基本内容

面向制造企业新型工业化转型需求，联通数字科技有限公司（以下简称"联通数科"）基于5G、大数据、人工智能等数字技术打造智能制造平台，以数据在线化和能力组件化为理念，打破传统点状应用下的传统烟囱式架构，为企业构建制造运营数字化底座。平台创新探索5G融合网络管理新模式，通过统一化、精细化的网络运维管理，加速行业企业OT（运营技术）和IT（信息技术）系统深度融合，推进工厂现场装置和存量系统的全面接入，打通数据全连接的"最后一公里"，建立真正的万物互联。平台基于统一的微服务架构，将传统MES/MOM（制造执行系统/制造运营管理系统）按照业务主题进行拆解，提取业务间共性的能力打造能力组件，形成基础能力、管理能力、业务能力三大组件仓库。通过能力组件的组合和编排，快速响应企业数字化、智能化转型的需求，实现从能力到业务的价值传递。平台提供计划调度管理、生产执行管理、仓储物流管理、低碳能耗管理、设备运维管理、企业经营分析、产品质量管理、生产安全管控等标准化场景应用，优化企业的生产调度与协同，提升企业的过程效率及质量，强化企业的能效与成本控制。

（二）创新点

1.5G融合网络管理技术创新

通过"5G专网管理、5G终端及业务管理、5G LAN管理、5G+PON管理、5G+Wi-Fi管理、分级分类SLA"六大融合能力中心，创新实现5G工厂网络方案智能生成、业务配置快速生成、网元能力配置及开放、监控管理全程可视化，通过线上化、流程化、多元化的网络管理和能力开放，实现向"连接+服务"的转型。

2.工业现场数据治理技术创新

面对工业现场多源异构的数据现状，构建集数据感知、数据采集、数据清洗、数据存储、数据转发与应用于一体的数据治理体系。支持实现工业现场复杂场景下的数据全连接。支持结构化和非结构化数据处理，具备数据清洗和时序数据分析能力。为上层应用提供标准、统一的数据获取方法。

3.工业应用快速构建技术创新

支持云原生的微服务搭建架构，提供算法、模型、知识等微服务化组件，支持低代码式能力调用和应用编排。用户可以结合工业现场的实际管理需要，利用组件库中的工业模型和数据池中汇聚的数据资产，通过自组织自服务的形式，快速搭建应用，以适配现场管理。

4.多维度安全度量与评估技术创新

面对工业互联网络所处复杂应用场景下的安全需求，采用图论方法构建网络攻击图模型，从网络响应能力、网络防御能力、网络恢复能力等多个安全评估维度进行工业互联网络的安全性评估研究，运用融合风险值加权的点估计和置信区间估计等统计学方法计算工业互联网安全风险。

（三）主要成效

平台帮助工业企业在生产、质量、物流、设备等全制造流程进行优化，通过生产管理、设备集成、产品追溯、物流管理、指标管理等功能提升企业的协同制造能力，提升企业的过程效率及质量，帮助企业降本增效，增强企业竞争力。平台累计实现业务收入近亿元。

二、项目背景

党的二十大报告提出，要坚持把发展经济的着力点放在实体经济上，推进新型工业化，加快建设制造强国、网络强国、数字中国。工业互联网通过新一代信息通信技术与实体经济的深度融合，实现全要素、全产业链、全价值链全面互联，不断释放数据要素价值，为新型工业化提供全面支撑。《5G全连接工厂建设指南》的出台，标志着5G由生产外围辅助环节向核心控制环节深化拓展，"5G+工业互联网"由亮点场景建设，向体系化工厂、数字企业方向演进。

我国5G工业互联网仍处于探索阶段，还面临发展不平衡、企业集成水平不高、上下游协同较差、未形成完整的模式和体系等挑战。企业在新型工业化转型过程中，需要翻越信息缺失、信息孤岛以及经验遗失这新的三座大山。缺乏物理实体信息感知手段，造成信息缺失；已建的信息系统之间相对孤立，造成信息孤岛；另外，传统的决策一般都由人工经验来决定，片面、不客观，很难形成知识沉淀。

工业互联网可以为企业新型工业化转型提供新路径。工业互联网具有开放互联、共建共享的特性，通过提供低成本、快部署、易运维和强安全的应用，显著降低企业新型工业化转型门槛。基于工业互联网统一架构，打造组件化、可复制、可推广的智能制造运营系统解决方案，让企业以低成本、灵活的方式快速补齐数字化能力短板，工业互联网正在成为推动新型工业化转型的必然选择。

联通数科贯彻落实党的二十大精神、全面承接集团公司"1+9+3"战略规划体系，推出全新升级的联通云7版本、"格物"设备管理平台、"资治"政务大数据平台、"墨攻"安全运营服务平台，持续锻造云大物智链等核心能力，一体化构建"云网数服"安全体系，实现联接、感知、计算、数智能力的云上聚合，形成支撑数字经济的"1+5+N"全新平台布局，推动各领域数字化优化升级，全方位加速政企数字化变革。

在工业软件产品领域，联通数科充分发挥5G技术优势，整合全要素全域感知、生产管理、经营管理、安全管控核心能力，打造系列工业互联网软件产品，持续深耕行业市场。在现场辅助装配、厂区智能物流等辅助生产环节已初步实现规模化应用，向远程设备操控、柔性生产制造等核心应用场景逐步渗透，初步实现5G在工业现场控制前沿性探索，提升制造企业数字化水平，实现企业降本增效提质。

三、主要做法

平台由联通数科自主设计实现，主要面向企业针对数字化车间和智能工厂的核心需求，支持数据采集、网络管理和行业应用功能，助力生产过程的全流程数字化。平台具备"统一网联、统一物联、统一数连、统一智联"四位一体的智能制造基础能力，以信息技术为主线，融合和利用先进的制造技术，将传统的MES/MOM按独立的业务能力模块进行拆解，对各模块的数据接口进行规范化，在实际项目中根据客户场景需求以微服务的形式进行有选择的集成和部署（见图1）。

要素全连接。平台打造融合网络管理新模式，提供统一的、精细化的网络运维管理服务，加速工业企业OT和IT系统深度融合。通过5G网络、工业总线、办公网络实现工厂现场装置的全面接入，支持存量系统数据接口打通。构建生产状况全面监管基础，消除信息孤岛，实现真正的万物互联。

能力组件化。平台基于统一的微服务架构，实现传统MES/MOM按照业务主题拆解，提取业务间共性的能力，避免重复建设，快速响应不同场景应用构建需求。根据能力类型将组件分为系统管理组件、基础能力组件、业务能力组件三大类。系统管理组件，具备系统统一运维运营能力，包括权限管理、系统日志、应用管理、服务管理等功能。基础能力组件，具备工厂数字化基础能力，实现包括物联网、大数据、标识解析等能力的模块化封装。业务能力组件，具备生产、能耗、设备、物流等多业务主题的共性能力。

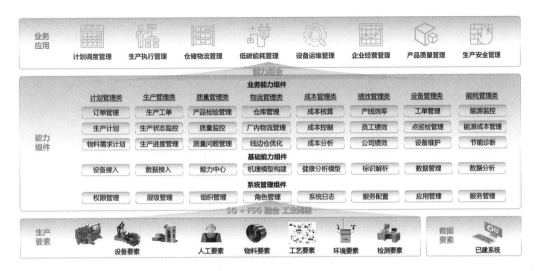

图1　系统整体框架

通过组件的灵活组合和统一化管理，实现业务场景应用的快速高效构建。平台提供的典型业务应用包括：

（一）计划调度管理应用

通过管理和优化生产计划，帮助企业制定组织和调度计划，确保按时交付产品并实现生产效率最大化。支持物料计划管理，通过原材料和零部件管理和跟踪，确保物料的及时供应。支持订单计划管理，自动将订单与生产计划进行匹配，并跟踪订单的进展情况。根据市场需求、资源可用性和企业目标，结合库存水平、生产能力和资源利用率等因素制定合理的生产计划。

（二）生产执行管理应用

通过管理和监控生产过程，帮助企业有效地组织和控制生产活动，以提高生产效率、降低成本，并确保生产稳定性。支持工单管理，对生产过程中的工单进行有效的组织、分配和跟踪，提高工单处理的效率和准确性，减少生产过程中的错误和延迟。支持生产过程监控，实现对生产设备状态和运行情况的实时在线监控，减少生产中断情况发生，提高设备利用率。支持进度跟踪，实时监控生产进度并跟踪关键任务的完成情况，减少生产潜在延迟，保障生产稳定性。

（三）仓储物流管理应用

通过对物流、仓储运作的管理和优化，提高运输效率、降低成本、保障物流可靠性。支持仓库管理，管理和优化仓储操作，跟踪库存水平，优化货物存储和取货过程，提高仓储效率和准确性。支持厂内物流管理，规划、调度和跟踪货物的物流过程，实时跟踪货物的位置和状态，提升整体运输效率。支持线边仓优化，基于可视化控制和拉动式生产原则，触发物料的供应和流动，提高线边仓效率，降低线边仓存储。

（四）低碳能耗管理应用

监测、分析和优化能源使用，支持能源管理决策和节能优化。支持能源监控，实时观测各个能源种类的参数指标及负荷情况，缩短管理决策周期，提升管理效率。支持能源成本管理，通过能源成本趋势分析与管理指标对标分析，自动分析节能空间与改善对象节点。支持能源诊断优化，根据节能策略自动分析查找节能空间，自动输出能源诊断分析报告。

（五）设备运维管理应用

跟踪、管理和维护组织内设备和资产，提高设备的可靠性和效率，减少设备故障和停机时间，降低维修和保养成本。支持设备工单管理，记录设备的基本信息，建立设备全生命周期状态台账档案。支持设备点巡检管理，制定日常点巡检计划，生成点巡检工单，辅助完成点巡检操作。支持设备预测性维护，实现在故障早期甚至故障发生前做出提示，客户可以根据提示提前介入，避免损失的进一步扩大。

（六）企业经营管理应用

管理和评估员工、产线、公司绩效，支持绩效评估和绩效改进。支持员工绩效管理，帮助组织设定员工明确的目标和关键绩效指标，支持记录和跟踪员工的绩效数据和工作成果。支持产线绩效管理，建立多维度产线绩效评估体系，日常反馈、定期评估产线绩效。支持公司绩效管理，生成公司绩效报告、绩效分布图、绩效趋势图等，辅助管理层了解整体绩效状况（见图2）。

图2　企业经营管理应用示例

（七）产品质量管理应用

通过对质量相关活动的组织和管理，确保产品或服务符合质量标准和客户要求。支持产品检验管理，根据产品特性、质量要求和相关标准，制定并执行检验计划，提供 AI（人工智能）检测能力，实现检测过程无人化。支持质量监控，定义和控制关键过程，实现质量控制、纠正措施和持续改进管理，保障质量活动有效执行。支持质量问题管理，建立 PDCA 循环，定期审核、审计质量问题，确保质量管理持续适应和持续改善。

（八）生产安全管理应用

通过对安全相关活动的组织和管理，有效预防和减少生产安全事故的发生，提高企业的安全生产管理水平，保证生产安全合规，满足监管部门的要求。实现安全基础信息管理、重大危险源安全管理、特殊作业许可及作业过程管理、风险双重预防，减少企业生产安全风险，减少企业财产损失，降低企业安全建设成本。

四、实施效果

平台依托联通一体化营销能力优势，已在山东、浙江、北京等20余个省（自治区、直辖市）落地应用，覆盖纺织服装、汽车制造、航空航天、装备制造等10余个细分行业。联通数科通过为工业企业塑造数字化转型基础能力，解决转型痛点问题，打造生产管理、物流管理、设备管理、安全管理等特色场景，强化企业生产协同，提升企业的过程效率，实现企业精细化经验管理，增强企业综合竞争力。在纺织服装、汽车制造、航空航天、装备制造等行业已经实现从能力到业务的价值传递，打造成为行业内数字化转型标杆。

（一）某家纺5G智慧工厂项目

某家纺企业以健康新材料、生态家纺、高端服饰、健康居家用品、医疗器械为主导产品，随着生产业务的拓展，不断出现工艺管理混乱、生产调度困难、安全生产管理无抓手等转型发展痛点。

基于智能制造平台全面提升纺织工厂智能化管控能力，面向企业迫切需求，打造工艺管理、生产计划、仓储管理、安全生产等六大应用场景。工艺管理方面，支持印染配方模型、燃料配方模型管理，实现染色工艺数字化编制；生产计划方面，支持生产计划线上制定、线上下达，使得企业计划下达人员能及时了解企业生产计划落实情况并合理安排计划，车间计划管理人员能了解本车间的生产情况；仓储管理方面，实现仓库布匹的在线监控、布匹出入库管理、库存盘点。安全生产方面，实现双重预防机制数字化、企业封闭化管理，对火灾风险进行有效防控。

平台落地实施后，实现企业工艺参数100%线上管理；实现企业7个车间200多条产线全流程监控，产量效能整体提升2%；实现企业安全生产环节零事故，火灾等灾害预警响应时间缩短75%。实现企业库存效率提升10%，仓储利用率提升20%。

（二）某汽车制造企业未来工厂项目

某大型汽车生产制造企业，始终坚持技术创新，以智能科技推动产线智能化，实现个性化定制，开创多元化的盈利新模式。在未来工厂打造过程中，机器人、焊机、PLC（可编程逻辑控制器）等设备的底层生产运行数据，无法实现有效采集，企业生产执行管控精细化程度不足，难以满足C2M（用户直连制造）的生产业务需求。

项目结合5G大带宽、低时延、多连接的特性，依托智能制造平台打造未来工厂的数字化能力底座，构建基于5G的数据采集（机器人、PLC、焊机）、视觉检测、AGV（自动导引车）、AR/MR（增强现实/混合现实），实现数据分析和数据挖掘，提高整个制造过程的质量和效率。

项目形成了一套完整的、适合于汽车行业的、可以快速推广的解决方案，实现了自动化数据和位置信息采集，减少人员工作时间和人为错误，提高工作效率27%；焊接合格率提高到99.6%，显著提高了整车质量。

（三）某航空科技有限公司5G智慧工厂项目

某国际领先的航空发动机核心部件加工制造高科技公司，拥有航空发动机的核心技术和装备，为我国新型航空发动机制造核心部件单晶涡轮叶片和整体叶盘等，拥有包括基本算法、基础软件（数控系统）、基础设备（机床）和智能生产线（工业4.0）完整产业链。但是该公司生产制造环节面临生产计划制定执行困难、物流调度困难等诸多问题。

打造航空专业相关的智能制造平台，建立航空领域基础数字化能力、业务数字化能力组件，通过能力的微服务化封装，以模块化的形式提供物料管理、仓储物流管理、生产计划管理、质量管理等多场景应用，助力航空发动机制造过程的高效管控。

项目实现关键物料的全在线监测，物料溯源效率提升50%。采用AGV方式，实现厂内物流效率提升25%，物流成本降低50%，生产效率提升12%；质量检测效率提升20%，质量问题反馈时间缩短70%。

（四）某装备制造5G未来工厂项目

国内某专业资深的仓储物流搬运设备制造企业，随着企业业务扩大，制造车间面临物料管理困难、物流周期过长、生产计划无法按时完成等问题，并逐渐成为限制企业高质量发展的痛点问题。

智能制造平台完成与企业 ERP、WMS（仓库管理系统）、WCS（仓库控制系统）等管理信息系统的无缝对接，实现工厂"人机料法环"全要素连接，消除用户信息化系统与物料搬运执行系统信息壁垒，实现自动化物流与工业制造完美结合，大幅度降低人力成本、提高作业效率、缩短物流周期，从而提升 AGV 的综合管控与服务水平，解决了生产计划和物料配送匹配的问题。打造经营分析应用，实现基于数据驱动的业务建模与管理决策分析，推动企业生产运营管理透明化、敏捷化。

项目实现工厂生产效率提升5%，生产成本降低3%，质量问题减少2%，能耗降低约1.4%，达到了量质齐飞的应用效果，该企业也获得了工业和信息化部颁发的"制造业单项冠军"称号。

五、未来展望

联通数科将以全面提升平台的基础能力，打通工业应用场景，拓展行业覆盖面为目标，持续迭代优化系统及其配套应用功能，持续开展产品应用推广工作，提升系统及其配套产品的市场占有率。

增强平台基础能力建设。持续优化系统基础功能，夯实平台基座，优化平台稳定性、可拓展性、易用性、兼容性等指标，以进一步满足复杂工业场景对系统性能方面的需求。持续提升平台的安全性，保障工业信息安全。

打通工业应用场景。在企业办公、生产管理、监控预警、工业控制、物联等网络互通前提下，进一步加快 IT-OT 网络融合，实现生产、物流、设备等多应用场景融合贯通，形成规模化效应。

拓展行业场景覆盖面。持续更新平台工业协议库，进一步提升平台对工业现场数据的适配性，消除工业现场信息死角。持续新增基础工业模型、算法、知识，构建完善的工业知识图谱，丰富平台的应用组件。向食品、家电、电子等行业横向拓展，向经营管理环节、研发设计环节纵向延伸。

主创人：王常玲　徐存良　谈　霖
参创人：尹瀚华　马俊杰　娄旭伟　苏燕强

铁路智慧消防物互联监控管理系统

郑州中铁安全技术有限责任公司

一、项目简介

前期项目组开展现场调研，了解到铁路站段中的消防报警系统大部分处于各建筑物独立报警阶段，没有实行统一的消防监管管理，无法完成站段或路局级消防安全设备管理、报警管理、安全防范管理及值班人员管理等功能，也不能很好地对设备报警情况和工作状态进行有效的监控。消防设备的状态及报警信息更多的是通过人工方式传递，信息化手段运用不充分，以至于大多数工作需要经过多个层级传递，信息共享效率较低，浪费大量时间后才能传递给最终的管理人员和作业人员。时效性不强，信息传递过程中可能出现信息错误问题，导致工作效率偏低。既无法做到实时对各站段的消防设施全方位监测，又不能实现减员增效的目的，难以更高效率地开展工作。而应用物互联技术把各站段消防设施和视频监控系统结合起来，可以加强各站段消防安全管理工作，可以准确获取火灾信息及周围环境监控信息，达到消防集中管控、统一管理，全面提升消防管理水平。

本项目经过前期充分调研及技术方案设计，于2021年3月正式立项，由中国铁路郑州局集团有限公司（以下简称"郑州局集团公司"）科学技术委员会与郑州东高铁基础设施段签订"铁路智慧消防物互联监控管理系统（2021Q16）"课题任务书。其中郑州东高铁基础设施段承担单位总体负责，郑州局集团公司安监室协调各站点排查消防设施数量，郑州中铁安全技术有限责任公司负责项目实施，河南蓝信科技有限责任公司负责平台软件研发。

二、完成单位

本项目由郑州中铁安全技术有限责任公司、郑州局集团公司安监室、郑州东高铁基础设施段和河南蓝信科技有限责任公司共同完成。

三、主要功能

（一）系统管理

系统管理主要针对系统基础数据进行管理，是系统运行和工作开展的基础。由系统管理员统一管理，主要包含用户管理、角色管理、菜单管理、部门管理、岗位管理、定时任务等。

（二）基础数据管理

基础数据管理是对现场业务场景数据的管理，是对客户现场工作设备物理信息、工作设备监测数据、管理模型抽象数据等业务数据的抽象，主要包含功能区域管理、网格划分、测点配置、建筑信息维护、网关类型维护、网关维护、传感器数据监测类型维护、传感器维护、消防主机类型维护、消防主机维护消防、数据采集装置维护、报警类型维护、报警等级维护、消防预案管理等，这些配置数据是各子系统、各功能运转的底层数据支撑。

（三）火灾报警

火灾报警是对现场被监测设备实时状态的监控，当工作现场满足报警条件时，系统将报警信息进行展示，并结合声光等方式，提醒消控室值班人员，值班人员接到警报后可以调用现场监控摄像头进行确认。主要包括火灾报警、统计分析、历史报警查询、报警转工单等功能。

统计分析是对报警数据的分析模块，可以对误报警进行多维度分析。

（四）设备状态监测

设备状态监测是对现场消防设备工作状态的监测，当设备发生故障或离线时，系统可以发出警报，让客户方便地掌握现场设备的工作状态。主要包括设备状态异常报警、设备工作状态监测、故障设备生成维修工单等功能；设备状态监测可以监测设备的正常/故障/离线/未知等实时状态，可以对状态异常的设备进行报警，可以对报警的设备建立维修工单。

（五）责任网格化

责任网格化是将现场物理区域进行责任划分，并将具体责任和现场工作人员进行关联，当责任网格区域发出警报时，可以第一时间通知第一责任人。责任网格化可以为现场管理提供数据支持。

网格化主要涉及网格区域、值班班次、责任网格等概念。网格区域是对现场区域的物理划分，如候车厅可以划分为多个区域，每个区域有不同的责任人。值班班次：每个网格可以自定义值班规则，设定不同的值班班次。责任网格：一个责任网格可以有一个或多个网格区域，一个责任网格对应一个或多个值班班次，每个值班班次可以包含一个或多个值班成员。

（六）设备巡检

设备巡检主要针对现场重点设备，或应管理要求必须按照特定周期进行巡检的设备，进行周期巡检。设备巡检功能主要为了提升现场巡检的规范性。

1.设备巡检的作用

①提高巡检的有效性。通过NFC（近场通信）设备标签，保证巡检人员的到位率。

②提高巡检质量。对特殊巡检场所，可以通过巡检过程中进行拍照、录短视频等方式记录巡检过程，结合考核政策抽查，保证巡检质量。

③巡检提醒。巡检后提醒用户有没有漏检或未检，提高巡检覆盖率。

2.设备巡检的主要功能

①巡检路线维护：巡检路线是对现场巡检任务的抽象，每个遇检路线可以包含一台或多台被巡检设备，每台设备的巡检周期可以相互独立，只有当巡检路线中的设备在当前巡检任务中时才需要巡检。

②巡检设备维护：对巡检路线中的设备进行维护。

③巡检计划维护：对巡检计划进行维护，包括对巡检路线下的每一台设备设置巡检周期，巡检周期设定好以后，当用户下载巡检路线和巡检计划后，可以根据路线巡检提示，按照顺序进行巡检。

④巡检结果上传：对巡检结果进行上传，巡检App（应用程序）将数据通过用户办公电脑上传到路局服务器，服务端接收到数据后将数据保存到数据库中。

⑤巡检结果查看（已检、未检、漏检）：用户可以通过办公电脑查看巡检结果，查看巡检中有无未检和漏检。

（七）维保管理

维保管理主要针对现场消防设备的维修保养工作，维保类型主要包含预防维修、缺陷维修、常规维修。对于具有固定维保周期的设备，设定维保周期并进行提醒，为设备安全运行提供保障，这类维修称为预防维修；对于巡检过程中发现工作状态异常的设备进行维修称为常规维修，可以减少设备损失；对于已经故障停机的设备进行的维修称为缺陷维修。

维保主要包含以下功能：①维保设备管理：对需要维保的设备信息进行管理，包括设备信息的新增、修改、删除和设备维保周期配置等。②维保到期提醒：对维保周期即将到期的设备进行提醒。③维保信息录入：对维保类型、维保项目、维保时间、维保内容、维保备注等相关信息进行录入。④维保工单查看：对维保工单进行查询，支持根据工单时间、状态、设备名称等进行多维度查询。

（八）智能报表

智能报表主要是对系统采集到的数据进行多维度分析，为用户决策提供数据支撑，可以根据客户提出的意见进行定制化开发。以下是初步识别到的基础报表内容，可以根据实际情况进行调整。

①报警信息分布统计：对报警信息分布情况进行统计，包括设备维度、位置分布、设备类型等，可以帮助客户定位高报警率设备，了解高报警率设备的类型，以及高报警率设备分布情况。

②误报警分布统计：对误报警信息分布情况进行分析，包括设备维度、位置分布、设备类型等，可以帮助客户定位高误报率设备。了解高误报率设备类型，以及高误报率设备分布情况。

③故障信息分布统计：对设备故障信息进行分析，包括故障设备类型、位置分布等，可以帮助客户了解哪些类型的设备故障率较高，哪些位置的设备故障率较高，以便分析和解决设备故障问题。

④巡检问题反馈分布统计：对巡检发现的问题信息进行统计分析，将巡检发现问题较多的设备进行统计排序，分析发生故障设备的分布情况。

⑤维保结果分析：对维保结果进行分析，对维保状态进行分类统计。包括缺陷分布趋势（时间维度）、缺陷处理状态分析（关闭缺陷、暂不处理、创建工单）、缺陷维修类型（预防维修、缺陷维修、常规维修）、月维修费用变化分析。

⑥消防统计信息周报：对消防设备报警、设备故障情况、维保结果、巡检结果、网格化责任人等信息进行统计并形成周报，方便客户全方位了解现场设备工作状况、维保状况、警报状况等。

⑦消防统计信息月报：对消防设备报警、设备故障情况、维保结果等信息进行统计并形成月报。

消防统计信息年报：对消防设备报警、设备故障情况、维保结果、巡检结果、网格化责任人等信息进行统计，并形成年报，方便客户全方位了解现场设备工作状况、维保状况、警报状况等。

（九）辅助决策

辅助决策和智能报表最大的区别是辅助决策可以给用户提供具有参考意义的意见，能够梳理现场数据，并将数据进行分析。针对客户关注的维度建立分析结果模型，当数据和模型匹配度达到可信程度后，可以将模型对应结果展示给客户，为客户提供决策支持。第一个版本暂时只包含下面 3 个方面，等数据样本量提升以后，可以针对客户关注点，再有针对性地建立辅助决策分析模型。

①火灾隐患重点部位分析：分析火灾报警数据，将火灾报警比较频繁的区域列为重点关注区域，并提醒客户重点关注该区域的火灾安全。将该区域的历史报警信息绘制成趋势图，按照天/周/月/年等进行统计，为客户提供重点区域火灾报警次数变化趋势分析，帮助客户了解火灾发生的原因。

②误报警分析：分析误报警数据，将火灾误报警信息按照设备进行统计，将同类型设备不同厂商的设备进行比较，找出误报率较高的设备，方便客户对设备质量进行对比；也可以将设备误报警信息根据使用时长进行统计，方便客户了解设备自身工况。

③高故障率设备分析：分析设备故障信息，将高故障率设备进行不同维度的对比分析，包括从设备厂商、设备工作时长等进行对比分析，辅助客户确定设备最佳使用年限，为客户提供更加精确的设备维修更换周期，保证现场安全。

四、科技创新

铁路智慧消防物互联监控管理系统以路局、站、段、车间、工区等组织架构划分成 12 个功能模块，分别是监控大屏、系统管理、基础数据管理、消防预案管理、消防辅助救援、火灾报警、设备巡检、维保管理、智能报表、辅助决策、巡检管理、巡检终端。该系统接入了火灾自动报警系统、消防电源监控系统、电气火灾报警系统、消防水炮系统、消火栓系统、喷淋系统、移动灭火设备等，通过调用既有的视频综合监测平台的监测视频，能够查看现场消防设备工作状态。

该系统采用物联网、大数据分析及人工智能等现代信息技术，基于物联网平台，以火灾自动报警系统、气体灭火系统、消防水系统、防烟排烟系统、消防应急照明和疏散指示系统、视频监控系统、防火分隔设施、建筑灭火器等为监控对象，利用智能数传终端、视频采集终端、压力探测器、液位探测器、用户信息传输装置、RFID（射频识别）巡检标签等实时获取警情现场图像和数据。

该系统能够对末端消火栓压力、消防水池（箱）液位等设施进行实时监控，实现了消防工作的全面下沉式管理；针对站房进行三维建模，直观、形象地展示各站点的位置信息，同步展示各消防设备的位置信息、报警信息。

五、推广应用情况

铁路智慧消防物互联监控管理系统自 2021 年 6 月在郑州东高铁基础设施段辖开封北高铁综合维修工区开封北高铁 10kV 配电站、大孟牵引变电站、姚寨 AT 所、台萧 AT 所、土柏岗 AT 所、郑 3# 中继站、郑 4# 中继站部署。

六、实施成效

1.提供强大消防数据支撑

通过建设铁路智慧消防物互联监控管理系统，实现了对消防安全重点单位、建筑、设施的实时监管，完善了对消防设施监督检查、自查自纠手段，保障了消防设施的正常运行，为构建智慧保障体系"智慧铁路、智慧消防"的建设提供了基础保障。

2.完善消防日常管理

通过建设铁路智慧消防物互联监控管理系统，把消防各项工作进行统一管理，提升了消防日常巡查及管理工作的效率；同时减少或避免了火灾的发生，提升了安全保障能力。

3.提升消防救援水平

铁路智慧消防物互联监控管理系统的应用，为消防救援工作提供了比较准确的数据信息，在出现火情时，帮助消防部门及时做出火灾类型判断。通过对火灾动态信息进行分析，消防指挥中心能够迅速制订火灾救援方案和进行消防部署。

4.提供精准的消防信息

铁路智慧消防物互联监控管理系统具有视频监视、消防火警信息远程实时查看、事故调取等功能，真正实现了消防信息及时发现、及时救援，提高了火灾发现的实效性及精准度。

该系统通过对各类监控设备的感知数据和对应通信系统，实时获取火灾、火情及其他严重隐患的现场信息和数据，掌握隐患发展态势，实现消防工作的快速和精准应对。

5.节省人员成本

铁路智慧消防物互联监控管理系统部署后，可通过在路局设置集中监控平台，对现场设备进行远程监控，一旦发生火灾报警，可通知现场网格管理责任人，既减少了日常现场人员部署成本，不用专人24小时盯控，又节省了人力方面的成本。

6.提高报警处理效率

现场发生火灾报警后可以调用现场摄像头，远程确认现场情况，如果为误报警，则可以直接关闭报警，不需要现场人员到报警现场确认；如果视频确认为真实报警，则可以第一时间采取相应措施，既提高了火灾处理速度，又减少了人员伤亡和财产损失。

7.节省设备巡检和维保成本

针对巡检和维保建立相应的标准，降低人员的技术学习成本，只需要根据巡检任务中的巡检标准进行确认就可以正确地开展巡检工作。同时，可以根据具体设备的维保标准，对设备进行周期性维保，延长设备使用寿命，提高设备工作可靠性。

主创人：曾和平　高延峰　赵云行
参创人：岳爱军　原建华　宋琦栋　王俊闯　李红彬　黄永君

多波长拉曼偏振大气探测激光雷达

航天长征火箭技术有限公司

一、前言

多波长拉曼偏振大气探测激光雷达应用了航天长征火箭技术有限公司研制的星上激光雷达载荷关键技术与成果，实现了产品自主可控，技术达到了国际先进、国内领先水平。可实现大气三维探测，对大气颗粒物和各层组成物质进行垂直分辨，定量、实时探测大气颗粒物的浓度和粒径的空间分布，具备PM2.5细粒子高精度探测能力，并具备分析污染来源、预测传输路径的探测能力。

多波长拉曼偏振大气探测激光雷达是一种三波长八通道大气探测激光雷达，它以激光为光源，垂直向大气中发射窄线宽的355nm、532nm、1064nm三波长激光，接收大气层中气溶胶、云层、大气分子的355nm平行偏振、355nm垂直偏振、532nm平行偏振、532nm垂直偏振、1064nm弹性散射回波信号，以及386nm氮分子拉曼、407nm水汽分子拉曼、607nm氮分子拉曼回波信号，利用相应的反演方法对接收到的回波信号进行处理，得到气溶胶消光系数、气溶胶后向散射系数、气溶胶粒子退偏振比、云信息、光学厚度、污染物混合层高度、能见度、颗粒物浓度廓线等信息。

多波长拉曼偏振大气探测激光雷达系统及单机获得了6项发明专利、1项外观设计专利和1项软件著作权，取得了中国气象局气象专用技术装备使用许可证。目前，全国20个省30多个地市气象部门安装有多波长拉曼偏振大气探测激光雷达产品，应用该雷达开展环境监测和气候研究。此外，多波长拉曼偏振大气探测激光雷达产品还广泛应用于重大活动期间气象保障、气候研究等领域，如国庆70周年气象保障、"雪龙号"南极和北极科考、风云卫星定标等，近5年该产品获得订单合同总金额达1.3亿元。

二、实施背景

大气气溶胶和云在全球气候和环境变化过程中扮演着重要的角色，对地球—大气—海洋之间的辐射收支平衡有重要的影响，近年来引起科学界和国际社会的普遍关注。目前人们对于气溶胶的气候效应、环境影响的科学认知度仍比较低，其重要原因是缺乏大气气溶胶的微物理与光学特性观测的基础数据，特别是气溶胶的垂直分布信息。

20世纪60年代，激光雷达（Light Detection And Ranging，LiDAR）一出现，很快被应用于主动式大气遥感领域。激光雷达具有探测距离远、时空分辨率高等特点，是探测大气气溶胶和云的强有力工具，其探测平台由地基发展至车载、机载和星载等，探测技术也由原来的米氏散射探测发展为拉曼探测和高光谱探测等。随着对气溶胶科学及其气候效应的深入研究，人们已经不再满足于其光学参数的测量，而希望能够得到更多的气溶胶微物理参数。多波长、拉曼散射和偏振激光雷达可较好地解决该问题，不仅能获取气溶胶光学参数的垂直空间分布，而且能获得气溶胶微物理参数及其类型的空间分布。

2003年，德国的Althausen等研制了一台具有6个发射波长（355nm、400nm、532nm、710nm、800nm和1064nm），共11个接收通道分别接收弹性散射、拉曼散射、偏振信号的大气探测激光雷达，可以同时给出波长变化的气溶胶消光系数、后向散射比、温度、湿度、退偏振比等参数。该设备的不足之处在于其为实验室产品，没有温控与保温措施，受环境温度影响较大；同时其数据获取、仪器校准和数据反演的自动化程度不够，不能满足设备的业务化应用。2006年，美国发射了携带有CALIOP激光雷达的CALIPSO卫星，其主载荷CALIOP激光雷达为一台具有偏振功能的弹性散射激光雷达，主要观测全球尺度的气溶胶的垂直分布情况、云的冰/水状态和气溶胶的大小和分类，实现了利用星载激光雷达对全球大气气溶胶和云的主动遥感。但该载荷只有2个发射波长（532nm和1064nm）和3个接收通道，不具备拉曼探测功能，不能定量反演大气气溶胶和云层的微物理特性。2010年，希腊Raymetrics公司研制的后向散射激光雷达采用1064nm、532nm和355nm三个波长，可选择两维或三维扫描，但该产品不具备拉曼和偏振探测的能力，只能定性获取大气气溶胶的光学参数的空间分布及其变化趋势，不能定量获取大气气溶胶的微物理参数。

国内在激光雷达的研制和利用激光雷达研究气溶胶和卷云特性等方面也开展了大量的研究工作，但是，利用综合弹性散射、拉曼散射、偏振探测的多波段探测并全面反演气溶胶微物理参数、研究气溶胶类型的空间分布、考察不同气溶胶的来源，具有这些功能的设备研制到2010年还未有报道。因而，国内迫切需要开发集成多波长、拉曼探测和偏振探测的激光雷达设备，为云/气溶胶对气候变化的影响研究、大气污染物三维定量测量、大气演变过程监测及危害预警等提供有效的观测手段。

三、成果内容

（一）研究内容

设计一种综合弹性散射、拉曼散射、偏振探测并全面反演气溶胶微物理参数、研究气溶胶类型的空间分布、考察不同气溶胶的来源的多波段探测雷达，可解决如下问题：

①具备覆盖紫外到近红外波段的三波长激光发射能力，可获取目标大气和云层更全面的光学和微物理参数信息。

②具备355nm和532nm的偏振通道，通过测量得到的偏振信号，可直接求取偏振系数。目标偏振信息的研究对于大气中气溶胶、沙尘暴、云层等变化状态、特征的研究有着重要的意义，能够给出被探测目标更多的信息，可以解决云和气溶胶的粒径分布等传统光学遥感无法解决的问题。

③具备氮分子拉曼通道，可利用弹性散射激光雷达信号和拉曼散射激光雷达信号定量求取目标大气的后向散射系数和消光系数空间分布。这种方法未引入任何不确定的假设，求取的后向散射系数和消光系数是两个独立的光学参数，包含更丰富的目标大气信息。

④具备水汽分子拉曼通道，可利用水汽分子拉曼通道和氮分子拉曼通道的探测数据，直接求取大气中水汽的垂直分布。

⑤可以同时获得区域大气的3个波长上的后向散射系数，2个波长上的消光系数，2个波长上的退偏比系数，为反演气溶胶的微物理参数和云层的物理特性提供数据保障。

（二）功能特点

多波长拉曼偏振大气探测激光雷达具有三波长激光、八个探测通道，具备米散射、瑞利散射、拉曼散射和偏振探测能力；能实现大气三维探测，对大气颗粒物和各层组成物质进行垂直分辨，定量、实时探测大气颗粒物的浓度、粒径的空间分布，具备PM2.5细粒子高精度探测能力，并具备分析污染来源、预测传输路径的探测能力。

（三）技术指标

多波长拉曼偏振大气探测激光雷达的主要技术指标如表1所示。

表1 多波长拉曼偏振大气探测激光雷达主要技术指标

要素		主要技术指标
发射系统	工作波长	355nm、532nm、1064nm
	脉冲宽度	≤50ns
	激光能量	≥1mJ@1064nm ≥0.5mJ@532nm ≥0.3mJ@355nm
	发射激光脉冲线宽	≤0.2nm
	发射激光的偏振比	≥100：1

（续表）

要素		主要技术指标
接收系统	望远镜类型	反射式望远镜
	工作波长	300~2000nm
	望远镜口径	≥250mm
	接收通道	355nm垂直偏振、355nm平行偏振、532nm垂直偏振、532nm平行偏振、1064nm弹性散射回波信号、386nm氮分子拉曼、407nm水汽分子拉曼、607nm氮分子拉曼回波信号
光电转换和数据采集系统	光电探测器类型	APD/PMT
	光电探测器模式	光子计数
	数据采集器采样频率	≥10MHz
	计数率	≥200M c/s
	干涉滤光片带宽抑制	≥OD4
性能指标	有效探测范围	≥10km
	连续工作时间	可24h连续工作
	空间分辨率	7.5m及其倍数
	时间分辨率	1～30min可调
	数据产品种类	气溶胶消光系数、气溶胶后向散射系数、气溶胶粒子退偏振比、云信息、光学厚度、污染物混合层高度、能见度、颗粒物浓度廓线等
	距离测量精度	不大于其空间分辨率
	数据格式	符合《拉曼和米散射气溶胶激光雷达功能规格需求书（第一版）》数据字典的要求
标校项目	系统线性度	≥95%
	大气瑞利信号拟合一致性	相对偏差≤15%
设备	平均无故障运行时间	≥1000h
	工作温度	舱外装置：–40℃~50℃，舱内装置：10℃～30℃
	电源要求	单相，AC220V±15%，50Hz±5%
	激光器寿命	≥3000h

（四）工作原理

多波长拉曼偏振大气探测激光雷达以激光作为光源，通过遥感激光与大气相互作用产生的回波信号来反演大气参数。激光与大气中的分子、气溶胶和云等物质发生作用而产生回波，利用相应的反演方法对接收到的回波信号进行反演就可得到大气分子、气溶胶、可吸入颗粒物和云等信息。

激光在大气介质中传输时，会发生瑞利散射、米散射、消偏振散射、拉曼散射等多种效应。瑞利散射与米散射属于弹性散射，其散射波长与入射波长相同；而拉曼散射为非弹性散射，散射波长与入射波长不同。多波长拉曼偏振大气探测激光雷达同时输出 355nm、532nm、1064nm 三种波长，并具备弹性散射通道、偏振探测通道以及拉曼散射通道，可以测量 PBL（行星边界）层、气溶胶层、高空卷云层、沙尘暴层等目标层的准确层顶及层底高度、垂直尺度较高分辨率的后向散射系数、偏振度，并可以进一步得到消光系数等参量。通过测量得到的参数，不仅可以精确测量 PBL 层、气溶胶层、高空卷云层、沙尘暴层等各目标层的精确位置，还可以准确判断各层物质的组成及其物理性质。工作原理如图1、图2所示。

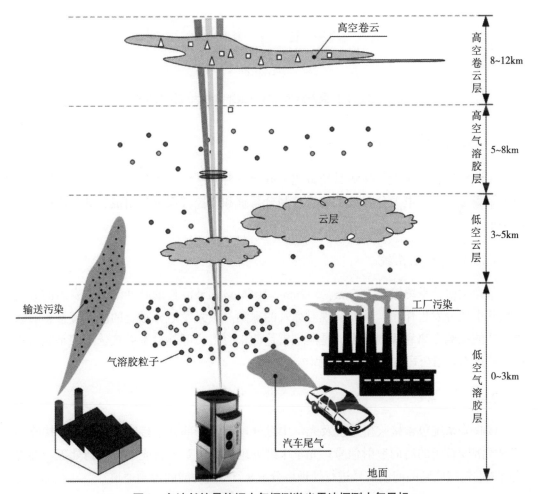

图1 多波长拉曼偏振大气探测激光雷达探测大气目标

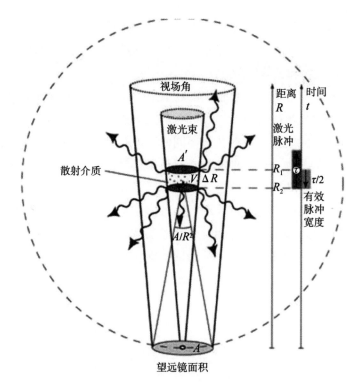

图2 多波长拉曼偏振大气探测激光雷达大气探测原理

（五）系统组成

多波长拉曼偏振大气探测激光雷达由激光发射分系统、接收分系统、光电转换与数据采集分系统、电源分系统、综合控制分系统和环控分系统等组成，其组成框图如图3所示。

1.激光发射分系统

激光发射分系统输出355nm、532nm、1064nm三种波长的脉冲激光，发射的激光与大气中成分发生作用，从而实现对大气的探测。激光发射分系统的性能直接影响激光雷达的探测距离和探测精度，是激光雷达的核心组成部件。本系统选用的是航天长征火箭技术有限公司自研的三波长固体激光器。

2.接收分系统

接收分系统包含接收望远镜及光学中继处理单元两部分。接收望远镜用于接收大气中气溶胶粒子的后向散射信号；光学中继处理单元主要进行光学分光与处理，即将接收望远镜接收到的回波信号进行处理后分成8个不同功能的探测通道。

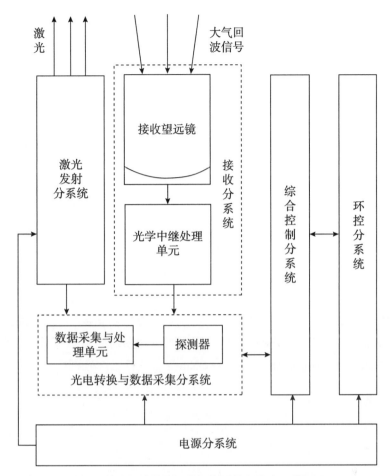

图3　多波长拉曼偏振大气探测激光雷达组成框图

3.光电转换与数据采集分系统

光电转换与数据采集分系统包含探测器和数据采集与处理单元。探测器将接收分系统输出的光信号转换为电信号；数据采集与处理单元接收探测器输出的电信号，并进行数据处理。

4.电源分系统

电源分系统为系统内部各电子单机提供所需的电源。

5.综合控制分系统

综合控制分系统是整个系统的控制中枢，负责向系统内部各电子单机发送控制指令，并接收其返回的状态和数据等。

6.环控分系统

环控分系统为系统提供稳定的工作环境，有配机柜和方舱两种环控系统可供选择。

7.显控软件

多波长拉曼偏振大气探测激光雷达显控软件是集雷达控制、状态监视、数据实时显示存储、原始数据回放、数据反演等功能于一体的大气探测激光雷达实时信息处理软件平台，可准确实现激光雷达一、二、三级数据反演，对数据进行可视化处理，并结合地理信息系统（GIS），实现对定点垂直区域的大气情况实时探测。显控软件采用模块化分层设计，可根据用户需求迅速定制，其主要特点如下：

①拥有操作简单、便捷，功能强大的操控界面。②实时显示的一级数据产品：大气探测激光雷达原始回波数据和经过距离校正的信号时空演化图。③实时显示的二级数据产品：消光系数、后向散射系数、偏振系数等。④实时显示的三级数据产品：各高度层粒子谱，包括粒径信息以及粒子浓度等（仅大气探测激光雷达可提供）。⑤有任意时间历史数据回放功能。⑥输出数据和图表可支持所有主流数据处理软件及图像处理软件（如 Matlab、Microsoft Office、PhotoShop 等）进行二次处理。

（六）数据产品

多波长拉曼偏振大气探测激光雷达具有丰富的数据产品，数据产品及应用如表2所示。

表2　数据产品及应用

数据产品	产品内容	数据应用
一级	弹性散射通道（355nm平行偏振、355nm垂直偏振，532nm平行偏振、532nm垂直偏振）及拉曼通道（386nm氮分子拉曼、407nm水汽分子拉曼、607nm氮分子拉曼）激光雷达信号、实时气溶胶颗粒物时空演化图	①测量气溶胶层、云层等目标层的准确层顶及层底高度；②获取并显示气溶胶颗粒物时空演化状态，实现对大气状态和传输过程的实时动态监测
二级	355nm、532nm后向散射系数；355nm、532nm消光系数；355nm、532nm偏振系数；水汽混合比	①分辨各空间尺度的大气颗粒物的模态；②实现对自然源和人为源、粗粒子和细粒子的区分；③获取大气能见度信息
三级	粒子谱信息，包括粒径信息以及粒子浓度	定量分析大气颗粒物组成及浓度

（七）关键技术

航天长征火箭技术有限公司的多波长拉曼偏振大气探测激光雷达突破了以下4项关

键技术：

（1）气溶胶探测激光雷达系统设计、研制集成总体技术

气溶胶探测激光雷达集成了多波长发射、多通道接收、多模式探测功能。相比现有的单波长激光雷达有很大的优越性：单波长探测只能对气溶胶的空间分布和变化趋势做定性探测，且不能获取PM2.5～PM10颗粒物含量、分布等微物理参数。利用多波长发射、多通道接收、多模式探测，可完成大气中气溶胶光学特性的定量以及更全面的探测，并通过深层数据反演获得大气中PM2.5～PM10颗粒物的粒径参数、形状参数、浓度等微物理参数的空间分布。利用多模式还可实现激光雷达的三维空间扫描，获取区域大气的回波信号，为大气颗粒物污染源定位、传播路径追踪和预测提供科学数据。

（2）三波长高重频固体激光器研制技术

三波长高重频固体激光器通过倍频技术和二次放大技术实现多波长发射，通过应用高重频激光发射技术，降低单脉冲能量，使雷达利用单个探测器加上光子计数单元就可探测单通道0～15km的回波信号；同时，降低单脉冲能量，可提高系统整体的应用安全性，有效降低系统的复杂度并缩小体积，增加系统可靠性。

（3）高可靠激光收发光路对准技术

激光雷达发射的激光光束与接收光学望远镜的光轴必须保持严格平行，方能保证发射到大气中的激光光束在接收光学望远镜的视场内。激光发射与接收单元采用高刚度结构，以最大限度地减少收发光轴失调的可能性。同时，系统设计了一套自动对中装置与对中算法，采用高可靠、高精度的二维调节机构，实现发射激光与望远镜接收光轴全自动对中，可消除系统不间断工作时环境温度变化带来的结构形变对激光雷达探测的影响，调节到位后采用锁紧装置来保证发射光轴不会因冲击或振动而产生偏移。

（4）高灵敏、高线性度、大动态微弱信号探测技术

系统采用高灵敏度、高量子效率的光电探测器，光电倍增管（PMT）和雪崩光电二极管（APD）接收不同波长回波信号；采用低噪声宽带前置的信号放大调理技术，实现探测器输出电流信号的高保真放大；采用一体化的模拟探测和光子计数探测对放大后回波信号进行采集处理，实现高灵敏、高线性度、大动态微弱信号探测。同时，该系统设计了自适应衰减装置，通过自适应的衰减片设置，在后续多通道光电探测器不饱和的同时，获得相对较高的激光雷达探测信噪比，以获取更大的系统动态范围和更精确的数据结果。

（八）创新点

①集成了多波长发射、多通道接收、多模式探测等先进技术，实现了大气中气溶胶光学参数及微物理参数的定量及较全面的探测，并通过深层数据反演获得了大气中PM2.5～PM10颗粒物的粒径参数、质量浓度及其空间分布，解决了区域大气可吸入颗

粒物高精度、高空间分辨定量监测的难题，填补了国内空白。

②应用高重频激光发射技术、倍频技术和扩束技术实现了高重频三波长激光脉冲发射，避免了单通道探测低空信号的饱和，提高了系统整体的应用安全性，有效降低了系统的复杂度并缩小体积，增加了系统可靠性。

③通过设计光轴自动对中装置，实现了发射激光与望远镜接收光轴全自动对中，消除系统不间断工作时环境温度变化带来的结构形变对激光雷达探测的影响。

④实现了激光雷达偏振通道的自校准，此种对偏振通道的校准方式具有误差小、准确度高、算法简单、易于操作的特点，可对激光雷达系统偏振通道的系统常数进行准确校准。

（九）应用领域

多波长拉曼偏振大气探测激光雷达系统主要应用于：①大气环境监测；②数字模式化预报；③港口海雾监测；④机场能见度监测；⑤卫星地面定标。

四、成果及应用

（一）专利、许可及获奖情况

1.专利

多波长拉曼偏振大气探测激光雷达系统及单机累计取得6项发明专利、1项外观设计专利、1项软件著作权，如表3所示。

表3　专利和软件著作权

专利名	专利类型	专利或登记号	授权时间
一种用于固体激光器的多边形晶体及全固态激光器	发明专利	201910218743.9	2020年
一种增大激光雷达瞬时动态的直流基线调节装置及方法	发明专利	202011260487.9	2023年
一种双波长偏振高光谱分辨激光雷达装置	发明专利	201610966247.8	2018年
一种用于全波形测量激光雷达的APD探测装置	发明专利	201610968997.9	2020年
一种激光雷达多通道光子计数与模拟探测装置及方法	发明专利	201910281756.0	2021年
一种用于大气探测激光雷达的自动化处理方法	发明专利	202011538155.2	2022年
多波长拉曼偏振大气探测激光雷达	外观设计专利	201830409099.X	2019年
大气探测激光雷达显控软件V1.0	软件著作权	2019SR0050278	2019年

2.许可证

2021年，多波长拉曼偏振大气探测激光雷达获得中国气象局气象专用技术装备使用许可证（见图4），设备的性能、质量得到了中国气象局的认可。在地面激光大气遥感气象装备领域，多波长拉曼偏振大气探测激光雷达已成为行业用户中国气象局的主要采购装备，在该领域具备了一定的品牌优势与行业地位。

图4　气象专用技术装备使用许可证①

3.获奖

航天长征火箭技术有限公司的多波长拉曼偏振大气探测激光雷达获得了以下两项奖项：2016年获得中国航天科技集团公司科学技术发明奖三等奖；2019年中国先进技术转化应用大赛技术创新类优胜奖。

（二）应用

1.卫星定标

（1）参与CALIPSO卫星定标

2010年，多波长拉曼偏振大气探测激光雷达开始参与欧洲气溶胶激光雷达监测网（EARLINET）的Napoli和Potenza站组网监测，为CALIPSO卫星定标提供大气数据。

（2）参与EarthCARE卫星定标

航天长征火箭技术有限公司作为我国唯一的激光雷达站点和数据服务单位，被邀请参与EarthCARE卫星全球组网定标。

---

①　许可证上的北京遥测技术研究所和航天长征火箭技术有限公司是同一个单位，一个单位对外两个名字；拉曼和米散射气溶胶激光雷达（三波长八通道）和多波长拉曼偏振大气探测激光雷达是同一个设备。

（3）参与风云卫星定标

多波长拉曼偏振大气探测激光雷达在2013年、2014年、2016年、2017年、2018年5次参与国家卫星气象中心组织的风云卫星定标。在中国遥感卫星辐射校正场敦煌陆地试验场，在风云2号、风云3号卫星辐射校正期间完成了对敦煌场区大气气溶胶的联合观测试验。定标试验结果也得到国家卫星气象中心的认可。

（4）参与风云卫星月球辐射定标

多波长拉曼偏振大气探测激光雷达于2015—2018年连续4次在云南丽江参与国家卫星气象中心组织的月球辐射定标试验。试验过程中，克服了高海拔（约3200米）、昼夜温差大（温差30℃以上）、夜间温度低（-15℃以下）以及夜晚结霜等困难的自然条件，在大气极度清洁、气溶胶非常稀薄的情况下，依然获得了准确的消光系数和光学厚度等大气信息，将月球辐射模型计算精度提高10%以上。设备良好的性能和高质量的数据获得了中国气象局专家的好评。

2. 大气综合探测应用

2010年至今，多波长拉曼偏振大气探测激光雷达产品多次参与环保部门、中国科学院各研究所、各高校组织的大气综合探测外场试验和业务示范应用，并获得了参试专家的认可。在复杂多变的试验条件下，设备仍能稳定运行，保持探测数据的一致性，可以保证长寿命使用。

（1）大规模大气综合观测试验

从2014年起，航天长征火箭技术有限公司携多波长拉曼偏振大气探测激光雷达受邀参加了河北望都（北京大学组织）、广东鹤山（北京大学组织）、河南郑州（中国科学院遥感与数字地球研究所组织）的三次大规模大气综合观测试验。试验结果得到北京大学、中国科学院遥感与数字地球研究所相关专家的高度认可。同时试验证明该设备可在不同地区、不同天气条件下稳定工作。

（2）北京市环境保护监测中心示范应用

多波长拉曼偏振大气探测激光雷达于2013年3—8月在北京市环境保护监测中心完成了示范应用，得到了用户和专家的一致好评。

（3）国内首次大气探测激光雷达挂飞试验

2014年，多波长拉曼偏振大气探测激光雷达在天津滨海国际机场和河北岐口镇进行了国内首次大气探测激光雷达星空地同步观测验证试验，得到了宝贵的试验数据，为后续开展的星载大气探测激光雷达系统仿真提供了有力的数据支撑。

此次试验共进行了2个试验科目、5个架次的试验飞行。这是国内首次完成的多波长拉曼偏振大气探测激光雷达的大气颗粒物空对地探测试验和反演算法验证，并通过地基激光雷达、太阳光度计的天地同步探测验证了其正确性，证明了研制的系统参数设计合理、系统运行稳定。

（4）北京地区组网试点应用

2017年9月，航天长征火箭技术有限公司联合中国气象局、生态环境部卫星环境应用中心、中国科学院大气物理研究所、中国科学院遥感与数字地球研究所、北京大学、意大利那不勒斯东方大学等多家国内外单位，利用多波长拉曼偏振大气探测激光雷达、紫外便携式探测激光雷达、红外便携式探测激光雷达进行北京地区联合组网试点应用，并组织召开激光雷达大气数据应用学术研讨会，得到了大气遥感领域专家学者的广泛关注。

3. 重点活动气象保障和气候研究

自2010年以来，多波长拉曼偏振大气探测激光雷达在国内、国际平台崭露头角，被广泛应用于重大活动期间气象保障、气候研究等领域。2019年，航天长征火箭技术有限公司的多波长拉曼偏振大气探测激光雷达参加了国庆70周年气象保障。将激光雷达走航探测技术创新应用于南极和北极环地球、跨季节大气连续观测中，突破了激光雷达实时走航探测、船载条件下雷达数据校正等关键技术，连续成功完成了"雪龙号"南极和北极科考任务，实现了南极圈—赤道—北极圈航路气溶胶的走航探测，获得了丰富的多纬度、多季度、多类型的环地球大气高精度廓线连续观测数据，为我国高精度武器气象背景场、大气参数的获取提供了宝贵的一手资料，具有十分重要的科学价值和战略意义。

（三）近5年订单

目前，全国20个省30多个地市气象部门安装有多波长拉曼偏振大气探测激光雷达产品，应用该雷达开展环境监测和气候研究。

近5年，航天长征火箭技术有限公司获得了中国资源卫星应用中心、中国气象局、河北雄安新区气象局、航天新气象科技有限公司等用户总计30多套多波长拉曼偏振大气探测激光雷达的订单，总金额达1.3亿元（见表4）。

表4　近5年订单统计

序号	合同名称	用户单位	数量
1	国家民用空间基础设施"十三五"陆地观测卫星定标场网项目——双波长拉曼偏振大气探测激光雷达研制	中国资源卫星应用中心	10套
2	国家民用空间基础设施"十三五"陆地观测卫星定标场网项目——星载大气探测激光雷达地面定标综合处理软件开发	中国资源卫星应用中心	1套
3	雄安新区三波长拉曼偏振大气探测激光雷达建设项目	河北雄安新区气象局	1套

（续表）

序号	合同名称	用户单位	数量
4	2021年气象监测预警补短板工程气溶胶激光观测仪（三波长）采购项目	中国气象局	8套
5	2022年气象监测预警补短板工程气溶胶激光观测仪（三波长）采购项目	中国气象局	12套
6	拉曼偏振大气探测激光雷达	航天新气象科技有限公司	1套

主创人：赵一鸣　潘　超　胡涛涛

参创人：王丽东　商雅楠　张玉石　李祚涵　李　飞　郭　畅

航空级钛合金棒线材高效轧制关键技术和装备

中冶京诚工程技术有限公司

钛是一种重要的结构金属，钛合金因具有强度高、抗疲劳性强、抗腐蚀性强、热强度高等特性，被广泛应用于航空航天、国防军工、核电、医疗等领域。钛工业发展水平是衡量国家高端制造业水平的重要标志。

基于国家战略驱动和市场需求，中冶京诚工程技术有限公司（以下简称"中冶京诚"）响应国家"十三五"提出的"关键战略材料综合保障能力超过70%"的目标，组建研发团队历时近五年的产学研跨专业合作，突破了钛合金多火生产能耗高、锻造开坯效率低、航空紧固件线卷盘重小、无法连续稳定生产的行业难题，开创了航空级钛合金棒线材高效轧制新模式，开发出"以轧代锻"新工艺，形成了成套轧制装备及控制系统。其技术成果开创了钛合金行业生产新模式，有力推动了钛合金生产技术、装备的发展和后续高端制造业的整体进步，提高了国家关键战略材料综合保障能力，引领了国家新材料产业的发展方向。

一、实施背景

钛合金作为具有密排六方结构的难变形金属，具有导热性能差、热加工的变形抗力大、塑性低、热加工温度范围窄等特点，但也有优异的抗疲劳性、抗腐蚀性，且常温和高温下都具有很高的强度。典型品种有TC4、TC11、TC18、TA15、TB13等，被广泛用于航空、化工、石油、造船等领域，在超导材料、形状记忆材料、吸气储氢材料等领域发挥着重要的作用。

航空航天装备、海洋工程、节能环保、新能源等领域的发展，为钛合金产业提供了广阔的市场空间，也对其质量性能提出了更高要求。我国工业企业必须下大力气提升钛合金产业保障能力，支撑"中国制造"实现由大变强的历史跨越。

钛合金材料变形复杂，传统的加工模式仍然停留在多火锻造、多火轧制、横列式低速生产等效率低下的阶段，人工干预度高、加工过程随时中断，装备水平落后，没有形成智能化、规模化生产，且产品性能稳定性差，目前尚未形成完善的高效加工模式。以航空紧固件用钛合金为例，国内最高单卷热轧盘重仅能达到70千克，满足不了航空航天等高端用途的需求，仍然依赖进口，属于国家"卡脖子"问题。

为了响应国家"十三五"提出的"关键战略材料综合保障能力超过70%"的目标，我国亟须形成一套钛合金等难变形金属高效的加工生产新模式、工艺及装备，以改变国内落后的生产局面。中冶京诚根据自身长期的技术积累，联合多家单位，组成强大的产学研研发团队，对钛合金等难变形金属的热加工问题进行技术攻关，为满足国家高端制造业需求，提升"中国制造"的全球影响力贡献力量。

二、主要问题

在棒线材应用领域，钛合金产品的规格组距范围广，从线材到大规格棒材均有需求。如何采用尽量少的热加工工序，实现多规格、多品种、高效低耗的生产，是目前钛合金加工领域亟待解决的问题。

1. 大规格棒材无法直接轧制开坯的问题

钛合金大规格棒材目前仍采用锻造方式生产，没有采用开坯轧制的主要原因有以下几点：

①钛合金锭的铸态组织塑性差，开始阶段不适合进行大压下轧制，只能采用轻锻方式，待铸态组织破碎后才可进行大变形。如果采用轧制方式生产，压下量小，需要多道次轧制，会导致轧制的稳定性降低。②不同材料的延展特性相差悬殊，有些牌号宽展很大，有些牌号宽展很小，采用同一套孔型轧制生产难度很大。③材料变形抗力大也是限制变形量的一个重要客观因素。

锻造开坯可以避免上述问题，但其缺点也很明显：

①效率低。从冶炼到成材交货，生产周期需要1个月甚至更长时间，占用企业的流动资金很大，如果采用轧制生产，生产周期可缩短一半以上。②能耗高。锻造工序需要多火次的回炉—加工，既浪费能源又耗费人工成本。

因此，部分产品采用轧制代替锻造，如何实现"以轧代锻"，是大规格钛合金生产亟待解决的问题。

2. 小规格线材盘卷重量小的问题

钛合金的热加工温度范围窄，热轧期间，随着轧制时间的延长，轧件温度降低到一定程度后就无法进行轧制。受此因素影响，线材产品的盘卷重量均不是很大。以最难生产的钛合金线材为例，目前国内常规做到50~70千克/卷，产品盘重小，70千克以上同卷机械性能稳定性差，不同盘卷之间机械性能差异大，不能满足航空航天等高端领域的需求。

3. 钛合金生产兼容差的问题

不同钛合金的变形程度、变形速度受到材料的组织状态、变形温度、变形时间等多种因素影响，轧制工艺及制度不同，需要考虑不同钛合金的轧制孔型、轧制规程等生产兼容性。同时考虑到为适应市场需求，生产需要具备灵活性，因此需要一条生产线，既满足钛合金的生产，又适用于镍基合金等难变形金属和普通高合金材料的生产。

三、研究思路及过程

将产品组距进行划分：$\phi 85 \sim \phi 350mm$ 在大棒线生产，$\phi 85mm$ 以下规格在小棒线生产。然后针对不同生产线所面临的问题，采用不同的解决思路。

1.实现大规格棒材"以轧代锻、锻轧结合"

开发大型二辊可逆轧机，实现大规格棒材的"以轧代锻"。部分材料取消锻造工序，采用高效稳定轧制技术直接轧制，并在横移可逆轧机上快速高效轧制出大棒材产品。

2."一火成材"高效轧制新模式，增大小规格线材盘卷重量

根据实验确定钛合金的变形特性，采用近恒温轧制理念，开发出快速横移可逆轧制技术和灵活孔型技术，实现钛合金大盘重线材"一火"热轧生产。

3.高效兼容的钛合金生产模式

根据材料的可加工速度，选择合适的脱头断面，合理调整小延伸轧机道次速度的变化范围，实现钛合金、镍基合金及普通高合金材料的结合，在同一条生产线实现多产品的轧制，确保经济效益最大化。

四、解决方案（主要创新点）

（一）团队整体的产品开发策略

研发团队制订了"基础理论研究＋关键装备和技术开发＋生产应用推广"的总体研发思路（见图1），通过技术攻关，实现用自动控温控轧生产钛合金的加工方式，解决了多火锻造和横列式轧制加工成本高、成材率低、表面质量差、批次稳定性差、自动化程度低的业界难题，攻克了轧制工艺方法、高精轧制装备、智能化电气控制系统等多个环节的关键核心技术。研究近恒温轧制和灵活高效孔型技术，创新提出快速横移可逆轧制理念，开发了世界上最大规格横移可逆轧制装备，解决了钛合金热加工温度范围窄、热变形塑性差、变形抗力大及加工效率低的业界难题；开创了大规格"以轧代锻"、中小规格"一火成材"生产新模式，实现了 $\phi 6.5 \sim \phi 350mm$ 规模化、性能高一致性和批次稳定性产品的高效生产与应用。

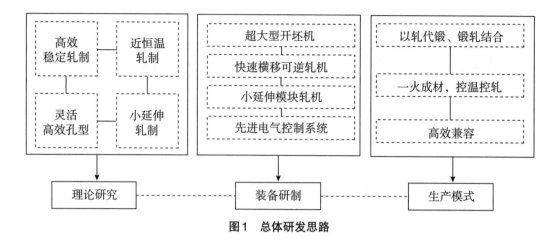

图1　总体研发思路

（二）主要技术创新点

创新点1：自主开发超大断面钛合金"以轧代锻、锻轧结合"超常规道次、柔性化稳定轧制新工艺。基于铸态组织特性研究，建立了"小变形—大压下—多道次"的超常规稳定轧制理论，开发出"超大型1350开坯机＋大型快速横移可逆轧机"，改变了超大断面钛合金只能依赖锻造成型的传统生产方式的局面，实现了"以轧代锻、锻轧结合"生产工艺的突破。此创新成果最大开坯断面达到ϕ900mm，大规格航空级钛合金ϕ85～ϕ350mm产品性能达到国军标2级，成材率提升至81.4%，加工成本降低了40%。

研究大断面坯料的锻造和直接轧制成型过程，分析对比两种模式在消除铸态组织缩孔、修复铸态组织裂纹、晶粒细化的质量控制上的差异。对于相同的坯料和成品，直接轧制的温度均匀性最好，同时由于直接轧制过程中存在限制宽展变形，轧制工艺比纯拔长锻造工艺芯部应变更大的情况，更适合轧制代替锻造。另外，轧制过程中增大压缩比到4以上，并适当控制每道次的压下量，成品质量可以达到锻造效果。

开发出"超大型1350开坯机＋大型快速横移可逆轧机"，实现了大规格棒材的"以轧代锻、锻轧结合"，部分材料取消锻造工序，采用高效稳定轧制技术直接轧制，并在横移可逆轧机上快速高效轧制出大棒材产品。此次创新解决了大断面锭的锻造开坯和成圆，以及多火次长流程工序复杂、能耗大、表面处理成本高的问题，创造了最大ϕ900mm圆锭轧出ϕ85～ϕ350mm的世界纪录。

航空级钛合金变形特性相差大，受加工工艺和自身材料特性的影响，针对强度大和摩擦系数低的材料，开发了大圆锭超常规道次稳定轧制成套技术，以小变形消除铸态组织，然后再施以渗透性0.7以上的多道次大压，芯部应变达到0.44~1.15，按工艺理念柔性化多种自动翻钢方式，实现"以轧代锻"。同时，本技术打破常规、开拓思路，开发出对中装置多结构组合形式，机前对中装置与轧机间有设置滚动导卫的空间，机后对中装置有扶正轧件的功能，既满足了箱型孔多道次轧制的需求，又实现了开坯机的极限出圆ϕ85mm，大大提高了横移可逆轧机的使用效率。产品性能达到国军标2

级，成材率提升至81.4%，加工成本降低了40%。

创新点2：开创航空级钛合金"一火成材"高效轧制新模式。引入"近恒温—快速横移可逆—精密轧制"理念，开发出温度波动范围±50℃的近恒温轧制方法，以及行业最短4秒间歇时间和最优速度控制技术和装备，攻克了钛合金因热加工温度范围窄，传统模式需要多火轧制的业界难题，实现了产品高一致性和高稳定性连续生产。建成国际先进的航空级钛合金全规格、全流程控温控轧全自动生产线，取得了钛合金棒线材单卷盘重由70kg到200kg的历史性突破，超细晶粒度13~14级，丝材同卷性能波动≤20MPa，解决了航空级高端紧固件严重依赖进口的"卡脖子"问题。

航空级钛合金的热加工温度范围窄，热轧期间，随着轧制时间的延长，轧件温度降低到一定程度后就无法进行轧制。受此因素影响，线材产品的盘卷重量均不是很大。以最难生产的钛合金线材为例，目前国内常规做到50~70kg/卷，产品盘重小，70kg以上同卷机械性能稳定性差，不同盘卷之间机械性能差异大，不能满足航空航天等高端领域的需求。

本成果创新引入近恒温轧制理念，在热加工图的指导下，将变形量、变形速度、轧制周期等数值代入，得到钛合金的近恒温轧制温度曲线；采用灵活高效的孔型系统，实现不同钛材在同一套孔型上的共用，为航空级钛合金高效兼容生产提供了理论依据。

本成果创新开发出"快速横移可逆机组＋连轧机组＋精密轧机＋模块轧机"的成套近恒温轧制技术和装备，有效控制变形过程的温度场，开发出速度控制、小延伸轧制及控制冷却成套先进工艺，实现了多品种小批量航空级钛合金棒材及大盘重线材的"一火成材"，解决了横列式轧机劳动强度大、人员投入多，成材率低、自动化程度差的问题，实现了 $\phi 6.5 \sim \phi 15mm$ 盘卷和 $\phi 15 \sim \phi 100mm$ 棒材的批量生产。取得了钛合金单卷盘重由70kg到200kg的历史性突破，超细晶粒度13~14级，丝材同卷性能波动≤20MPa，解决了航空级高端紧固件严重依赖进口的"卡脖子"问题。

创新点3：开发出世界最大的BDM850成套轧制装备及控制系统。首创BDM850横移可逆轧机、任意角度翻钢和灵活导向装置等成套装备，成功解决了大轧机横移稳定性差、磨损严重和产品精度低的难题，实现了快速横移可逆轧制，横移精度±0.3mm，轴向窜动<0.2mm，辊缝调整精度±0.2mm，任意翻转角度精度±0.5°，产品精度优于1/3DIN。开发出动态多向实时温度控制及监测、任意道次轧制起轧、模拟轧制和自适应轧制等控制系统，实现了全流程控温控轧自动化生产。

针对大断面钛合金轧制装备空缺和设计难题，基于航空级钛合金热加工变形抗力大及快速横移可逆理念，首创大规格BDM850快速横移可逆轧机，实现了最短道次间歇，减少了轧制周期，降低了劳动强度，提高了轧制效率，满足了大轧制力及近恒温轧制的要求，成功解决了困扰大轧机横移所产生的稳定性、不均匀磨损和产品精度等问题，开创了航空级钛合金高效轧制新模式，为突破传统锻造生产模式、实现钛合金高效生产提供了先进的装备保障。

本成果创新引入快速横移可逆轧制理念，开发出双滑环高速伸缩、主从双比列推行、 U形滑道耐磨及双侧助力锁紧等成套轧机横移轧制技术，确保轧件线固定不变，实现轧件直线供给，防止划伤。

柔性匹配轧机横移、抛钢、翻钢及轧件的直线供给，横移可逆轧机数量及翻钢机械手和对中装置的位置，结合坯料的大小和长度，按照工艺制度的不同需求，灵活柔性配置。大循环嵌套小循环，按照各环节时序超前、有序快速轧制，小规格实现了最短4秒道次间歇，大规格实现了最短10秒道次间歇，解决了传统轧制轧件横移、周期长，无法实现近恒温轧制，且轧件表面容易划伤的问题。

大型横移轧机装备静压大、负荷大，同时要求横移及产品精度高、作业率高，本成果创新设计出双高速电机同步驱动、辊缝与平衡主从跟随、翻钢机械手柔性跨极点无扰动切换及封装式导卫等成套技术，使轴向承载能力提升10%，零部件寿命提高了20%，轴向窜动小于0.2mm，产品精度优于1/3DIN，实现了开坯机的极限出圆$\phi 85 \sim \phi 36mm$，15分钟整体快速更换，降低了劳动强度，作业率提升1倍。

电控系统是轧制装备及生产稳定运行与实现工艺效果的"神经中枢"，本成果自主开发了航空级钛合金全流程全自动控制系统。首次应用融合了物料跟踪技术、轧机动态速降补偿控制技术、优化剪切技术、微张力控制技术和国产化高端变频轧制技术的连轧程序于棒线材生产线，并深度适配航空级钛合金复杂多变的轧制工艺，物料跟踪精确，结合任意道次自动起轧、强大的自适应模拟轧制设备，动态多向实时监测钢温、速度、设备状态及轧制过程，实现了全流程控温控轧自动化生产。解决了传统钛合金棒线材生产自动化程度非常低和锻造工艺造成的成品质量不稳定和产量低的问题，在实现生产过程的高度自动化和智能化，成品具有高精度和高一致性的同时，产能也实现倍增。

（三）与国内外同类技术对比

本成果自主开发超大断面钛合金"以轧代锻、锻轧结合"超常规道次、柔性化稳定轧制新工艺；开创航空级钛合金"一火成材"高效轧制新模式；开发出世界最大的BDM850成套轧制装备及控制系统。本技术与国内外的技术比较如下：

①大规格优势对比：组织性能和力学性能对比，锻轧性能比纯锻造的平均高50MPa，且性能数据稳定，头尾几乎无差异。

②小规格优势对比：成果三大技术及优势盘重最大、超细晶粒度、一致性高，提前实现了国家《重点新材料首批次应用示范指导目录（2021年版）》中的单卷≥100kg的目标，打破国外技术垄断，引领了国内航空级钛合金生产新模式。

③装备及生产模式对比：本成果开创了钛合金行业生产新模式，有力推动了航空级钛合金材料生产技术、装备的发展和后续高端制造业的整体进步，提高了国家关键战略材料综合保障能力，引领了国家新材料产业的发展方向（见表1）。

表1　装备及生产模式对比

序号	对比项目	本技术	国外公司	国内公司
一			大规格	
1	生产工艺	BD1350+BDM850轧制	常规BD1050轧制	锻造
2	坯料断面（mm）	max900	max800	max900
3	成品规格（mm）	85~350	100~300	85~350
4	加热次数	2+2火	换辊2+2火	>10火
5	成品精度	1/3DIN	1/2DIN	不规则形状
6	单机产量（万t）	6	4	0.8
二			小规格	
1	生产工艺	BDM650+精密轧制	BD600+精密轧制	自由锻造+横列式
2	开坯成品（mm）	36~120	60~120	横列式
3	开坯成品精度	1/3DIN	1/2DIN	不规则形状
4	换规格时间（min）	15	50	无
5	成品规格（mm）	6.5~100	6.5~80	后处理工序多
	直径公差（mm）	±0.15	±0.2	±0.4
6	盘卷卷重（kg）	227	~200	50~70
7	晶粒度	13~14	11~12	10~11
三	产品表面滑痕	轻	轻	烧损大，处理多
四	综合成材率（%）	81.4	80.3	57.2

五、取得成效

（一）经济效益

本成果已成功推广到陕西天成航空材料股份有限公司、山西太钢不锈钢股份有限公司、永兴特种不锈钢股份有限公司等多个生产企业，生产的钛合金棒线材等产品被广泛应用于中国航空工业集团有限公司、中国兵器工业集团有限公司等20余家制造企业，培育了新的产业链。实现了关键核心材料的进口替代，产生经济效益25亿元以上。

近三年在提升国家战略材料的大背景下，产生直接经济效益6.45亿元、新增利税5000多万元，直接经济效益显著。

（二）社会效益

本成果形成了国内航空级钛合金生产的新模式、新格局，创造了国内"以轧代锻"新工艺，提升了质量，提高了成材率；开创"一火成材"高效轧制，缩短生产工艺流程，降低能耗。全流程控温控轧成套工艺、装备、产品性能达到国际同类水平并局部占优势，具备了成套技术的输出条件和能力，成果已在国内多个企业推广。生产出航空级钛合金产品，形成了新的供应链，开发出国内外市场急需的系列产品，解决了关键材料"卡脖子"的问题。提高了国家关键战略材料综合保障能力，引领了国家新材料产业的发展方向，提升了"中国制造"的全球影响力。

（三）生态效益

进入"十四五"时期，我国钢铁工业要实现高质量发展，要牢固树立"创新、协调、绿色、开放、共享"的新发展理念，中冶京诚就要始终站在国际水平的高度和整个冶金行业发展的高度，凭借国际一流核心技术、持续不断的创新研发能力、无可替代的冶金全产业链整合集成优势，承担起引领中国冶金工业实现智能化、绿色化、低碳化、高效化发展的责任。

新材料产业是重要的战略性新兴产业，中冶京诚聚焦高端装备制造业、国防军工、高新技术产业对有色金属新材料的需求，结合国家重点产业链发展需求，推动钢铁产业向模具钢、特种钢、特种合金、特种不锈钢升级，结合市场需求，发展高强度建筑用材（含高强钢筋、线材和型钢）、装备制造业用优质棒线，重点发展钛合金、镍基合金、不锈钢及高温合金等高端难变形金属材料，打造生产新模式及新的产业链。

坚持高端化发展的方向，以补短板为急需，立足高端需求新变化，发挥核心引领作用，突破关键技术，严格把控每一个加工环节，构建行业智能制造标准体系，保持行业领先地位。

（四）推广应用情况

本成果已受理专利34项（其中发明专利24项）、登记软件著作权5项、发表论文8篇。经专家鉴定整体技术达到国际先进水平，其中大规格轧圆技术居国际领先水平。被列入"2021年世界钢铁工业十大技术要闻"，被评为"2021年北京优秀青年工程师创新工作室"，并荣获2022年冶金科学技术奖、中国有色金属工业科学技术奖、中国五矿集团有限公司科学进步奖、全国冶金行业工程计算机软件优秀成果四个一等奖。

本成果于2020年在陕西天成航空材料股份有限公司，以EPC总承包方式，建成了年产1万吨的大棒、小棒及盘卷全规格钛合金生产线。目前累计轧制量1.2万吨，其生产的钛合金棒线材等产品被广泛应用于20余家制造企业。

主创人：马志勇　赵英彪　王任全
参创人：杨勇强　薛岳钊　徐旭东　彭聃　徐亮　潘巍　孙长城　郭巨众

基于信用评价的煤炭贸易企业数字化业财管控平台

国能销售集团有限公司

随着煤炭贸易企业赊销业务的拓展，搭建自动化、智能化的信用及风险管控体系，在煤炭销售过程中实行全生命周期的信用管理，对减少企业的逾期欠款及坏账，保障企业所有者利益，推动企业自身稳健经营有着极其重要的意义。国能销售集团有限公司（以下简称"销售集团"）以数字化转型为契机，搭建基于信用评价的煤炭贸易企业数字化业财管控平台（以下简称"管控平台"），实现对赊销准入、信用评价、销售结算、客户回款、客户对账全生命周期实时管控，推进煤炭贸易企业业务、财务管控事前、事中、事后各个环节的数字化、可视化、智能化，加强煤炭贸易企业业务、财务风险防范，将风险关口前移，实现从信用评价、待结算量到应收账款、客户回款和客户对账的全流程闭环管控。

一、实施背景

（一）公司简介

销售集团是国家能源投资集团有限责任公司（以下简称"国家能源集团"）旗下以煤炭购销为主业的专业化公司。2019年12月26日，神华销售集团有限公司与国电燃料有限公司合并重组成立国家能源集团煤炭经营分公司，与神华销售集团有限公司一套机构、两块牌子，总部设在北京。2020年11月16日，神华销售集团有限公司正式更名为国能销售集团有限公司。

销售集团作为国家能源集团煤炭产运销一体化运营的枢纽单位，负责国家能源集团65%以上的煤炭销售和外购煤业务，年煤炭采购量近亿吨、销售量约5亿吨。负责运营管理的国家能源集团电子商务平台，服务保障国家能源集团"煤炭、化品、运输"三大主营业务产品线上交易，注册商户超过3万家，现货年交易量超过4亿吨。在"2023中国品牌价值评价信息"榜单中，销售集团在能源化工领域以172.98亿元的品牌价值，排名第17。下辖（含受托管理）22个二级单位，包括16个子（分）公司、6个职能办事机构，以及20家三级单位。

销售集团以神东、准能、雁宝、包头、胜利、榆神、新疆等国家能源集团自产和铁路沿线外购并举，加上国外进口、国内贸易补充的方式，多渠道获取优质煤炭资源，丰富产品结构，开发了以原料煤和动力煤为主体的6大类42个煤炭产品系列，满足不同客户需求。依托国家能源集团一体化形成的高效物流体系——朔黄、新朔、包神等总计2408千米的自营铁路线，黄骅、天津、珠海等地共计吞吐能力2.9亿吨的自有港口，61艘船舶合计331万吨的自有航运运力，实现煤炭精准配送服务。终端用户覆盖29个省（自治区、直辖市），与电力、冶金、化工、建材等各行业的1000多家客户建立了长期稳定的合作关系，煤炭出口到韩国、日本、欧洲等国家和地区，充分发挥煤炭市场"稳定器"和"压舱石"作用。

（二）项目背景

1.基于外部环境的需要

习近平总书记高度重视发展数字技术、数字经济，将数字经济上升为国家战略。国家"十四五"规划明确提出"加快数字化发展，建设数字中国"，将数字化转型作为国资央企改革发展重点任务。我们要积极拥抱数字化发展的时代趋势，赋能生产经营提质增效，重构核心竞争力，实现数据驱动管理，引领价值创造。

近几年来，我国大部分企业虽然建立了信用管理制度，但在运用数字化信用管理技术方面尚待提升。比如，在信用管理工作中，缺乏客户资信评价系统、缺乏信用额度的实时预警等，信用管理水平远低于国际先进水平。虽然我国信用管理体系已初步形成，但企业信用的建设还有待健全和完善，这就需要营造良好的宏观体制环境，同时需要提高企业自身信用管理素质。

随着煤炭行业市场化进程的不断加快，煤企竞争逐渐加剧，预付款的交易模式已很难适应不断变化的市场供需关系，在买方市场的特征下，只能通过增加"赊销"的策略来扩大市场份额。而且煤炭属于国家基础能源，其产品应用范围较广，销售集团的赊销客户不仅覆盖电力、钢铁、化工、建材、铝业等基础产业客户，也覆盖纺织、造纸、食品、印染等中下游产业客户，这就形成客户地域范围广、涉及行业多、销售战线长、需求量大、中小客户多的特点。因此，在大量开展赊销的过程中，搭建自动化、智能化的信用及风险管控体系，在煤炭销售过程中实行全生命周期的信用管理，对减少企业的逾期欠款及坏账，保障公司所有者利益，提升企业综合竞争力，推动企业自身稳健经营，促进企业长远发展都有着极其重要的意义。

2.基于内部管理的需要

国家能源集团2021年年中工作会要求"要充分运用大数据等资源信息实现对'两金'债务和现金流等要素的穿透管理，前移风险管理关口，提升风险事件的预判、识别和响应速度，切实提升企业财务管理能力"，但销售集团当时客户信用管理体系状况与国家能源集团的要求还存在差距。

一方面，客户信用管理基础工作偏弱，管理重心偏后。煤炭企业信用管理的重点是在事后管理，事中预警缺失，应收账款和待结算量无法在系统中进行预警，会出现超发货物、超期结算、超信用额度的极端情况。究其原因，主要是信用管理数字化薄弱，忽视了运用信息化手段实现交易之前和过程中的管理，而将管理的重点放在"事后"，这就不能使应收账款得到合理的控制，而且还可能大幅增加管理成本，造成更大的损失。煤炭企业的信用管理涉及客户开发、合同审订、信用额度评估、账款回收和债权管理等多个环节，而客户开发、合同审定、信用额度评估等销售的前期阶段也十分重要，只有管理好这些环节才能有效发挥事前、事中的控制作用，达到回避信用风险、减少坏账损失的目的。事实上，信用风险重在预防，风险一旦发生，有可能带来无法挽回的损失。因此，必须重视客户信用管理的基础性工作，从业务流程的角度看，煤炭企业的信用管理重心必须前移，将"事前"和"事中"控制放在重心位置，才能提高信用管理的效率和水平。

另一方面，数字化技术应用不够。目前，销售集团月均销售收入280亿元，应收账款控制指标10亿元，"两金"余额控制指标155亿元，客户数量约300家，应收账款管控难度大。在开展煤炭赊销业务过程中，存在数字化手段支撑度不够的问题。在目前煤炭企业的信用管理中，虽然销售集团拥有较为完善的应收账款和客户回款管理办法，从信用评价、待结算量到应收账款、客户回款和客户对账都有明确的要求，但是仍然没有实现信息系统的完整闭环管控，这已成为制约企业提高信用管理水平的重要因素。比如，部门数据割裂，客户应收账款和待结算量一直由财务部门负责，客户经理无法直接查询，数据无法实时传递，部门间不能充分地共享信息，这些因素均使企业信用管理工作的实施和开展受到很大制约。因此，企业信用管理应加强运用数字化技术，提高信用管理水平，在客户授信时增加量化指标，同时积极推进企业信用信息自动化管理。

二、实施内涵

销售集团深入贯彻国家能源集团总体发展战略，积极构建协同式战略财务、穿透式业务财务、共享化运营财务和数智化管理会计"四位一体"的财务价值创造体系，以数字化转型为契机，搭建管控平台，站在销售业务人员的角度推进ERP系统的深化应用，推进煤炭销售财务管控事前、事中、事后各个环节的数字化、可视化、智能化，加强煤炭企业销售业务、财务风险管控，实现从信用评价、待结算量到应收账款、客户回款和客户对账的全流程闭环管控，将风险关口前移。

三、主要做法

（一）总体思路

销售集团贯彻"以业财融合为纽带、以解决痛点为目标、以用户需求为导向、以数据共享为保障、以智慧管控为核心、以'两金'管控为引擎、以制度落地为基础、以监控预警为支撑"的平台建设方针，实现对赊销准入、信用评价、销售结算、客户回款、客户对账全生命周期的实时管控，将各个业务系统整合起来，实现资源的合理有效利用。

（二）管控平台实施路径

1.管控平台总体概况

管控平台以ERP系统为基础，通过ERP与CRM（客户关系管理系统）、TSW（销售发运系统）以及银企直连平台、电商平台、影像系统、业务协同等系统数据交互，基于模块间的数据映射，以既定的数据模型，进行数据分析，输出可视化的数据仪表盘及风险预警提示，实现基于客户信用评价的全生命周期动态预警智慧管控（见图1）。

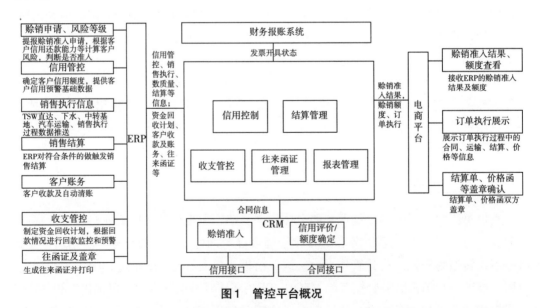

图1　管控平台概况

管控平台实现了对赊销准入、信用评价、结算管理、收支管控、往来函证管理等流程的在线化管理。通过客户赊销额度、结算周期、回款、关联交易情况的预警报表，实现基于信用风险评价的煤炭企业销售业务、财务全生命周期管控。

2.赊销准入模块

销售集团赊销客户实行准入审批制度，根据其股权、资产、经营等状况综合评价拟赊销客户的还款状况，确定其未来偿债能力。作为基于客户信用评价应收账款管控的基础，赊销准入模块依据制度中可量化的还款能力评价标准配置赊销准入数据模型，经过系统自动计算并筛选，结合人工辅助审批机制确定是否准入。

为解决赊销客户的合同主体方和结算方共用赊销额度的问题，在确定合同主体方与结算方属于同一控制主体下的关联方后，管控平台通过设置信用主体主数据，可根据合同主体方或结算方的资质和报表数据对其还款能力进行评价，确定该客户是否具备赊销资格。

管控平台针对客户不能达到还款能力评价得分标准，但能够提供商业银行开具的付款保函、履约保函、银行承兑汇票等情形，以及集团内部客户或能源保供等特殊情形，也实现了信息系统规范化管理。赊销准入的结果由CRM推送至ERP信用控制模块，并生成赊销客户名录，该模块自动化程度达到90%。

3.信用评价模块

赊销信用额度采取"总量控制、逐户制定"的原则，信用评价模块在赊销准入的基础上，依据制度中可量化的还款能力评价和合作信用评价标准配置客户信用评价得分数据模型。客户赊销信用额度上限计算方式为：

最大赊销信用额＝全年预计销售额÷360（天）×赊销期（天）×客户信用系数×区域系数。

客户信用系数反映了客户信用评价综合状况，而由客户信用评价得分决定，而客户信用评价由还款能力评价和合作信用评价两部分组成，客户信用评价得分越高，按期还款风险越小，客户信用系数越大。通过信用评价模块自动计算客户信用评价得分，线性计算信用系数，结合人工辅助判断，计算确定最大赊销信用额，自动生成信用评价报告。同时，以会议决策通过的赊销额度为标准，与结算机制共同作用，实现信用额度的动态预警提示，防范超信用额度提货的风险。该模块自动化程度达到90%。

销售集团通过收集客户年度预计量和历史结算数据，经过自动计算客户信用评价得分及最大赊销信用额后，生成客户赊销额度报告。经会议决策批准后，销售主管部门在客户信用额度和有效期内，并将合作信用评价结果、客户信用额度和有效期同步推送至ERP信用控制模块。

4."一站式"结算模块

针对煤炭企业销售待结算量大的行业特点，以及客户经理结算业务工作量大的痛点，销售集团通过将CRM、TSW、报账系统与ERP销售模块建立数据接口，实时反馈结算业务中关键的价格与质量数据，并建立结算预警提示模型，以待结算量结算期为维度，以 TSW 中的发货时间为数据源配置结算分级预警提示数据模型，设置可视化的预警机制，实现实时监控和实时预警，并在结算模块实现"一站式"销售结算。同时，电商平台经客户授权后可加盖电子签章，实现销售单电子签章线上化，销售结算原始凭证自动传输报账系统结算归档，减少客户操作步骤，有效提升结算效率，缩短结算周期，实现销售结算应结尽结。

销售集团通过在 ERP 系统中设定结算机制，以客户销售业务维度，设置预警监控，在待结算工作任务清单中的待结算数据进行预警展示，结算进度、协同状态、发出日期、待结算天数、待结算预警指示、价格情况、数质量报告情况都有清晰展示，并且能通过结算程序跳转提升用户操作体验。

5. 资金收支管控

销售集团以应收账款管理为核心，在合同履约监控、资金实时反馈、资金计划监督三个层面进行有效的收支管控。通过以信用额度使用情况、应收账款账龄为数据源配置回款预警提示数据模型，通过预警监控，提前计划客户回款时间，并通过与资金系统联动，实现自动出具资金计划的建议。同时，根据回款情况和上游供应商结算情况自动生成上游单位结算明细以及资金支付数据，便于提前确定资金支付计划。

销售回款计划功能根据当月业务计划，通过模型预测当月回款计划。销售回款汇总功能实现实时统计本月销售回款情况。同时，为有效提高资金计划执行率，通过发货日期、结算周期及回款周期预测回款时间，计算出每周的回款及支付计划，为合理安排资金收付提供支持。

6. 信用风险监控及预警

为提升信用管控水平，持续做好信用管理工作，销售集团坚持"谁销售、谁结算、谁回款、谁清欠"的原则，明确责任，完善责任追究制度，健全考核机制，有效控制应收款项规模。在信息系统中建立了实时展示赊销信用额度、待结算量、账面应收账款的多维度预警与监控体系，实行系统三级预警管控机制（见表1）。

表1　三级预警管控机制

预警级别	赊销信用额度	待结算量	账面应收账款
一级预警	80%<使用率≤90%	10天<合同结算期≤40天	1个月<欠款期≤2个月
二级预警	90%<使用率≤99%	40天<合同结算期≤70天	2个月<欠款期≤3个月
三级预警	使用率>99%	合同结算期>70天	欠款期>3个月

赊销信用额度预警功能以信用评价结果作为基础数据，按照客户信用主体维度对信用额度总额、信用额度发生额及占比分别列示，信用额度发生额包括待结算金额和账面应收账款余额两部分，并分别列示，根据赊销信用额度三级分级预警机制实现监控提示预警。

待结算量预警功能按照客户结算主体煤炭发运明细列示，依据发运日期和合同约定结算周期计算待结算天数，并根据待结算三级预警机制实现监控提示预警功能。同时，对月初赊销量、本期发运量、本期已结算量做汇总展示，便于管理决策。

账面应收账款预警功能以ERP会计主体为基础，按照客户结算主体的应收账款账龄进行预警监控，依照集团内部客户、集团外部国有企业和集团外部民营企业客户分别设置三级预警机制，实现分级分类管控。

根据赊销信用额度、待结算量及账面应收账款的预警等级，执行以下控制措施：一级预警以亮灯形式提示客户经理密切关注，要求客户经理提醒客户尽快支付货款，按照客户支付货款的进度，控制后续发货节奏；二级预警在发货前以弹窗形式提示，为严控风险，督促客户经理催促客户支付货款，控制后续发货节奏，在未收到货款前谨慎发货；三级预警通过系统执行强制控制，在没有收到客户回款前，暂缓后续发货。

7.关联交易管控

销售集团通过关联交易预警模块动态监控关联交易执行情况，将关联交易发生额严格控制在销售集团下达的限额内，确保完成全年控制目标。其所属单位在系统中将销售集团下达的额度合理分解至各关联方，系统对照关联方清单及限额审核下达，对自家客商进行逐一梳理比对，避免出现漏报、错报的情况。同时，多维度实时统计关联交易额度使用情况，评估关联交易执行情况的风险等级，判断是否会发生超限额的情况并进行分级预警提示和控制。

关联交易预算预警：根据区域公司和关联人士对关联交易预算数量、关联交易预算金额、关联交易累计数量、关联交易累计金额及关联交易占比进行展示，并有指示灯标记。其中，关联交易累计数量及关联交易累计金额也按照月份进行汇总展示。

8.往来函证模块

为了按月与客户进行高效、准确的对账，销售集团开发了ERP自动清账功能，能有效识别应收账款账龄表余额及待结算量，确定函证范围，自动生成电子往来询证函。同时，参考银行对账模式，以电商平台为窗口，将电子询证函传递至客户，以电商平台中经授权的电子签章作为证据，实现往来询证函线上对账，电子询证函返回至影像系统形成电子档案。业务人员在往来函证模块可查询函证结果及状态并予以跟踪，切实提升对账效率。

为保证往来函证的完整性，询证函包括线上对账和线下对账两种模式。线上对账通过ERP与电商平台建立接口，将系统自动生成的询证函发送至电商平台，经财务人员签章确认后传递至客户并短信通知，由客户在电商平台对账并加盖授权的电子签章。对账信息以短信的方式推送客户经理，帮助客户经理及时掌握对账情况并予以督促。线下对账自动生成询证函，代替了以前手工制作的方式，有效地提升了工作效率。同时，设置了线下对账结果回传系统的功能，能够在平台实时查询公司对账结果及对账及时率。

9. 管理报表

为更好地发挥财务支持经营决策及预算引领作用，销售集团以考核指标为导向，通过系统实现数据清洗与整合，自动生成管理类财务报表，从财务指标日报表、分级预警监控报表、客户欠款分析、待结算量分析、港口库存情况表、月度收入明细等维度为销售单位每日例会提供实时数据，为经营决策提供数据支持。

财务指标日报表从销售集团整体、区域公司、销售部门各个口径反映当日财务指标完成情况，服务销售集团各个管理层级，更便于指标分析工作。同时，按照分煤炭来源、分销售业务类型、分不同热值反映财务指标完成情况，为管理层是否调整销售策略提供财务数据支持。分级预警监控报表以报表的形式实时反映信用管理预警监控情况，以及信用风险状况。客户欠款分析、待结算量分析、港口库存情况表紧紧围绕"两金"压降工作，将客户欠款、待结算量、港口库存情况等触发预警的财务数据与业务人员数据共享，业务人员在线填报分析原因，形成分析报告以支持经营决策。

四、项目亮点及特色

1. 价值性

一是通过构建强大的管控平台，兼容国家能源集团已有统一管理平台和系统，实现与现有系统的融合和互通，有效提升销售结算效率，减少运营工作量。同时，实现应收账款全流程实时监控，运用大数据将风险关口前移。二是建立基于客户信用评价的信息化业务标准规范，同时以"高内聚、低耦合、小模块"的思想，由小及大，不断探索数字化技术的可行性。三是数据预警赋能业务人员，实现数据从业务中获取，并支持业务决策，实现降本增效。

2. 创新性

一是数据共享。充分进行数据交互，使主数据、客户信息、合同信息、发运信息、结算信息等自动归集，实现数据的共享。二是实时预警。利用数据整合，跟踪结算过程、反馈信用额度、自动出函对账、重点风险预警监控，实现应收账款实时全流程管控。三是为基于客户信用风险评价的应收账款全流程实时管控的信息系统提供了初步的规范。

3.可推广性

问题解决方面：管控平台能够解决企业在应收账款管理中存在的数据获取机械、预警提示缺失、线下管控难的共性问题。管理提升方面：在信息化、标准化、信用评价、智能监控、自动对账、效率提升、分析预警等管理方面效果提升明显，同时也为未来商业智能分析奠定了一定的基础。经验推广方面：随着中央企业对"两金"压控的精益化管理要求越来越高，销售集团部分管理思路及信息系统标准化规范在国内同类行业具有参考价值。

五、实施效果

1.提高风险管控水平

销售集团通过管控平台的应用，实现信息系统对赊销信用额度、待结算量、账面应收账款的三级预警机制，严格控制信用额度超额及超期等极端情况发生，切实降低信用风险；增加了结算期预警功能，既为业务人员提供结算指导，又通过"一站式"结算提高结算效率，充分降低超期待结算的风险；有效的收支管控与客户欠款分析相结合，严守资金风险关口；往来函证管理实现全面线上对账，减少人工参与，提高了对账的准确性。

2.提高信用管理水平

销售集团信用管理工作将防范信用风险放在首位，改变了过去重点关注逾期欠款的情况。从建立客户档案开始，对赊销客户实行准入审批制度，进行授信额度评估；对客户的信用额度使用情况进行监控，对销售订单生成、船期计划审批进行实时控制；对客户的应收账款回收进行跟踪，把信用管理落实到业务操作具体流程中，使煤炭企业的信用管理工作真正实现事前有防范、事中有控制、事后有管理。同时，销售集团加强对信用管理人员的培训，提高其专业技能，让他们学习先进的管理方法，从而提高销售集团的信用管理水平，保证信用工作的顺利开展。信用管理水平的提高，极大地提升了公司的核心竞争力，确保公司在煤炭行业处于领先地位。

3.提高财务运营效率

销售集团通过管控平台的应用，既提高了客户经理的赊销准入、结算效率，又提高了财务人员的回款、对账效率。系统自动计算客户还款能力并进行评分，支持客户还款能力评价通过线上审核；系统自动计算客户信用评价得分、自动计算最大赊销信用额；银企直连报账系统推送回款，能更及时地确认回款；通过短信通知财务、客户及时在电商平台对往来函证进行在线盖章，提高了工作的时效性和效率。

4.深度推动业财融合

在数字化财务数据共享的基础上，大大降低信息的滞后性，促进企业各部门间的信息共享和沟通，提高业务财务的配合与协作能力，实现业财联动；各层级业务管理者可深入挖掘财务数据，分析财务数据蕴含的信息，使企业的经营决策更具有科学性；推动积极构建协同式战略财务、穿透式业务财务、共享化运营财务和数智化管理会计"四位一体"的财务价值创造体系，为建设世界一流综合能源贸易商奠定基础。

主创人：常世宏　徐圣洁
参创人：韩　宇　田　伦　盛　蕾　王　智　杨　杰

塑造"三维五力"金名片 聚力"引领突破"新升级

中车株洲电机有限公司

中车株洲电机有限公司（以下简称"株洲电机公司"）坐落于湖南省株洲市，是中国中车股份有限公司（以下简称"中国中车"）旗下一级核心子公司，国家首批"国企改革双百行动"企业、中国中车创建世界一流示范企业，中国唯一同时承担高速、重载铁路装备九大核心技术中牵引电机和牵引变压器两项核心技术的企业，也是铁路牵引电机和变压器行业标准第一起草单位，业务涵盖轨道交通牵引电机和变压器、风力发电机、新能源汽车驱动、高速永磁电机、特种变压器等领域。公司注册资本13.42亿元，总资产75.69亿元，现有从业人员5000余人，下辖13家分（子）公司，已成为国内最具规模的机电产业集团，特别是牵引电机和风力发电机居全球领先地位，成为细分行业的领跑者。

株洲电机公司致力于打造世界一流的通用机电集团，作为国家技术创新示范企业，拥有国家企业技术中心，建设了电机、变压器CNAS（中国合格评定国家认可委员会）认证试验室，电气绝缘电力设备国家重点实验室，国家风力发电工程技术研究中心电机研究室，中国科学院物理研究所磁学国家重点实验室株洲基地，永磁电机技术湖南省重点实验室，湖南省新能源汽车电机工程技术研究中心；还建立了湖南省院士专家工作站、国家级博士后科研工作站。自2004年成立至今，经过十余年的发展，销售收入由3.85亿元增长至105亿元，年均复合增长率达到23%，铁路以外的市场化产品收入超过70%。

习近平总书记指出，坚持党的领导、加强党的建设是国有企业的"根"与"魂"，是我国国有企业的光荣传统和独特优势。2016年全国国有企业党的建设工作会议召开以来，党中央、国务院国资委党委就加强新时代国有企业党的建设作出了一系列重要部署，提出了一系列具体要求，有力推动国企党建工作取得了全面进步与显著提升。2017年起，中国中车党委纵深推进党建"金名片"建设，递进式开展"阶梯式·主题年"专项行动，有力推动了中国中车党建成为央企典范。

株洲电机公司党委认真学习贯彻习近平总书记关于新时代国有企业党的建设的重要思想，深入贯彻落实中国中车党委关于实现"七个新突破"的战略部署，坚持以打造中国中车党建"金名片"下的优秀子名片为主线，持续深化"三维五力"学习型党组织建设，全面开创高质量党建引领高质量发展新局面。

一、企业党建品牌的探索之路

2010—2011年，株洲电机公司正值升格初期，按照中共中央办公厅印发的《关于推进学习型党组织建设的意见》要求，基于外部市场竞争压力巨大和内部整体素质提升的现实，制订并印发《学习型组织中期建设规划纲要》，确立"以学习型党组织建设促动学习型企业建设"基本思路，构建以公司党委为中心，以基层组织为枢纽，以部门/班组为单元的三级组织模式，上下联动、纵深结合部署推进学习型组织建设。

2016年，株洲电机公司举办学习型组织建设论坛，系统回顾公司5年创建历程，分享展示优秀创建成果，并发布了《学习型组织建设规划（2016—2018年）》。

2017年，在前期学习型组织建设经验积累基础上，株洲电机公司党委启动学习型党组织建设，编制并印发《三年规划（2017—2019年）》，从强自身和促经营两个方面打造"两大矩阵（5+3）"，其中，"5"即对内完善自身建设，以5项修炼（自我超越、改善心智模式、共同愿景、团队学习、系统思考）打造5大工程（思想政治工程、学习工程、创新工程、文化工程、组织队伍工程）；"3"即对外促进经营发展，从3个层面（发挥党委政治核心作用、基层党组织战斗堡垒作用和党员先锋模范作用）打造3种能力（党组织的凝聚力、战斗力和创造力）。

2018—2019年，株洲电机公司党委紧扣"提质换挡""成效跃升"主题，构建"动力先锋"建设体系，5项修炼与5大工程相互融入、相互促进，充分发挥党委领导作用、基层党组织战斗堡垒作用及党员先锋模范作用，进而推动5个提升（竞争力、创新力、控制力、影响力、抗风险能力提升）。

2020—2022年，株洲电机公司党委研究制订《"十四五"党的建设规划》，探索建立"三维五力"学习型党组织建设体系，重点从3个维度（党委、基层党组织、党员）发挥3种作用（领导、战斗堡垒、先锋模范），以5大工程（思想政治工程、学习工程、创新工程、文化工程、组织队伍工程）提升5大能力（政治力、学习力、创造力、凝聚力、战斗力），加强"深度融合"，推动"固化攀升"，深化"引领促进"。

二、"三维五力"学习型党组织建设的品牌之意

坚决贯彻新时代党的建设总要求，紧紧围绕中国中车党建"金名片"新突破目标要求，不断优化"三维五力"学习型党组织建设体系（见图1），重点围绕"11365"开展工作，即聚焦打造党建靓品牌，引领发展显成效"1个核心"，把握"阶梯式·主题年"专项行动"1条主线"，发挥党委领导、基层党组织战斗堡垒、党员先锋模范"3种作用"，抓实政治领导、思想引领、组织执行、文化感召、纪律保障、员工凝聚"6个

关键"，建强思想政治、学习、创新、文化、组织队伍"5大工程"，提升政治力、学习力、创造力、凝聚力、战斗力"5大能力"。

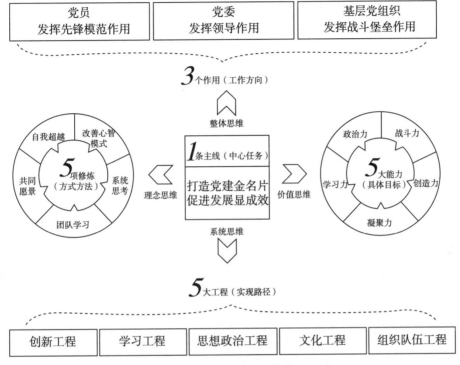

图1 "三维五力"学习型党组织建设体系

三、"三维五力"学习型党组织建设的实践成效

守正创新，系统推进。株洲电机公司党委以建强"5大工程"为基本路径，促进"5大能力"实现新突破，不断推动党建工作朝着"高质、创新、典范、价值"方向迈进，连续四年获得中国中车年度党建责任制考评A级评价。

（一）建强思想政治工程，突出"三个坚持"，促进政治领导力新突破

突出政治功能，发挥组织优势，企业党委领导作用充分彰显。一是坚持贯彻重要指示精神。将习近平总书记重要讲话和指示批示精神作为党委会"第一议题"、党委中心组"第一专题"，确立主题、集中研讨、拿出举措、推进落实，用实际行动践行总书记的要求和嘱托。二是坚持推进党的领导融入公司治理。健全完善涵盖不同治理主体的决策制度、议事规则。各级次企业落实"党建进章程""双向进入、交叉任职""一肩挑"要求。落实党委前置研究程序，依规召开党委会议，研究讨论改革、经营、党建各方面重大事项。三是坚持落实重要政治任务，全面接受"政治体检"，国务院国资委党委、中国中车党委巡视反馈意见整改完成率100%。高标准、高质量开展"不忘初

心、牢记使命"主题教育、党史学习教育，引导并组织各级干部、广大党员学理论、悟思想、担使命、办实事。组织召开公司第二次党代会，完成"两委"班子换届，明确"两步走""五个一"战略构想和发展目标，就建设"绿色、科技、活力、精益、数智、英才"新电机提出"十四五"规划主要任务。

（二）建强学习工程，把握"三个着重"，促进思想引领力新突破

持续深化党内学习研讨活动，进一步提高认识、提升素养、加强运用。一是着重建好"两学两宣"常态机制。定期开展党委理论学习中心组学习，每月组织1次高中层"学习日"，每季度开展1次领导干部联系基层、"道德讲堂"活动，促进各级领导干部带头学、深入研、系统思，推动政策宣讲、形势任务教育落深处、全覆盖。二是着重固化"组织生活＋专题培训"常态机制。严格落实"三会一课"、主题党日等基本制度，有针对性地策划开展基层党组织书记、党务工作者、全体党员专题培训，促动广大党员在学懂弄通做实上下功夫。三是着重强化"线下讲＋线上宣"常态机制。组织各级书记、先模代表深入基层宣讲党课，利用"学习强国""新动力党建云"等信息化学习平台加强立体式、多角度学习宣贯，推动党的理论创新成果进企业、进车间、进头脑。

（三）建强组织队伍工程，聚焦"四个深入"，促进整体战斗力新突破

全面提升基本组织、重要队伍建设水平，为企业改革发展提供有力支撑。一是深入推进国企改革落地。2020—2022年，完成5个产业单元混改任务，3家混改企业挂牌成立，全部完成党组织设立及委员会推选，指导选聘混改企业职业经理人24名。2022年，公司组织机构总体压缩14个，压减率28%，在新设行政机构时同步设立党的组织。开展中层优化调整和竞争上岗工作，新提拔年轻干部14名，中层岗位减至94个，减幅14.5%。设置子企业专职董监事、转岗层级通道、降级降职免职等机制，共23人转岗或退出，退出率19.3%。二是深入推进"4+3"职业化人才队伍建设。深化科技人才队伍、经营管理人才队伍、技能人才队伍、党群人才队伍4支人才队伍打造，加强高层次、数字化、国际化3类战略性人才引育，推进国际化、数字化重点人才工程落地，探索党群人才建设路径，着力打造党性强、素质高、结构优、能力硬的"红领人才"队伍。三是深入推进"三基建设"。保证党的组织有效覆盖，强化基层书记、党务人员、党员教育管理，完善并常态化落实基本制度，开展专项清查整治规范党务工作，基层基础工作质量稳步提升，株洲电机公司党委获评"中国中车先进基层党组织"。四是深入推进群团建设。深化"四权一体"民主管理，深推产业工人队伍建设改革，深耕"双创"劳动竞赛，统一思想、凝聚合力、积极建功，2022年荣获"全国五一劳动奖状"。召开第二次团代会，实施青春领航、育才、创效、强基"四大工程"，引领青年践初心、担使命。

（四）建强创新工程，抓好"一个重点"，促进价值创造力新突破

全面落实"九个一"要求，重点推进"五化一标杆"建设。一是开发"新动力党建云"信息化系统。实现党内常规工作线上运行，党员学习活动线上开展，党建基础数据线上管理，具有独立自主知识产权并可广泛推广。二是推进党建创新项目化运行。强化覆盖立项、实施、验收、激励等环节的全链条闭环式管理，结果应用于党务人员职业层级评定中，近3年内部选树典型项目25个，其中1篇调研论文获评2023年（第九届）国企管理创新成果二等奖，1个项目成果入选2023年国企党建创新优秀案例，1个视频党课在新华网、人民日报客户端发布，8个优秀案例入选中国中车党建理论与实践创新成果，企业党建品牌成果获评中国中车党委企业党建品牌评审一等奖。三是建立党支部标准化工作体系。建立"横纵贯通"一体化全覆盖标准体系，横向覆盖常规基础工作，纵向覆盖书记、委员等各类岗位，导入"星级评价"方式，创建统一式全过程贯标机制，编制完成《党支部标准化工作手册》，选择不同类型党支部进行试点，助推各项工作标准化执行，各级人员标准化履职。1个基层党总支获评"中央企业先进基层党组织"。四是建成"1+N"党建可视化阵地群。公司党建阵地投入使用，基层党员之家、党建文化长廊相继落地，成为展现党建成果、开展党建活动的"主园地"。五是推动党建品牌谱系化呈现。加强约束激励，将"一党委一品牌""一支部一特色"作为重要指标纳入党建责任制考核。加强交流共鉴，定期开展党建工作沙龙，组织基层单位共享典型案例，共研思路方法，共解业务难题。加强联合发力，由公司党委与部分基层党组织结对共推，联合选定课题、制订方案、推动落地，已形成"挖潜增效"主题创岗建区、"一研九鼎"党建共建等实践成果。六是争创混合所有制企业党建标杆。研究制定《指导意见》《工作细则》，针对控股、参股企业党组织，突出"定推促管"四维发力，即分类定好地位作用，系统推进组织和工作覆盖，引导促进"深度融合"，全面管控责任落实。择优选取混改企业试点推进"创标杆"工程，进一步促进党组织作用有效发挥，党的工作高质量开展。课题研究成果获评中国中车党委调研课题一等奖，案例成果入选《全国企业党建创新优秀案例》。

（五）建强文化工程，注重"三个持续"，促进内部凝聚力新突破

积极做好中国中车品牌推介及企业文化建设工作，努力营造风清气正氛围。一是持续加强中国中车品牌推广。围绕建党100周年和中国中车创业140周年策划开展氛围营造、典型表彰、火炬传递等活动，回顾百年征程，展示发展成就，激发奋斗热情。举办永磁动力技术与市场应用论坛，央视《大国重器》《对话》《新闻联播》节目专题报道株洲电机公司永磁动力技术及牵引电机智能化组装产线，其科技创新成果获《人民日报》头条报道，进一步扩大中国中车及公司品牌影响力。二是持续深化企业文化建设。推进"同一个中车"文化传承工程，系统深化CIS（企业识别系统）建设，在

各子企业全面推行现有企业文化体系。推崇用心想事、精心谋事、全力干事、奋力成事的"成事精神"，激发干事成事的奋进力量，营造务实进取的创业氛围。三是持续抓牢党风廉政、廉洁文化建设。强化政治监督，围绕公司"十四五"战略、提质增效等重大专项跟进监督。深化作风监督，开展成本优化、合规管理等方面的专项督查整治。构建"多位一体"大监督体系，增强监督合力，提高监督效能。一体推进"三不腐"，坚持把监督执纪、制度建设、廉洁教育贯穿于从严治党全过程。

在深化国有企业改革中，坚持党的领导、加强党的建设永远在路上，任重而道远。新的征程上，株洲电机公司党委将坚决贯彻落实好新时代国企党建整体要求，以奋发有为的精神状态、实干兴业的责任担当，继续深耕"三维五力"学习型党组织建设，奋力创建世界一流机电企业，为加快实现中国中车党建"金名片"建设新突破、建设受人尊敬的世界一流企业做出新的更大贡献！

主创人：聂自强　臧苗苗

参创人：胡宜平　易湘戈　邹芸鹏　徐梦君　徐　琪

打造"四位一体"成本管控新模式

国能长源汉川发电有限公司

国能长源汉川发电有限公司（以下简称"汉川发电公司"）于2019年10月提出"打造火电企业成本管控新模式"：结合火电企业生产作业流程，吸收现代作业成本法、发电企业专业技术经济指标相关精髓，建立五个作业中心、十二项成本库，改变成本核算办法，将目前执行的品种法中的简单法改变为分步法中的逐步结转法，完成发电企业生产经营管理价值链全过程的成本核算，打造成本核算、经营预算、绩效考核、专业技术经济指标深度融合的"四位一体"成本管控新模式，全面提升财务管理辅助企业经营创效的水平。

2021年6月，汉川发电公司运用作业成本法（又称ABC成本法、作业成分析法、作业成本计算法、作业成本核算法）实现了分机组、分产品核算，并逐步形成了以作业成本中心为框架的预算、分析体系，对公司生产经营进行全过程指导，实现了从作业成本核算进入作业成本管理的跨越。

汉川发电公司将现代管理会计的理论应用于发电企业成本管理，打破了发电企业长期以来传统的成本核算和报告方式，打破了专业、空间、时间上的壁垒分割，完善了成本核算的内容，拓展了成本核算的空间，可实现多维度成本核算，提高了数据的可用性，有利于发挥其对精细化管控、预算管理和日常经营决策的支撑作用。

2022年，汉川发电公司通过作业成本法的运用，全年创效1398万元，并取得多项知识产权。

一、实施背景

2017年10月，习近平总书记在党的十九大报告中提出，"培育具有全球竞争力的世界一流企业"；2022年10月，习近平总书记在党的二十大报告中进一步指出，"加快建设世界一流企业"。为推动中央企业进一步提升财务管理能力水平，加快建设世界一流财务管理体系，2022年2月，国务院国资委下发《关于中央企业加快建设世界一流财务管理体系的指导意见》（国资发财评规〔2022〕23号），在"重点强化五项职能"部分中明确提出"强化成本管控，实现精益科学……有效运用作业成本法、标准成本法、量本利分析、价值工程等工具，持续完善标准成本体系，细化成本定额标准。"

而对于电力行业来说，2002年"厂网分离"后，各大发电集团开始了激烈的竞争，经过20多年的发展，当前全球电力行业格局正发生剧变：环保、碳排放和能源安全的压力日益增大；可再生能源的供应越发多样、竞争逐渐激烈；储能成本稳步下降，进一步加速了新能源的普及；微网系统和相关应用的成熟让分布式发电得以推广；智能大电网的建设也逐渐加快。在这种背景下，我国电力行业面临严峻的生存挑战：电力政策对能耗和排放的要求越发严格；小机组的政策性关停并转逐渐加速；发电小时数常年处于低位；煤价、气价、电价等外部因素的变化也进一步加剧了火电厂的经营压力，使传统发电企业的利润空间进一步压缩。

财务管理是企业管理的中心环节，是企业实现基业长青的重要基础和保障。火电企业财务管理人员应该勇于创新、直面挑战，为创建世界一流企业财务管理贡献智慧。

二、存在问题

1. 更多的是满足对外会计报告和信息披露的要求，不能满足对内精细化管理的需求

目前，发电企业成本核算科目的设置和方法的选择，更多的是为会计报告和信息披露服务。为满足企业外部人员如银行、税务、债权人等的信息需要，汉川发电公司只关注笼统的折旧费、燃料费、职工薪酬、水费、材料费、修理费等九大类成本费用的开支，只有总量的概念，反映的是最后结果，不知道钱花在企业生产经营的哪个流程，拥有多台机组的企业不知道哪台机组赚了多少钱、怎么赚的钱，不能满足企业内部精细化管理的需求。

2. 不利于行业对比

因为企业成本核算方法的不同，在进行企业成本对比时，由于核算结果缺乏科学性、严谨性，对比结果可用性大打折扣。如在对标过程中，上级考核"入厂煤标准单价"，有的基层企业就将组成"入厂煤标准单价"的"价、运、杂"中的"杂"费部分调剂到"厂后费用中"；考核"入炉煤标准单价"，就将其组成部分的"厂后费用"中的部分费用调剂到"委托运营费"或"外部劳务费"中去。有的企业问：临时用工的费用要按规定计入"厂后费用"中去，那如果换成正式工，计入不计入"厂后费用"中呢？回答是不算。显然，这不科学，也不严谨。

3. 业务与财务不融合，与生产形成"两张皮"

发电企业在计划经济时代，按照"安全经济、满发多供"的原则，事实上已形成了一整套的成本控制措施，如形成了包含各专业在内的技术经济指标体系，而目前发

电企业成本核算与这些经济指标没有很好地融合，各唱各调、各吹各号，形成了"两张皮"现象。

4. 无法实现真正的全面预算管理

目前预算编制、分析是以财务报表为基础编制，无法提供生产人员关注的生产流程和活动成本信息，推行预算定额管理时无法确定科学、合理的定额，预算难以下沉到基层班组，更多的是公司层面的预算，公司、车间、班组三级预算体系难以落实和执行。

三、研究思路

（一）总体思路

汉川发电公司制定"尊重历史、兼收并蓄、推陈出新"十二字方针，提出解决方案的总体创新思路：在不改变现有会计科目、会计主要核算流程、财务信息系统的情况下，吸收现代作业成本法、物流成本理论、发电企业专业技术经济指标相关精髓，建立五个作业中心、十二项成本库，改变成本核算办法，将品种法中的简单法改变为分步法中的逐步结转法，完成发电企业生产经营管理价值链全过程的成本核算，打造成本核算、经营预算、绩效考核、专业技术经济指标深度融合的"四位一体"成本管控新模式。

（二）理论依据

1.《财政部关于印发〈企业产品成本核算制度（试行）〉的通知》（财会〔2013〕17号）

第二十条："企业内部管理有相关要求的，还可以按照现代企业多维度、多层次的管理需要，确定多元化的产品成本核算对象。多维度，是指以产品的最小生产步骤或作业为基础，按照企业有关部门的生产流程及其相应的成本管理要求，利用现代信息技术，组合出产品维度、工序维度、车间班组维度、生产设备维度、客户订单维度、变动成本维度和固定成本维度等不同的成本核算对象。多层次，是指根据企业成本管理需要，划分为企业管理部门、工厂、车间和班组等成本管控层次。"

第三十六条："制造企业可以根据自身经营管理特点和条件，利用现代信息技术，采用作业成本法对不能直接归属于成本核算对象的成本进行归集和分配。"

2. 作业成本法

作业成本法的指导思想是"成本对象消耗作业，作业消耗资源"。作业成本法把直接成本和间接成本（包括期间费用）作为产品（服务）消耗作业的成本同等地对待，拓宽了成本的计算范围，使计算出来的产品（服务）成本更准确真实。

作业成本法基于资源耗用的因果关系进行成本分配：根据作业活动耗用资源的情况，将资源耗费分配给作业；再依照成本对象消耗作业的情况，把作业成本分配给成本对象。

3.物流成本理论

财务会计中的产品成本是针对某一特定产品的，是企业正常生产经营活动过程中发生的耗费，产品成本的计算通常从原材料投入使用开始计算。物流成本是管理会计中的成本概念，是针对特定活动的，物流成本贯穿于企业经营活动和筹资活动，物流成本的计算通常从采购原材料开始，以物的活动为主线，但不包括物本身的价值，是因物品的流动而发生的独立于物的价值之外的费用支出。

物流成本理论认为制造企业物流成本的构成有：供应物流成本、生产物流成本、销售物流成本、回收废弃物流成本。

4.逐步结转分步法

逐步结转分步法也称顺序结转分步法，是按照产品连续加工的先后顺序，根据生产步骤所汇集的成本，费用和产量记录，计量自制半成品成本，自制半成品成本随着半成品在各加工步骤之间移动而顺序结转的一种方法。

原来，发电是其发电、送电、供电、售电的一个环节，从管理需求上，可将发电看作单步骤生产，选择品种法作为成本核算的方法，自有其道理。2002年，厂网分离后，五大发电集团展开激烈竞争，从管理需求上看，继续沿用品种法不能满足越来越精细的管理需求。

5.发电企业专业技术经济指标

电力生产通常采用各项技术经济指标来评价运行经济性和生产技术管理水平。发电企业专业技术经济指标是反映电力生产企业技术管理水平和经济效益的重要指标，有安全指标、可靠性指标、质量指标、消耗指标、效率指标、专业技术经济小指标。这里面的很多指标直接影响企业经营成果，如可靠性指标里的非计划停机、质量指标影响电力收入，消耗指标、效率指标影响成本，专业技术经济小指标中的耗用电指标也影响成本。

四、具体做法

（一）推动财务管理组织变革，提供组织保障

2021年，汉川发电公司整合了计划与财务职能，将计划营销部的计划职能调整

到财务部，成立了财务经营部。本次调整将综合计划、指标统计的计划职能与财务预算、会计核算等职能进行了整合，实现了计划与预算、会计与统计的统一，便于更好地发挥计划、预算的引导作用，为实施作业成本法、促进业财融合提供了组织保障。

（二）结合生产场景，确立作业中心

汉川发电公司经过讨论，将发电企业生产经营过程分为以下若干步骤：第一步，采购和仓储环节，只考虑燃料的采购、仓储。不考虑其他物资、服务的采购、仓储。以锅炉煤斗为界，这一环节提供的是合格的入炉煤，正好和发电企业燃料技术经济指标匹配。第二步，蒸汽制造环节，经过加工的除盐水在锅炉系统中生产制造出合乎规定压力和温度的蒸汽，这一环节与发电企业大部分锅炉专业技术经济指标和化学专业中的除盐水技术经济指标匹配。第三步，有供热业务的发电厂对外供热，提供热能，没有直接供热业务的发电厂直接进入下一步。第四步，在汽轮发电机组里生产销售电能，这一环节与发电企业汽轮发电机专业技术经济指标和部分电气专业技术经济指标匹配。第五步，对锅炉里做完功产生的废水、废渣、废气进行环保作业处理，这一环节和部分锅炉专业技术经济指标匹配（见表1）。

表1　五个作业中心具体规划

作业中心名称	界点划分	成本构成	责任部门	对应主要火电厂技术经济指标		收入实现、费用分摊节点
采购仓储作业中心	以锅炉煤粉仓为界，包括采购、质检、接卸、仓储、上煤	燃料价运杂费	燃料采购部门	燃料收入量，燃料耗用量，燃料库存量，燃料检斤量、检斤率、过衡率，燃料运损率，燃料盈吨量、盈吨率，燃料亏吨量、亏吨率，煤场存损率，燃料盘点库存量，燃料盘点盈亏量，燃料检质率，煤炭质级不符率，煤质合格率，配煤合格率，燃料亏吨索赔率，燃料亏卡索赔率，入厂标煤单价，入厂煤与入炉煤热量差，入厂煤与入炉煤水分差，输煤（油）单耗，输煤（油）耗电率，燃煤机械采样装置投入率，皮带秤校验合格率	燃料技术经济指标	
		燃料采购部门人员职工薪酬及其管理费用				
		采制化车间成本费用、厂用电成本	燃料质检部门			
		燃料储运车间部分成本费用、部分厂后费用及厂用电成本	燃料储运部门			

（续表）

作业中心名称	界点划分	成本构成	责任部门	对应主要火电厂技术经济指标		收入实现、费用分摊节点
锅炉燃烧作业中心	以锅炉主蒸汽门为界	锅炉系统成本费用及厂用电、除盐水成本费用及厂用电成本	生产技术部、检修部、运行部	锅炉效率、过热蒸汽温度、过热蒸汽压力、再热蒸汽温度、再热蒸汽压力、排污率、炉烟含氧量、空气预热器漏风率、制粉（磨煤机、排粉机）单耗、风机（引风机、送风机）单耗、点火和助燃油量、补水率、化学自用水率	锅炉技术经济指标、化学技术经济指标	
热力作业中心	以热用户接入管道计量装置为界	热网成本费用	热力部、计划营销部	供热厂用电率、供热耗电率、供热煤耗、供热量	锅炉技术经济指标	热力收入，分摊公共部分费用
发电作业中心	以电量关口计量表为界	汽轮发电机成本、循环水成本费用及厂用电成本	生产技术部、检修部、运行部、计划营销部	汽轮机热耗、汽耗率、主蒸汽温度、主蒸汽压力、再热蒸汽温度、真空度、凝汽器端差、加热器端差、凝结水过冷却度、给水温度、电动给水泵耗电率、汽动给水泵组效率、汽动给水泵组汽耗率、循环水泵耗电率、高加投入率、胶球装置投入率和收球率、真空系统严密性、水塔冷却效果（空冷塔耗电率、冷却塔水温降）、阀门泄漏状态、运行负荷率、发电量、厂用电率、频率、电压质量、供电煤耗	汽轮发电机技术经济指标、电能质量指标	电力收入（两项细则考核），分摊公共部门费用
环保处理作业中心	脱硫脱硝除灰、废水回收全部系统	脱硫脱硝除灰成本、废水回收系统全部成本费用及厂用电成本	脱硫除灰部、计划营销部	除尘器漏风系数、飞灰和灰渣可燃物、煤粉细度合格率、排烟温度、灰渣物理热损失、脱硫效率、除灰除尘系统耗电率、脱硫系统耗电率、脱硝系统耗电率	锅炉技术经济指标、化学技术经济指标	环保收入（环保电价、灰渣石膏收入），分摊公共部分费用

（三）改变成本核算方法，拓宽成本范围

在每一个环节建立一个作业中心后，汉川发电公司按分步法中逐步结转分步法来归集计算作业中心的成本，同时将实物指标—厂用电和期间费用指标—财务费用作为管理口径成本，建立了"十二项成本库"（见图1），纳入各作业中心成本中，这样每个作业中心都有各自的产品和完整的成本。

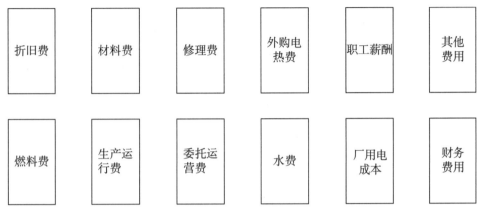

图1　十二项成本库

（四）形成两张报表，满足内部需要

主要成果是形成了两张管理会计报表：一张是利润计算表，另一张是成本计算表。

汉川发电公司把传统财务报表之一的利润表进行改造，形成利润计算表（见表2），让管理者知道公司利润是如何来的，即"钱是怎么赚来的"，发电赚多少钱，供热赚多少钱，副产品赚多少钱，每台机组又赚多少钱。

表2　利润计算表

项目	本月数	5号机	6号机	本年累计数	5号机	6号机
一、发电作业中心收入						
（一）发电量收入						
综合厂用电成本						
售电业务收入						
上网平均电价						
上网电量						
（二）发电作业中心成本						
（三）发电作业中心分摊公共部门费用						
（四）发电作业中心分摊税金及附加						
（五）发电作业中心利润						
（六）供热作业中心收入						
对外供热平均单价						

（续表）

项目	本月数	5号机	6号机	本年累计数	5号机	6号机
对外供热量						
（七）供热作业中心成本						
（八）供热作业中心分摊公共部门费用						
（九）供热作业中心分摊税金及附加						
（十）供热作业中心利润						
（十一）环保电价收入						
（十二）副产品收入（灰膏渣）						
（十三）环保作业中心成本						
（十四）环保作业中心分摊公共部门费用						
（十五）环保作业中心分摊税金及附加						
（十六）环保作业中心利润						
主营业务利润						
资产减值损失						
加：公允价值变动收益（损失以"–"号填列）						
投资收益（损失以"–"号填列）						
其中：对联营企业和合营企业的投资收益						
汇兑收益（损失以"–"号填列）						
资产处置收益（损失以"–"号填列）						
其他收益						
二、营业利润（亏损以"–"号填列）						
加：营业外收入						
其中：非流动资产处置利得						
非货币性资产交换利得						
政府补助						
债务重组利得						
减：营业外支出						
其中：非流动资产处置损失						
非货币性资产交换损失						

（续表）

项目	本月数	5号机	6号机	本年累计数	5号机	6号机
债务重组损失						
三、利润总额（亏损总额以"–"号填列）						
减：所得税费用						
四、净利润（净亏损以"–"号填列）						
归属于母公司所有者的净利润						
少数股东损益						

注：△表示金融企业填报。

汉川发电公司对传统财务会计的成本概念进行了拓展，将财务费用、厂用电成本纳入成本计算范围，形成成本计算表（见表3），让公司管理者明白公司"钱是怎么花掉的"，每一个生产经营环节要花费多少人、财、物资源；火电企业能够对外提供的产品，如除盐水、热能产品、电能产品、副产品灰石渣的成本、变动成本各是多少。通过成本计算表，各个生产经营环节重点控制费用、实物指标都可以根据管理需要进行反映，为公司领导对外开拓市场、对内加强管理提供决策信息。

表3 成本计算表

作业中心	产品	摘要	金额	数量	单价
采购仓储作业中心	全口径燃料成本	本月购进燃煤			
		其中：煤款			
		运费			
		杂费			
		入厂标单			
		厂内费用			
		其中：压车延时费			
		滞港费			
		月初结存燃煤			
		本月入炉领用燃煤			
		本月入炉用油			
		本月入炉标单			
		本月其他耗用			
		其中：场损			
		水分差			
		月末库存燃煤			

（续表）

作业中心	产品	摘要	金额	数量	单价
采购仓储作业中心	全口径燃料成本	本月职工薪酬			
		其中：采购部门职工薪酬			
		本月管理费用			
		其中：采购部门管理费用			
		本月折旧费			
		本月材料费			
		本月修理费			
		本月生产运行费			
		本月委托运营费			
		本月财务费用			
		本月其他费用			
		本月厂用电成本			
	合计	全口径燃料成本			
		其中：全口径燃料变动成本			
	主要实物指标	入厂入炉标单差			
		入厂入炉热值差			
		输煤单耗			
锅炉燃烧作业中心	热能产品：蒸汽	全口径燃料成本			
		本月折旧费			
		其中：制水折旧费			
		本月职工薪酬			
		其中：制水职工薪酬			
		本月材料费用			
		其中：制水材料			
		耐磨材料			
		本月修理费用			
		其中：制水修理费			
		本月外购电热费			
		本月除盐水水费			
		其中：耗用			
		本月委托运营费			
		本月生产运营费			
		本月其他费用			

（续表）

作业中心	产品	摘要	金额	数量	单价
锅炉燃烧作业中心	热能产品：蒸汽	本月财务费用			
		本月厂用电成本			
		其中：制水厂用电成本			
		锅炉厂用电成本			
	合计	本月蒸汽成本1			
		其中：制水成本			
		蒸汽变动成本			
		其中：制水变动成本			
	主要实物指标	锅炉效率			
		主蒸汽温度合格率			
		蒸发量			
热力作业中心	对外供热	本月蒸汽成本2			
		本月热网折旧费			
		本月职工薪酬			
		本月材料费			
		本月修理费			
		本月其他费用			
		本月财务费用			
		本月热网厂用电成本			
	合计	供热成本			
		其中：供热变动成本			
	实物指标	销售热量			
		管损			
		修理费			
发电作业中心	电能产品：电力	本月蒸汽成本3			
		本月折旧费			
		本月职工薪酬			
		本月材料费用			
		本月修理费用			
		本月外购电热费			
		本月冷却水水费			
		本月委托运营费			
		本月生产运行费			

（续表）

作业中心	产品	摘要	金额	数量	单价
发电作业中心	电能产品：电力	本月其他费用			
		本月财务费用			
		本月厂用电成本			
	合计	发电成本			
		其中：发电变动成本			
	主要实物指标	汽机效率			
		发电量			
		售电量			
		两项细则考核			
环保处理作业中心	副产品：灰渣膏	本月折旧费			
		本月职工薪酬			
		本月材料费用			
		其中：脱硫材料			
		脱硝材料			
		除氮材料			
		本月修理费用			
		本月委托运营费			
		本月生产运行费			
		其中：排污费			
		粉煤灰综合利用费			
		本月其他费用			
		本月财务费用			
		本月厂用电成本			
	合计	环保处理成本			
		其中：环保处理变动成本			
	主要实物指标	脱硫除灰耗电率			
		废水系统投运率			
		灰煤比			

五、取得成效

（一）以标准作业定额，促精细化管理提升

结合作业成本法思路，汉川发电公司制定了《常规火电企业盈利模型》，2022年制

定了145项标准定额指标，涵盖全公司主要生产设备、专业技术指标，关键生产绩效指标和关键管理指标，初步建立了以点带线、以线带面的火电企业生产经营活动全价值链流程管控体系。

在标准定额成本的措施下，汉川发电公司通过持续优化压车延时标准作业，完善内部管理制度，压车延时从过去平均13小时，降低到目前9.5小时，2022年节约延时费约56万元。通过指导公司运行部门制定《适应尖峰平谷交易运行措施》，优化化学、除灰相关辅助设备运行方式，2022年降低生产成本约110万元；2022年公司百万机启停实现全年无油，累计节省燃油235吨，全年降低生产成本约212万元。

（二）以经营价值引领，指导生产经营全过程

强化月度经济活动分析，形成了以作业中心为框架的经济活动分析体系，对生产经营进行全过程指导，从作业成本核算进入作业成本管理。同时，以统计学中均值定理、估计理论、相关理论和拟合理论的方法，将生产经营小指标与煤耗、电耗、电热量等大指标关联起来，赋予每个生产经营活动货币属性，实时评估经济性。例如，通过分机组发电边际滚动测算，积极开展各机组间电量结构优化，充分发挥百万机组成本优势，多发效益电。2022年完成内部"大代小"电量合同转让2.3亿千瓦时，提高整体发电收益约900万元；通过作业成本核算优化脱硫脱硝特许经营业务，2022年11月将老厂脱硫业务进行外委，11—12月综合创效约120万元。

（三）注重积累，形成自己知识产权

2019年12月，汉川发电公司总会计师胡文杰撰写形成了《发电企业成本核算研究》一书，由武汉理工大学出版社出版发行。

2021年9月，汉川发电公司何博文在《经济与社会发展研究》期刊中发表论文《火电企业财务精细化及数据平台的搭建研究》。

2023年2月、4月，汉川发电公司申请的"一种作业成本法下的火电企业利润计算平台""一种作业成本法下的火电企业成本计算平台"获得了国家知识产权局颁发的软件著作权证书。

主创人：胡文杰
参创人：李　晶　唐　龙　徐　媛　何博文

中外天然气合作项目管理制度创新与实践

陕西延长石油（集团）有限责任公司延长气田蟠龙采气厂

一、公司简介

陕西延长石油（集团）有限责任公司延长气田蟠龙采气厂（以下简称"蟠龙采气厂"）是世界500强企业、陕西省属大型能源类国有企业陕西延长石油（集团）有限责任公司（以下简称"延长石油集团"）的三级分公司，延长石油集团油气勘探公司（以下简称"油气勘探公司"）的二级单位，前身为延113-延133天然气合作项目部。2013年1月，延长石油集团与斯伦贝谢长和油田工程有限公司①（以下简称"SCP"）签署《延113-延133天然气开发技术合作合同》，双方以技术交流为平台，逐步开展天然气、页岩气、低渗油田、国际市场、油服整合等领域的合作；合作面积约2341平方千米，涉及子长、宝塔、安塞、横山、延川等1市3区1县；合作期为30年。作为延长石油集团上游的首个大型国际性合作项目，2020年1月，为更好地推进合作项目履约，进一步提升项目监管效率，油气勘探公司将延113-延133天然气合作项目部更名为蟠龙采气厂，负责合作项目的合同承办、合同履约、现场监管及考核、合作区块天然气勘探开发、投资资产、财务核算、生产运行、安环质量管理等工作。

蟠龙采气厂自成立以来，认真贯彻落实延长石油集团、油气勘探公司相关决策部署，严格履行监管职责，积极与地方政府部门和合作方SCP进行沟通，不断完善项目管理机制，持续加强合作项目现场监管，SCP的技术优势有效促进了各项生产经营任务的顺利完成。截至2022年年底，蟠龙采气厂下设生产运行科、技术科、安全环保质监科、财务资产科、综合管理科、监察室6个科室，共建成7座集气站和1座净化厂，累计完井402口（探井86口）、投产264口，生产天然气57.79亿立方米、交售天然气54.25亿立方米，实现模拟利润4.96亿元。蟠龙采气厂是完成延长

---

① 成立于2007年11月，是由长和实业集团与斯伦贝谢公司共同成立的中外合资企业。公司致力于成为中国领先及能立足于海外的区块生产管理及一体化油气田技术服务公司，并以油气井长期生产为核心服务模式。

石油集团天然气交售任务的主力生产单位之一,有效履行着陕西省内管网输气冬季保供及子长市民生用气的重要使命,先后获集团级"安全生产先进单位"、公司级"特殊贡献奖"等荣誉。

二、实施背景

从外部环境看,"十四五"期间,我国能源发展开启了"2030年碳达峰、2060年碳中和"的绿色低碳转型升级新征程,天然气的发展将在其中发挥必不可少的桥梁作用。国家能源局召开的2021年大力提升油气勘探开发力度工作推进会上,明确强调要持续加大油气勘探开发和投资力度,坚定不移推进油气增储上产。延长石油集团在2021年的工作会议上确立了"三年建成百亿方气田"的宏伟目标,要在"十四五"前三年增加42亿立方米天然气产量。然而进入新时期后,国企面临的外部市场环境复杂多变,不确定因素的干扰强度增大,困难压力集中凸显,国企改革三年行动亦进入攻坚之年,企业需要迎接挑战、适应变革,通过管理创新来打开新局面。蟠龙采气厂在延长石油集团增储上产任务中发挥着举足轻重的作用,亟须通过管理创新,科学把握节奏,稳步推进天然气规模上产,持续提升质量效益,为延长石油集团"三年建成百亿方气田"贡献应有力量。

从内部发展看,蟠龙采气厂负责管理的合作项目是延长石油集团上游的首个大型国际性合作项目,也是集团高水平"引进来",积极参与国际合作的重要探索。为理顺合作项目管理,延长石油集团通过授权,逐步形成了"延长石油集团—油气勘探公司—蟠龙采气厂"的三级管理架构,蟠龙采气厂定位为合作项目生产现场监管主体。随着合作项目由建设期转入运营期,蟠龙采气厂也从建设项目部转为运营管理单位,面临着合作机制运行不顺畅、技术优势未充分发挥、生产调动能力欠缺、科学成果转化不足、基础管理相对薄弱等一系列问题。因此,提升管理能力与水平,保障合作项目履约达效,开创合作共赢新局面,是蟠龙采气厂义不容辞的责任;同时,通过实践进行管理创新,形成特色合作模式,亦可为延长石油集团的国际性合作项目提供一定的管理经验。

三、成果内涵

蟠龙采气厂秉承"融合创新、合作共赢"的发展理念,根据中外天然气合作项目的管理特点,在合作项目管理制度的设计、立项、编制三大环节进行创新,明确了"严格遵循合作合同约定,充分融合双方管理优势,突出体现合作项目特色"的制度设计思路;梳理了合作项目三级管理架构下,横纵双维度进行制度立项的各类依据;形成了推动合作双方共同参与、贴近双方工作实际的制度编制方法。在此基础上,合作双方通过系列措施推动创新成果落地转化,持续完善管理制度体系,逐步规范合作项目监管,促进合作双方融合创新,推动企业高质高效发展。

四、主要做法

（一）制度设计创新

由于蟠龙采气厂负责的合作项目是延长石油集团上游的首个大型国际性合作项目，集团内没有可供借鉴的中外合作项目管理先例；同时，尽管合作双方均有完善的内部管理制度体系，但国企管理模式与外企管理方式存在差异，直接套用不符合合作项目管理实际。针对这一问题，蟠龙采气厂在最开始的制度设计阶段，便确立了"严格遵循合作合同约定，充分融合双方管理优势，突出体现合作项目特色"的设计思路。在整个制度体系的设计过程中，自始至终以合同为准绳，按照合同条款落实双方权责、保障双方利益；以延长石油集团的制度为蓝本，积极学习合作方SCP的国际先进管理经验，融合形成优势互补的制度体系；紧紧围绕勘探开发、生产运行、项目建设、安环质量、财务核算等合作领域，重点关注合作双方在工作中的权责界面、流程节点，充分体现合作项目特色，满足合作项目工作需要。

1.成立制度建设组织机构

蟠龙采气厂成立了制度建设领导小组，组长由厂长和SCP项目总负责人担任；副组长由各副厂长和SCP相关负责人担任；成员由各科室科长和SCP部门负责人担任。领导小组主要负责研究设计制度体系；指导、协调、监督合作双方的制度建设工作；审定制度清单、各项制度及工作方案；检查和评估制度的执行情况等。领导小组下设办公室，办公室设在综合管理科，具体负责制度建设工作的沟通协调、组织汇总、监督执行等工作。

为紧扣合作关键领域，充分贴近工作实际，蟠龙采气厂又成立了四个制度建设工作小组，专门负责相关制度的起草、编制、修订、执行。一是技术组，由技术科和SCP的井工程、工程技术部、地学、生产技术部组成，主要负责勘探资源开发、气井管理相关制度；二是生产组，由生产运行科和SCP的采气作业部、维修作业部、外协、生产运行中心组成，主要负责生产经营、钻前井场等相关制度；三是项目组，由生产运行科和SCP的地面工程部组成，主要负责建设项目相关制度；四是安全组，由安全环保质监科和SCP的HSE部组成，主要负责安全、环保、职业健康相关制度。

2.组织研读合作项目合同

合作项目合同包括主合同、11个合同附录及HSE桥接文件；合作项目联管会及领导小组会在历次会议中形成的纪要和决议，也是合作约定的重要组成部分。蟠龙采气厂按照合作约定执行监管，合作方SCP按照合作约定进行履约，任何约定外的内容都不能强加于合作制度设计当中。但翻译过来的合同语言不易理解，且合同条款的很多内容没有细化，双方在理解和认识上有一定分歧，加大了制度设计的难度。为解决这一问题，蟠龙采气厂将合作约定汇编成册，印发给制度建设各级组织机构，组织相关人员研读、学习、讨论；邀请法律顾问答疑解惑，基于合作约定梳理制度设计要点；积极协调解决管理认识分歧，在设计中将合作条款与管理需求有机衔接和融合，为制度的合法性、规范性、可用性打好基础。

（二）制度立项创新

根据合同约定，合作项目由双方共同管理，设立"项目联管会—项目领导小组—项目管理团队"三级。延长石油集团据此形成了"延长石油集团—油气勘探公司—蟠龙采气厂"三级管理架构，对合作项目进行管理。在合作共管机制下，如何明确主体定位，将管理责任通过制度形式精准、合规地落实，是蟠龙采气厂面临的难题。为解决这一问题，蟠龙采气厂立足"合作项目生产现场监管主体"这一定位，让制度在纵向上符合油气勘探公司、延长石油集团规范，在横向上压实蟠龙采气厂对SCP的监督管理职责。综合考虑两个维度，深入分析、识别制度建设的薄弱点、交叉点、空白点，为制度建设提供充分依据。

1.纵向落实上级管理规范

从纵向维度看，蟠龙采气厂承接延长石油集团和油气勘探公司要求，需结合项目管理实际，落实集团内部对下属单位的考核工作，并定期向上反馈项目监管效果。为此，蟠龙采气厂围绕延长石油集团开展合作项目的目标，按照集团"三比三提升"活动[1]要求，将合作方SCP确立为对标对象，结合生产、技术、安全等重点合作领域，全方位分析差距，在制订对标方案的同时，通过制度立项的形式，将适合的对标学习成果制度化；同时，根据油气勘探公司"三位一体"[2]管理要求，将审计发现的问题、"管理321-"[3]提出的问题、科室工作遇到的问题、领导检查中指出的问题作为制度立项的四重依据。

2.横向压实监督管理职责

从横向维度看，蟠龙采气厂既要履行对SCP的监管职责，又要与SCP共同构成项

---

[1] 延长石油集团"三比三提升"活动的内涵为"比一流，提升企业管理水平；比贡献，提升市场竞争力；比作风，提升担当作为能力"。

[2] 油气勘探公司三个"三位一体"管理的内涵为安全—技术—质量"三位一体"；制度—流程—标准"三位一体"；审计—企管—财务"三位一体"。

[3] 管理"321-"是油气勘探公司实行的管理建议征集活动，其内涵为"职工人均找3个问题、主管人均出2条主意、经理人均拿1项措施"。

目管理团队，作为一个整体接受考核。为压实双方责任，保障各项任务顺利完成，每年年初，蟠龙采气厂将油气勘探公司的年度考核任务层层分解到合作双方的科室/部门及个人，聚焦上级单位重点关注的生产进度、安全管理、环境保护、质量管理、技术创新等事项，以及历次合同回顾达成的共识事项，梳理相关缺项，以制度形式进行立项；特别是在生产、技术、安全三大关键考核领域，将监管内容和合同约束条款作为制度立项依据，逐步完善和规范项目管理制度体系。

（三）制度编制创新

为保证合作项目管理制度既符合延长石油集团、油气勘探公司规范，又彰显合作项目特色、适用于合作双方工作，蟠龙采气厂在制度编制的规范和编写的方式上进行创新。在制度编制规范上，围绕制度的编制依据、适用范围、组织职责、工作流程等核心部分，形成四项规范，引导制度编写人员快速破题，直切要点，规范行文。在制度编制方式上，采用全程合作的方法，由合作双方共同讨论、共同编写、共同审核，推动交流融合，增进相互了解，保证制度贴合工作实际，"以我自主，为我所用"。

1.建立制度编制四项规范

一是编制依据规范。在制度编写开篇第一条，列举制度编写的参考依据。参考依据分为三个层次：一层为国家、省市和油气行业相关的法律法规及标准，保证制度的编写合法合规；二层为延长石油集团、油气勘探公司相关的制度标准及公文，为制度的编写提供基本框架参考；三层为合作项目相关的合同、附录、桥接文件及签署的会议纪要和决议，将合约中的权责利与制度建设有机结合，保证制度的编写符合合作约定。

二是适用范围规范。制度的设计要适用于合作双方，不能同时适用于双方的制度，不纳入合作项目管理制度的编写范围。此外，鉴于合作双方有不同的政策、标准、程序，根据合作项目合同及桥接文件约定，应在适用范围的制度条款中标明，SCP方在执行制度所涉管理内容时，优先按照SCP的相关政策、标准、程序执行；如果油气勘探公司在管理内容方面有更严格的要求或硬性规定，在与合作项目合同内容保持一致的前提下，应执行合作项目管理制度。

三是组织职责规范。将合作项目合同约定的主要职责，按照组织领导层级顺序，层层分解细化到双方的领导层、职能科室/部门、生产厂站，并逐条进行编写。明确各个组织的职责定位，涉及多个单位时应分清主责、副责，并形成计划—实施—检查—处理的责任闭环。突出蟠龙采气厂的监管、协调职责和SCP的执行、反馈职责，对于合同规定较为模糊、工作职责不清晰的，由双方讨论达成共识后再编写。

四是工作流程规范。制度中涉及的工作流程，应当注意合作双方在流程各环节中执行的主体、交接的对象、审核的人员、形成的成果。提交的表单、资料应尽量注明时间节点，并以附件形式附于制度后。为提高管理效率，使工作流程科学、高效、实用，在编制过程中如果发现可以优化、精简的流程，应积极向制度建设小组/科室负责人建议，达成共识后进行编写。

2.夯实合作编制三个环节

蟠龙采气厂为推动合作项目融合创新，在合作紧密的生产、技术、安全三大业务实行"合二为一"。SCP的生产调度部门由净化厂搬迁至蟠龙采气厂办公大楼，双方技术人员一同深入一线踏勘布井，双方安全管理科室/部门实行合署办公，打通了三条主要业务的沟通运行渠道，为制度合作编制打好基础。

在制度讨论阶段，根据梳理出的立项制度，合作双方围绕制度编制四项规范中的要点，编写可能遇到的问题逐项开展讨论，将达成的共识、提出的问题记录下来，并安排好问题落实和制度编写的双方责任人，以及制度草案的完成时限，报制度建设办公室备案。

在制度编写阶段，先由蟠龙采气厂的编写责任人按照延长石油集团和油气勘探公司的制度体系搭建制度框架，随后与SCP方共同根据制度编制四项规范，完善编制依据、适用范围、组织职责、工作流程，双方编制人确定意见后，形成制度草案后提交制度建设小组/科室负责人审核。

在制度审核阶段，依照"制度建设小组/科室负责人审核—制度建设办公室初审—法务合法性审查—制度领导小组会签—厂长办公会（党委会）审定"顺序，逐级对制度草案进行审定。制度建设各级组织机构均由蟠龙采气厂和SCP人员共同构成，有效保障制度编制成果符合双方诉求，合约、合法、合规，服务双方管理工作实际。

五、实施效果

（一）内部管理更加规范

1.制度体系日渐完善

2020—2022年，蟠龙采气厂累计完成了64项合作项目管理制度的编写，涉及技术管理、生产管理、项目管理、安全管理、环保管理、职业健康管理、财务管理、行政管理8个类型（见表1），逐步形成了较为全面、规范的管理制度体系。在制度编写的基础上，各科室同步进行流程、标准以及科室职责说明书的编写，与制度体系形成联动，系统推进内部管理的规范化、有序化。

表1　蟠龙采气厂合作项目管理制度清单

制度类型	编号	制度名称
技术管理	1	采气作业质量技术考核管理办法
	2	建井考核办法
生产管理	3	生产调度管理制度
	4	生产碰头会会议制度
	5	生产计划管理办法
	6	生产统计管理办法
	7	物资管理办法
	8	废旧物资管理办法
	9	设备管理办法
	10	计量管理办法
	11	钻前工程管理办法
项目管理	12	地面集输工程质量管理办法
	13	基本建设项目管理办法
	14	基本建设项目进度及资金管理实施细则
	15	基本建设项目签证管理办法
	16	基本建设项目验收管理实施细则
	17	建设工程安全管理办法
	18	设计管理考核办法
安全管理	19	安全生产责任制
	20	安全生产目标管理制度
	21	安全生产风险分级管控制度
	22	安全生产工作会议制度
	23	安全投入保障制度
	24	隐患排查治理制度
	25	风险分析和预警管理制度
	26	事故管理办法
	27	危险作业许可管理制度
	28	应急管理制度
	29	安全设备及特种设备管理制度
	30	电气设备安全管理制度
	31	关键装置、重点部位安全管理规定
	32	有毒有害场所管理规定

（续表）

制度类型	编号	制度名称
安全管理	33	化学品（包括危险化学品）管理细则
	34	消防安全管理制度
	35	防火防爆安全管理制度
	36	防雷电灾害安全管理制度
	37	防汛管理制度
	38	交通安全管理办法
	39	建设项目"三同时"管理制度
	40	管道完整性管理办法
	41	天然气管道外部施工安全管理细则
	42	工作前安全分析管理办法
	43	安全目视化管理办法
	44	安全生产奖惩管理办法
	45	安全生产约谈及挂牌督办制度
	46	安全生产问责制度
	47	安全生产绩效管理办法
	48	安全生产变更管理制度
	49	主管领导安全生产联系点制度
	50	领导干部带班值班制度
	51	举报打击涉气违法犯罪活动奖励办法
	52	承包商安全管理制度
	53	外聘监理（公司）管理办法
环保管理	54	环境保护管理制度
	55	危险废物管理办法
	56	节约能源管理办法
	57	清洁文明井场管理办法
	58	天然气开采废弃物不落地考核办法
职业健康管理	59	职业健康管理制度
	60	安全教育培训管理制度
财务管理	61	财务结算管理制度
	62	经济活动分析制度
行政管理	63	办公楼零星维修管理办法
	64	合作项目档案管理办法

2.工作效率持续提升

在技术工作方面，对投产井实现了全面动静态分析，累计实施技术措施8800余井次，增产3.06亿立方米。水平井平均无阻流量达50.4万立方米/天，同比提高26万立方米。强化建井质量监督，现场关键工序监督检查覆盖率达100%。

在生产工作方面，实现4座井场27口井提前入网投产，累计贡献产量1.63亿立方米。利用CMMS（计算机维护管理系统）进行设备维护6885余次，压缩机非计划停机时间同比降低29.6%，非计划产量损失小于3%。气井利用率、完好率逐年提升，有效率维持高水平（见图1）。

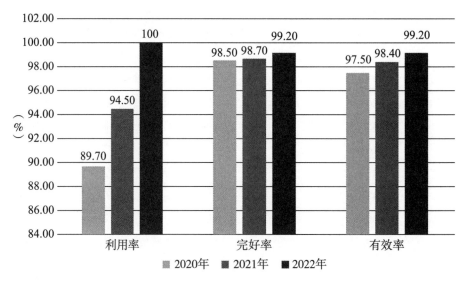

图1　2020—2022年蟠龙采气厂气井"三率"变化情况

3.融合程度逐步提高

双方通过制度合作编制，进一步推进合作双方生产、技术、安全三大业务"合二为一"，双方业务相关单位并肩协作，顺利完成厂站及作业现场标准化建设和安全生产标准化企业建设工作。同时，通过制度编写工作，梳理合同履约存在问题，利用项目共管和合同回顾等机制，推动各项问题解决，并围绕交气量、关键技术指标、安全环保及综合管理等指标，持续完善履约监督考核。

（二）产能效益稳步提升

1.气田产能稳步攀升

2020—2022年，蟠龙采气厂将天然气产量稳定在12亿—14亿立方米，同时逐年提高天然气交售量（见图2），有效履行陕西省内管网输气冬季保供及子长市民生用气的重要使命，并为延长石油集团"三年建成百亿方气田"贡献力量。

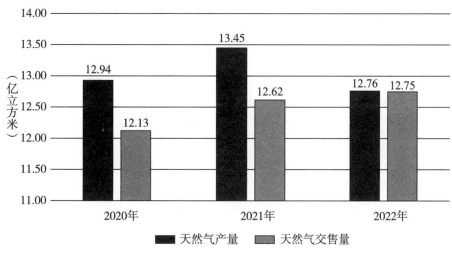

图2　2020—2022年蟠龙采气厂天然气产量、交售量

2.模拟利润持续增长

2020—2022年，蟠龙采气厂的模拟利润持续增长（见图3），2022年实现4.96亿元，创历年新高。

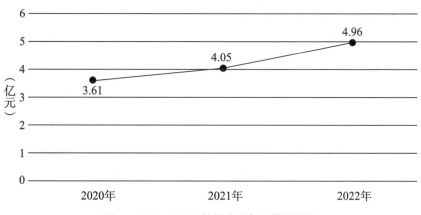

图3　2020—2022年蟠龙采气厂模拟利润

3.生产成本逐年压降

在天然气产量、模拟利润稳定增长的同时，蟠龙采气厂的生产成本实现了逐年压降（见图4），通过精细管理实现了提质增效。

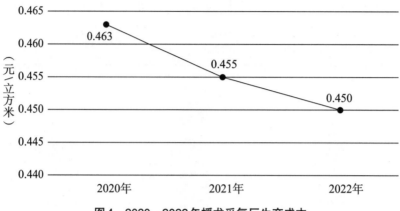

图4 2020—2022年蟠龙采气厂生产成本

（三）社会责任切实担当

1.安全环保精细可控

在安全工作方面，清晰界定安全责任，累计开展安全隐患排查688次，发现问题2182项，整改率达100%。2020—2022年实现安全生产零事故，累计举行应急演练504次，组织专项培训1848人次。1厂7站提前通过集团"双达标"验收，净化厂被评为集团"双达标"工作优秀单位。

在环保工作方面，有力督促合作方加强建井作业污染防治，提高钻井岩屑超上限违规成本，对外包队伍按照超出量给予经济处罚；不断规范危废管理，狠抓专项达标验收，对危废产生、储存、转移、处置等全过程进行监督并考核。开展绿色气田基础管理提升行动，积极申报油气勘探公司绿色工厂创建试点单位。

2.为员工成长提供平台

在制度编写过程中，持续为员工提供法律培训，并组织对标准进行解读；引导双方员工结对帮扶，师徒传帮带，累计组成20余组；为保障制度顺利落地，累计组织员工各类教育培训40次，承包商入场培训72次，各类专项培训28次，参加人员总计1800余人次；各类人员取证再教育124人次，员工专业能力不断提升。

主创人：靳 弘 武 刚
参创人：田阳阳 韩清雅 郝亚迪 王 强

财务转型下电网企业技术服务项目管理体系的构建与实施

国网山西省电力公司电力科学研究院

大数据时代，多变的市场环境和竞争日益激烈的经营局势给企业发展带来新的机遇和挑战，企业的资源配置方式需由规模扩张型向精益管理型转变，传统财务管理模式将被颠覆，财务工作面临数字化转型挑战。顺应形势，提升财务价值创造能力、资源配置调控能力、管理决策支撑能力和经营风险防控能力，实现经营业务提质增效的目标，显得尤为重要。

本项目聚焦国网山西省电力公司电力科学研究院（以下简称"国网山西电科院"）技术服务项目管理，以提质增效为目标，围绕质量和效率提升，融入精益管理理念，分析项目管理现状，找到短板和弱项，构建投入产出效益评价指标，并运用"矩阵式"财务决策体系进行分析；通过技术手段开展数据治理，建立组织架构，完善评价机制，打造"全周期可视化＋业财一体化"的项目管理平台。以数据运营赋能财务管理，充分发挥会计的管理职能，实现财务会计向管理会计转型、事后核算向全流程参与转型、被动核算向主动管控转型，整合人、财、物资源以实现增值，突出业财融合的积极作用，以满足财务角色重塑后对复合型人才的需要，从根本上实现降本节支、提质增效，助力企业实现战略目标和价值创造。

一、实施背景

（一）实现提质增效的必然要求

2020年以来，受新冠疫情影响，出现了经济全球化逆流、国内经济增速放缓、经济结构调整、增长动力转变等发展趋势并已成为新常态，为积极应对复杂严峻的经济形势，国家电网有限公司把大力实施提质增效作为一项重点专项工作，而提质增效离不开财务价值创造。企业的生产、营销等一系列行为都以财务价值为引领，企业的财务价值能够最大限度地使经营业务实现提质增效，因而通过财务管理创新、管理转型实现提质增效，是企业转型发展提高竞争力的有效途径。国网山西电科院作为技术支撑单位，以技术服务促进提质增效是单位经营业绩的直接体现，而这也对其财务管理提出了更高的要求。

（二）提高市场竞争力的必然选择

电力市场化改革后，随着发电侧、配电侧受行政管控的削弱以及售电侧的放开，竞争环境变得更加复杂。各电力企业在市场化竞争中自身实力的提升、国外先进电力研究机构的引入、非公电力企业的发展，都将在一定程度上逐步减少电力相关行业对电力科研院所的技术依赖。在市场化竞争下，电力科研院所无疑将面临前所未有的压力，如何最大化地实现自身价值成为各个电力企业最为关注的焦点。

纵观行业发展现状，在技术服务与技术监督方面，发电侧的企业凭借自身资源和实力很容易组建附属科研机构，原电力技术部门增加了对外业务，电力设计院所等单位将经营范围拓展到电力技术领域，私人电力研究机构进入市场的壁垒逐步打破，电力设备制造商也在逐步改善售后服务，这些都大大增加了电力技术服务市场的竞争者数量，导致了激烈的竞争，电力科研院所的主营业务受到较大的冲击。企业若要在残酷的市场竞争中取得发展，就必须对陈旧的财务管理理念进行创新，构建符合企业实际情况，可以支撑企业长远发展的创新管理体系。

（三）推动财务转型发展的迫切需要

财务管理是企业管理的中心环节，是决胜企业全面可持续发展、实现高质量发展的重要支撑。目前财务部门的工作内容仅停留在核算层面，管理决策能力相对较弱，其工作指向多为过去，而非立足当下，对于面向未来的决策相对匮乏。然而，财务管控、财务职能职责分工、业财融合等问题严重影响财务管理为企业可持续发展提供支撑。在大数据时代背景下，企业所处的环境充满了不确定性，"大智移云物区"对财务基础工作的影响也越来越大，财务管理必须适应新时代新要求，加快变革、主动转型，加快形成与现代企业管理相适应的财务管理体系，助力质量变革、效率变革和动力变革，推动财务人员由传统"操作型"向"管理型"转变，从"账房先生"向"经营参与者"和"决策支持者"转变。

（四）促进业财融合的重要举措

随着信息时代的到来，企业的信息驾驭能力越来越重要，企业现行财务管理模式中的问题逐渐凸显，如财务部门、业务部门等职能机构间的协作性较差，企业的财务与业务信息传递不及时，部门间的交流多以费用报销为主，财务部门对业务活动了解较少，财务人员对业务部门工作的参与度较低。面对当前急剧膨胀的业务信息，存在财务工作与业务活动相互割裂的管理瓶颈，仅凭传统财务核算、分析方法无法有效落实管理目标，业财融合程度尚无法满足企业财务管理需要，在一定程度上制约了企业的健康发展。在这一背景下，实施业财融合，加强财务共享中心的建设，推动财务信息与业务信息的实时交流和统一管理，不仅能打破信息孤岛的壁垒，避免数据失真，同时能提高业务端、财务端协作有效性，明晰业务活动实况及企业运营状态，为企业管理决策提供有用的数据信息，保证企业财务决策的科学性。

二、内涵及主要做法

（一）内涵

没有项目管理，团队就像没有舵的船。项目管理本身就是一门"平衡"的艺术，项目管理者既要懂技术、工艺、流程，又要懂经营、会算账，做好项目管理是持续发展过程中的一个重要课题。国网山西电科院基于财务转型发展理念，遵循适应性、实用性和可衡量原则，以提质增效为目标，围绕质量和效率变革，融入精益管理理念，分析项目管理现状，找到短板，运用技术手段，整合数据，通过建立组织架构，完善评价机制，打造"全周期可视化＋业财一体化"的项目管理平台，从而实现资源的优化配置，构建财务转型背景下的技术服务项目管理体系（见图1），助力公司高质量发展。

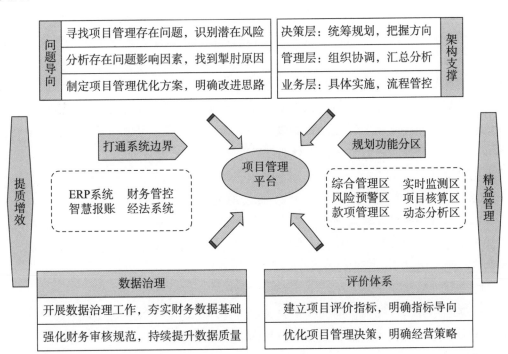

图1　技术服务项目管理体系

（二）主要做法

1.进行问题分析，确保管理体系构建有的放矢

（1）寻找项目管理中存在的问题，识别潜在风险

国网山西电科院作为技术支撑单位，存在一项特有的市场化业务，即为发电企业提供基建调试、技术监督和试验检测等技术服务工作，确保电力系统的安全稳定运行。当前，综观国网山西电科院技术服务管理现状，可以发现，其管理模式较为落后，管理模式与技术服务项目管理特点不适应。通过对项目各阶段的业务流程进行全面梳理，对流程中的专业管理方法进行剖析，运用精益管理工作方法，如精益改善地图、价值流分析、检查表等方法，总结出以下三个问题：

一是项目管理基础薄弱。主要体现在组织结构、岗位职责、人员配备等方面。国网山西电科院在项目管理过程中存在项目管理流程不健全、不清晰，没有相对成熟的项目管理体系，项目管理基本靠少数人的意志去运作，大部分员工对项目管理认识不足，缺乏既懂业务又懂管理的复合人才；沟通机制不健全，信息传递不到位，项目管理层的触角得不到有效延伸，管理者的要求得不到有效落实等问题。

二是项目管理流于形式。国网山西电科院项目管理工作只从项目本身考虑盈利性和技术资源的可行性，没有站在企业整体高度，尚未考虑项目本身对已进行项目及计划执行项目的影响，"重业务、轻管理，重形式、轻实质"的现象普遍存在，这就造成项目资源配置不合理，经常出现资源不足和浪费情况的发生，使组织失去活力，管理失去意义。

三是项目管理较为粗放。现有财务管理系统无法满足电力科研院所技术服务项目管理特殊需求，进行统计分析时仍然依靠手工台账，数据处理方式滞后，应用项目管理信息化技术水平不高，导致项目管理工作量大、效率低，可操作性差，大大降低了数据之间的关联度和利用率，无法对项目进度、费用进行综合控制，风险识别速度慢，管理层决策难。

（2）分析存在问题的影响因素，找到掣肘原因

以技术服务项目管理全流程为基础，运用头脑风暴、现场观察、专家访谈等方法，收集技术服务项目管理过程中产生问题的原因，对语言、文字资料进行归纳整理，并绘制亲和图（KJ法）（见图2）。

（3）制订项目管理优化方案，明确改进思路

依据上述分析可知，目前的技术服务项目管理模式会导致计划控制不得力、需求分析不明确、人力物资调配不及时、组织内部不理顺等各种问题，针对这些问题，提出改进措施（见表1）。

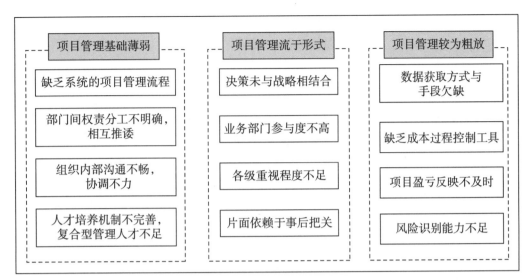

图2　项目管理原因分析亲和图

表1　技术服务项目管理问题改进措施

问题	改进措施
项目管理基础薄弱	建立技术服务项目三级管理体系，明确职责分工，规范管理流程； 培养"业务＋财务""财务＋战略"的复合型人才
项目管理流于形式	建立多维度项目评价指标； 构建"矩阵式"评价体系，科学精准决策
项目管理较为粗放	进行数据治理，提升数据质量； 开发技术服务项目管理平台

2.建立组织架构，推动项目管理工作有序开展

建立决策层、管理层、业务层三级管理体系（见图3），明确各层级管理职责，形成以项目管理小组为主、多部门协同的项目管理工作模式和以技术服务项目成本、收入管理的各项基本制度为基础的流程化工作体系。决策层为技术服务项目管理小组，组长为财务分管领导，副组长为财务资产部负责人，成员为各部门、各中心负责人；管理层由财务资产部、发展安监部、办公室相关专责组成；业务层由电网技术中心、设备状态评价中心和电源技术中心项目负责人组成。

其中，决策层对项目整体进行统筹规划，围绕提质增效目标和项目资源消耗、投入产出及"两金"压降情况，定期召开项目获利性分析会议、盈利风险对策会议以及经济活动分析会。管理层负责把控项目整体进展，汇总分析各类技术服务项目成本和获利水平，组织和协调项目预算编制、服务定价、采购定价、项目盈利能力的持续改善、盈利风险的识别和控制、项目回款等工作，以群体协作充分发挥各部门的专业优势。办公室负责技术服务项目合同的签订及汇总整理，识别合同风险，落实合同管理

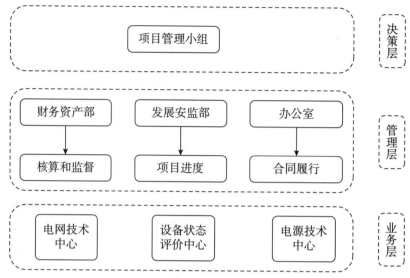

图3　技术服务项目三级管理体系

职责；发展安监部负责下达生产计划，掌控项目完成情况，落实项目质量管理职责；财务资产部负责项目核算及分析工作，匹配项目收支，完成其他业务利润指标考核，落实财务管理职责。业务层作为项目管理具体实施部门，其项目负责人对各自经办项目全流程管控，定期汇报项目进度，及时进行开票结算、费用入账及往来款项催收工作，分析项目实际成本与预算的差异、项目预计工期与实际进度的差异，并按月将分析结果递交管理层。

3. 开展数据治理，夯实项目管理体系数据基础

（1）开展数据治理工作，夯实财务数据基础

针对技术服务项目数量众多、类型差异大、历史数据不规范等特点，开展财务数据治理工作，全面梳理技术服务项目业务类型，重点对现有系统中"子编号"缺失项目合同相关经办部门进行数据核对。按照类型将技术服务项目划分为基建调试项目、技术监督项目、试验服务项目三大类。以国网山西电科院2018—2020年已结算的技术服务合同项目为基础，共梳理出627个技术服务合同项目，其中基建调试项目6个、技术监督项目20个、试验服务项目601个。2018—2020年技术服务合同项目收支情况见图4。

（2）强化财务审核规范，持续提升数据质量

为持续提升财务数据归集的准确性，财务资产部以"四统一"为主要抓手，强化财务审核，实现质效双提升。一是统一报销规范，明确各类费用审核要点并严格执行。二是统一审核流程，明确各类费用归口管理部门，由部门专责进行归口审核。其中，办公费、运输费、会议费等由办公室归口管理，材料费由发展安监部归口管理，差旅费由财务资产部归口管理，分包及其他费用由各中心归口管理。三是统一附件规范，

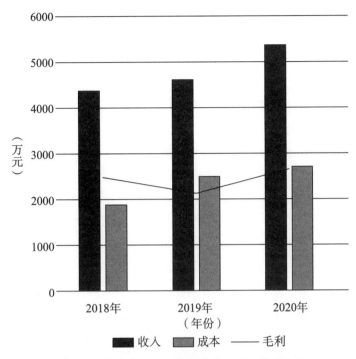

图4 2018—2020年技术服务合同项目收支情况

按照国网通用财务制度及原始凭证电子化管理要求，规范附件内容及格式，下发标准附件模板，确保附件的完整性。四是统一电子化平台操作权限。办公室负责维护合同信息，发展安监部负责维护生产计划，财务资产部负责维护项目收支、回款情况，业务部门负责维护项目进展及报告交付情况，实现项目流程一体化管理。

4.搭建技术平台，支撑项目管理向精益化转型

（1）打通系统边界，实现数据融会贯通

技术服务项目管理平台基于ERP、财务管控、智慧报账和经济法律四大系统，围绕"风险可预警""数据可透视""进度可跟踪""成本可控制""指标可对比""结果可反馈"六大要素展开，通过联通业务数据和财务数据，建立业财统一标准入口和数据库，丰富数据来源，整合业务类型、成本中心等不同维度的数据，改变目前项目管理数据提取困难、相互割裂的现状，实现数据治理和运营、信息存储和共享，为项目精益化管理奠定基础。利用ERP和财务管控、智慧报账的财务核算数据，将所有项目收入及回款情况同步至销售及应收管理模块，所有项目成本数据同步至采购及应付管理模块；利用经法系统同步合同数据，实现项目名称、合同编号、客户、供应商、交易金额、支付计划等基础信息自动填充，提高业财协同效率，连接信息孤岛，实现数据融会贯通。

（2）规划功能分区，实现项目全面管理

项目管理平台以智能化为核心，基于项目全流程数据信息，打造综合管理、实时监测、风险预警、项目核算、款项管理、动态分析六大分区，实现多项目信息的集中管理，便于数据检索、统计、分析和"一键导出"，打通业务与财务壁垒，建造业务与财务部门之间的沟通桥梁，为使用者提供完整、准确、高效的数据获取和加工方式，满足生产和经营的信息需求。

综合管理区：集中展示项目总体概况，建立项目管理基础数据库，将项目数据信息规范为统一格式，分为项目基本信息、合同信息和财务信息。使用者可按"项目编号"标识，快速查找、筛选项目数据，也可按日期、项目类型、成本中心、项目负责人等多个维度，对技术服务项目的财务数据进行检索、统计、汇总和导出。完善的项目信息查询和获取功能，便于财务和业务部门全面、直观地了解项目的整体进度，改变现有系统项目数据检索难、缺乏过程数据等现状，全面提升数据的精细度和准确性。

实时监测区：在项目管理平台设置项目"计划、启动、执行、交付和完工"五大过程组，对项目实时信息进行全过程跟踪监测，在项目全寿命周期各重要节点，由项目负责人更新项目进度信息，实现业务与财务信息的双向流动，贯通业财交流链路，确保财务部门能及时准确地掌握项目进度，业务部门能随时了解项目盈亏情况，把控项目整体健康状况。

风险预警区：按风险导向，设立监控规则，建立事前、事中和事后三道防线，实现风险在线预警。一是事前合规管控，将省公司下达的其他业务利润指标，分别导入收入预算、成本预算，并按成本中心、项目进行预算分解并嵌入系统；二是事中预警监控，根据项目进度、资金收付计划，设计涵盖（异常时间）延期结算、未按合同约定结算、成本超预算、累计支出超过累计收入、逾期账款未收回等的"红绿灯"监控规则，建立在线预警拦截，红灯拦截退回，黄灯拦截预警机制；三是事后监督检查，部署项目全寿命周期调控数据，设立指标波动模型、权责收入和销售现金流对比模型、项目收入与支出对比模型，对财务关键指标进行事后监督，多管齐下，打造覆盖全级次的"千里眼"。

项目核算区：包括预算管理和财务记账体系两个功能。预算管理包括成本预算控制和利润预算控制，按照下达预算计算项目预算执行偏差，便于管理层分析偏差原因、潜在问题和风险，并制订下一步工作计划，做到资源、成本信息共享，并以此统计和分析项目成本和项目预决算情况，查询和监控项目资金去向和项目款项结算情况，进而达到有效控制项目成本的目的。财务记账功能是指结合财务系统的财务数据，按时间、项目类型、成本中心多维度统计其他业务收入、其他业务支出、应收账款、合同负债、应交税费等会计科目，综合反映项目财务记账情况。通过财务数据的集中展示，将财务价值管理延伸至业务前端、基层一线，使项目负责人及时掌握项目的财务状况和经营成果。

往来款项管理区：技术服务项目涉及多个部门与专业，客户多为发电企业，在往来款项催收过程中，受对方经济效益和资金状况等因素影响，账款回收存在不确定性，风险较大。通过划分账龄标识往来款项回收风险，分类管理应收账款，定期组织业务经办部门进行往来款项核对，落实催收责任，对即将到期的应收账款及时提醒客户履约付款，对逾期的应收账款进行催收或限期收回，降低坏账风险。

动态分析区：通过柱状图、折线图、饼状图等可视化元素，对项目进展情况和财务关键指标进行分析，直观体现项目盈亏，结合历史走势，实现项目由静态核算到动态监控与分析的转变。利用项目预算执行率、盈亏平衡点、投资回报率、成本构成、账款回收期等多项财务指标，形成较为完整的项目综合效益分析报告，为经营者、管理层提供较为科学的决策支撑。

5.完善评价机制，促进项目管理体系长效运行

（1）建立项目评价指标，明确指标导向

建立内外部评价指标体系，对内明确投入产出效益评价指标，探索财务数据价值，对外构建"矩阵式"指标体系，探索财务会计向管理会计转型路径。

一是建立项目投入产出效益评价指标（见表2）。对内聚焦剖析利润及现金流形成过程，从项目数量、项目收入、项目成本、项目利润、现金流和效益综合评价6个维度，找出掣肘未来发展的风险点，引导管理层上下把资源聚焦到创造价值、增加价值的项目类型上，持续优化技术服务项目管理模式。该评价指标体现了价值衡量、可持续发展、业务和财务指标深度融合的树形结构，客观反映了技术服务项目当前经营业绩的优劣。指标评价结果每月动态更新，实时反映运营过程中存在的短板和不足，便于管理层精准定位问题，及时调整策略，结合其他业务利润关键业绩指标，综合使用比较分析法、比率分析法、趋势分析法、因素分析法等方法比较不同部门、不同时期的发展状况，分析未来发展的趋势并进行风险预警，为管理层科学决策提供准确、丰富、快捷的参考。

表2　投入产出效益评价指标

环节	维度	指标及评价		
		基建调试	技术监督	试验服务
计划	项目数量	数量占比及变动趋势		
销售至收款	项目收入	完工百分比及与开票进度对比		
		应收账款周转率及变动和敏感性因素		
	现金流	"两金"压降率及变动		
采购至付款	项目成本	实际成本与标准成本、预算差异率及变动		
		成本结构占比及变动		
监控	项目利润	盈亏平衡点及敏感性因素 提高对市场的洞察力		
		销售毛利率及变动		
完工	效益综合评价	投资回报率及优选		
		学习和成长效益（持续提高员工技能水平、持续完善业务流程和制度）、社会效益等		

二是构建"矩阵式"评价指标体系（见表3）。基于通用矩阵管理理论构建"矩阵式"评价指标体系，以行业吸引力和公司竞争地位两大维度为核心，矩阵纵轴反映行业吸引力，横轴反映公司竞争地位。为行业吸引力设置市场增长率、获利能力、竞争结构和技术及社会政治因素四个具体指标，为公司竞争地位设置市场占有率、技术能力和人员设备能力三个具体指标，并为这七个指标设置权重，通过加权计算，得出不同项目在矩阵上的位置区域，对各技术服务项目的行业吸引力和公司实力进行综合评价。

表3 "矩阵式"评价指标体系及权重

维度	具体指标	权重（%）
行业吸引力	市场增长率	30
	获利能力	30
	竞争结构	20
	技术及社会政治因素	20
公司竞争地位	市场占有率	50
	技术能力	30
	人员设备能力	20

（2）优化项目管理决策，明确经营策略

一是按照项目投入产出效益评价指标对技术服务项目的内部价值贡献进行评价。对于经济效益为正的项目可以接受，对于经济效益为负的项目可以考虑完成此项目的必要性：若该项目是为履行社会责任、完成政府要求而进行，或对公司发展、人才培养具有重要意义的，即便经济效益为负也应进行，对此类项目可以进一步分析影响其经济效益的因素，寻找尽可能减少损失的方案；对于不重要的负经济效益项目可以直接淘汰。

通过可量化的财务指标，分析国网山西电科院2018—2020年技术服务项目经营情况（见表4），横向对比项目之间的投入产出比和项目贡献度。投入产出比体现项目创造效益的效率，项目贡献度体现项目创造利润的规模，将二者综合能够全面衡量项目创造效益情况。

由表4、图5数据可知，试验服务项目数量占比最多，投入产出比最高，项目贡献度最大，创造经济效益能力最强；技术监督项目盈利能力次之；基建调试项目盈利能力最弱。为此，在管理过程中需要分类分析，分别制订发展方案："高投入产出比＋高项目贡献度"的试验服务项目是企业发展的主力，对此类项目应重点管理，使其在保持稳定创造价值的同时逐步提升价值创造率；"低投入产出比＋高项目贡献度"的技术监督项目，在管理时应侧重降低成本，提高利润率；"低投入产出比+低项目贡献度"的基建调试项目，可能造成资源的占用和浪费，应综合分析此类项目利润率低、贡献度差的成因，对难以优化的项目及时淘汰。

表4　2018—2020年技术服务项目经营情况　　　　　　单位：万元

项目类型	项目数量	收入	成本	利润	销售毛利率	投资回报率
基建调试	6	5910.80	5183.65	727.15	12.30%	14.03%
技术监督	20	2713.65	1217.72	1495.93	55.13%	122.85%
试验服务	601	5725.00	694.38	5030.62	87.87%	724.48%

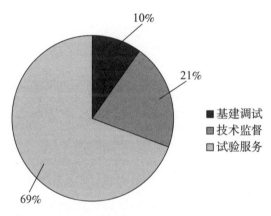

图5　2018—2020年技术服务项目利润贡献占比

　　二是通过剖析各类项目在矩阵上的区域位置，运用加权评分方法分别对基建调试项目、技术监督项目、试验服务项目的行业吸引力和公司竞争地位进行评价，形成包含九个组合方格和三个投资区域的"矩阵式"评价指标体系（见图6），按加权平均结果选择相应战略：高位优先发展，中位谨慎发展，低位撤退转移。通过"矩阵式"指标评价体系，找出掣肘发展的风险点，引导管理层上下把资源聚集到创造价值、增加价值的项目上。

　　从项目分布区域来看，试验服务项目位于矩阵左上方，占据行业吸引力和公司竞争地位的高位，性价比最高。试验服务项目包括AGC（自动发电控制）/AVC（自动电压控制）测试试验、场站功率调节能力测试分析、电能质量测试分析、动态无功补偿装置性能测试分析、压力容器定检等业务，服务对象多为风电厂、光伏电厂等新能源发电企业，服务周期较短、试验内容相对独立，人员、设备投入成本低。近年来，清洁能源发电装机容量占比快速增长，国网山西电科院拥有核心技术，市场占有率具有绝对优势，建议大力发展试验服务项目，适当加大资源倾斜力度，增加价值占比，巩固市场竞争地位，持续创造利润。

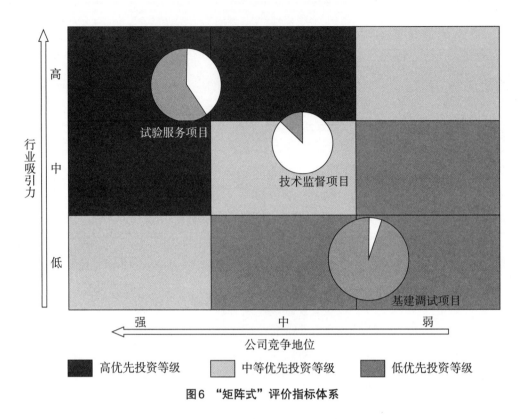

图6 "矩阵式"评价指标体系

技术监督项目位于矩阵中部，行业吸引力和公司竞争地位居中，处于中等优先投资等级。技术监督项目是对电力系统内部的发供电设备及其运行状况从继电保护、电能质量、电测仪表、热工、节能、振动等方面进行监督、检查和调整，保障电力系统安全稳定运行。从行业吸引力方面来看，传统发电企业经营压力较大，导致技术监督需求缩减，市场增长暂时停滞，新能源发电企业仍处在高速发展的扩张期，未形成广泛的市场监督需求；从公司竞争地位来看，发电企业、科研机构、电力设计院等单位将经营范围拓展到电力技术领域，技术监督市场的参与者数量增加，竞争加剧，市场占有率有所下降。但技术监督市场仍有较大增长空间，鉴于国网山西电科院具有专业、技术、资质、人员等多方面的优势，建议将其业务进一步细分，并优先分配人才、技术、设备等所需资源，支持项目继续发展，积极扩大经济规模和市场，以长远利益为目标，提高市场占有率，提高竞争地位。

基建调试项目位于矩阵右下方，行业吸引力和公司竞争地位处在低位。基建调试项目作为火电厂基建项目启动关键程序，是对设计、制造、安装质量的全面检验，业务流程可划分为单体调试、分系统调试、整套调试、带负荷调试、涉网试验、168小时试运行，开展调试工作需要跨部门配合，专业性强、技术含量高，受试验环境、项目地理位置、调试周期、人员投入、设备状态等因素影响，短期内无法为企业创造价值。国网山西电科院拥有"双特级"资质认证，在基建调试市场尚能维持一定市场占有率，但由于能源低碳转型战略的实施，火电机组调试业务需求显著降低，呈现"负增长"态势。在发展策略上，建议将小容量机组调试业务的人力、设备、资金投资尽量压缩，优化资金、资源配置，降本增效；鼓励将技术成熟调试进一步向具有核心技术的大容量、高参数机组调试转移，打造一支发电与供电技术兼备的人才队伍，实现人力资源高效配置，不断提高行业领先地位。

三、实施效果

财务转型是在市场经济不断发展的背景下企业对财务工作的必然要求，是一种有效的财务工作优化措施。在财务转型过程中，通过信息化技术为企业提供支撑，在传统财务会计基础上引入全面的数据处理、分析，为企业经营决策提供更加全面的信息依据，提升企业财务数据分析水平，使企业在日益激烈的市场竞争中占据主动，提升核心竞争力。对于国网山西电科院来说，以技术服务项目为研究案例，能够明确财务转型发展方向，从战略方向上关注经营指标，增强经营意识；以提质增效为导向管理不同类型的服务项目，根据财务经营数据判断项目结果；突出管理会计视野，从专业角度为决策赋能。财务转型发展，不仅为国网山西电科院财务管理带来转变，还为企业经营战略、经营定位、经营监控和经营调整打开了一个新的管控局面，取得了显著成效。

（一）提高经济效益

自开展技术服务项目管理创新实践以来，国网山西电科院积极响应省公司工作部署，助力打造提质增效"升级版"，关键业绩指标取得明显进步。2022年，"其他业务利润"达到2651.28万元，同比增长24.79%，节约成本375.26万元，提质增效成果显著。同时，项目管理平台定期发送催收提醒，督促项目负责人及时清理长期挂账的往来款项，"两金"压降取得明显成效，账龄在"五年以上"的系统外应收账款全部清理完毕，顺利完成关键业绩考核指标任务。

（二）提升管理效能

财务转型以价值创造为主线，充分发挥财务管理在企业管理中的中心作用和对企业经营决策的支撑作用，推进财务工作由"核算型"向"管理型"转变，财务重心由财务会计向管理会计转变，财务人员由价值守护者向价值引领者转变，逐步提升财务人员决策支持能力、价值引领能力、风险管控能力和财务监控能力。

1.应用项目管理平台，提升精益管理水平

国网山西电科院应用技术服务项目管理平台以来，将许多烦琐的线下工作搬到线上来处理，对技术服务项目进度能够合理安排并且进行统一规划，从项目前期经营定

位的研判、预算的制定，中期动态成本的管控，到项目后期的评价分析等工作，建立了良好的全生命周期动态管理机制。项目管理平台以数据的信息化实现精细化管理，以流程管控的信息化实现规范的业务处理，以辅助决策的信息化改善组织运营，最终提高项目管理效率。该平台以价值发现作为技术服务项目价值链起点，从价值增值角度出发，在追求技术领先的同时考虑客户需求，在人员、设备投入的同时保证资金的合理使用；在价值获取环节，技术服务项目现场施工作业对原材料、设备等资源的消耗较大，通过建立预算成本和实际成本相匹配的全过程成本核算体系，克服现存的一次完成、最终算账的静态管理弊端，将项目预算与项目进度计划执行情况纳入实时的管理轨道，进一步增加成本核算的精确度，结合成本动因分析，加强对成本全过程的监控；到了价值实现环节，则主要表现为收入的确认，重点考量销售利润率及"两金"压降比率，对不同项目进行成本效益对比分析，利用分析结果，确定企业在市场竞争中的地位，明确不同项目的资源配置差异，进而为企业创造出更多新生的价值。

2. 形成工作合力，促进业财融合

财务是服务于业务发展的，财务转型发展需要基于业财融合，回归本源。财务端透过财会信息读懂业务活动的本质追求，在统筹业务活动信息前提下制订更优管理方案；业务端在财务管理帮助下规避风险并增加收益，共同推动企业发展。业财融合真正实现了为业务发展与管理决策提供有财务价值的洞察力和数据分析。通过技术服务项目管理体系构建，积极推进项目信息化、智能化建设，运用"互联网思维""大数据思维"深入开展项目数据挖掘与分析，聚焦特高压关键设备、关键组部件和关键环节的质量控制，把信息网络作为项目信息交换的载体，大大加快技术服务项目信息交流速度，打破业务与财务的信息孤岛，推动财务管理和业务运营一体化发展。

3. 形成预警机制，提高风险应对能力

项目管理平台嵌入内部控制的关键点，排查识别项目管理风险点，实现了风险的在线预警，多维度智能预警机制协助企业精细化管理工作变被动为主动，将风险控制于未然。利用完善的数据库管理系统，在设备安装及调试阶段发现整改问题88项，充分发挥各部门协同监督作用，提升了特高压工程质量安全和技术监督成效，保障了项目运作安全。

4. 突出管理会计职能，助推财务人员转型升级

管理会计职能对于价值创造的重要作用日益受到众多企业管理者的重视。国网山西电科院以管理创新项目为契机，通过对财务数据信息的再处理，从数据中探索规律、发现价值、预测未来，突出管理会计职能，使业务活动内容由结果向过程扩展、由财务向业务扩展、由过去向未来扩展、由事后向事前扩展、由滞后向实时扩展，改变传

统"金字塔式"的职能构成,创造财务职能新趋势(见图7)。在新趋势下,财务组织更多地参与到企业经营活动和决策中,促成财务人员向管理会计转型,真正成为企业决策支持者。

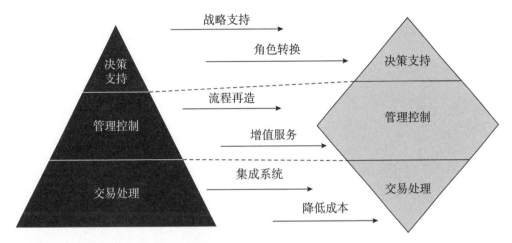

图7 财务职能变革趋势

主创人:夏燕慧 龚 曼

参创人:李晓倩 郭 婷 张紫薇 齐文婧

轨道车辆油压减振器分解检修新工艺研发应用

广州广海轨道交通减振设备有限责任公司

油压减振器分解检修是轨道交通车辆油压减振器检修的最高修程，油压减振器分解检修新工艺研究与设计是为满足广州广海轨道交通减振设备有限责任公司（以下简称"广海公司"）在全面承揽中国铁路广州局集团有限公司（以下简称"广州铁路局"）管内乃至华南地区动车组、客车及机车油压减振器分解检修业务需求，开展的多品种、集成化、流水化作业新工艺研发与设计工作。该项目切实贯彻中国国家铁路集团有限公司（以下简称"国铁集团"）、广州铁路局对轨道交通机车车辆用油压减振器实行属地专业化集中分解检修的相关要求，打破油压减振器分解检修行业技术的壁垒，具有独创性、先进性特点和自动化、信息化及智能化优点，处于国铁集团内轨道交通机车车辆油压减振器分解检修项目工艺总体设计研发一流水平。

一、项目研发背景

2018年，广州铁道车辆有限公司（以下简称"车辆公司"）按照广州铁路局的战略发展部署，新成立广海公司，负责全面自主开展轨道交通装备动车组、机车和客车油压减振器分解检修业务。

油压减振器是轨道交通装备上被纳入国铁集团重要零部件维修资质管理范围的重要零部件。分解检修是油压减振器检修的最高修程，技术含量高、专业性极强。需分解检修的油压减振器绝大部分是外国品牌，结构设计各具特色，检修工艺不尽相同。打造全路一流的华南片区油压减振器检修基地，研发与设计具备独创性、先进性、智能化、自动化的油压减振器兼容检修新工艺并能够有效运用成为重中之重。

二、项目研发需求分析

（一）产品检修技术分析

油压减振器分解检修项目需集中开展分解检修的主要有CRH1A平台、CRH2A平台、CRH380A平台、CRH3C/380B平台、CRH6A平台、CR400AF平台动车组油压减振器，以及客车和机车装用的油压减振器，共计7个系列（品牌）359种型号。其中，CRH1A平台动车组有2个系列（品牌）7种型号、CRH2A平台动车组有2个系列（品牌）9种型号、CRH380A平台动车组有2个系列（品牌）9种型号、CRH3C/380B平台动车组有3个系列（品牌）22种型号、CRH6A平台有2个系列（品牌）5个型号、CR400AF平台有2个系列（品牌）8个型号、客车有4个系列（品牌）90种型号、机车有8个系列（品牌）209种型号。

（二）产品检修工艺分析

不同系列（品牌）、不同型号的油压减振器设计结构不尽相同，检修工艺千差万别，特别是DISPEN、SACHS系列油压减振器分解检修过程中活塞、底阀调试工艺难度较大；日系油压减振器与欧系油压减振器检修工艺差异较大，共线兼容检修存在较大难度。

（三）产品检修作业方式分析

目前从事轨道车辆油压减振器检修工作的企业一般采用小批量单元作业方式进行生产，检修的品种也比较单一，或专注客车产品或专注机车产品，动车组的油压减振器分解检修大部分返回原厂检修。

（四）产品检修设备、工装分析

检修所需的设备、工装由于专业性较强，基本上只能是自己设计制造或委托相关专业企业定制，产品良莠不齐，性能较难保证。

（五）产品检修场地设施条件分析

油压减振器分解检修技术标准对油压减振器分解检修产品在组装及试验阶段作业场地的温湿度有明确的标准要求，必须严格确保。否则，可能对分解检修完工产品的性能和质量造成不良影响。

（六）产品检修业务需求分析

随着动车组高级修及机车C5、C6修高峰的到来，预测广州铁路局管内轨道车辆和机车油压减振器分解检修业务量将从2020年开始爆发并呈逐年上升趋势，年检修需求达4万支以上。

该项目要求将广州铁路局管内动车组、客车及机车装用的全部系列、各种型号油压减振器分解检修工作全部规划在一个检修区域内集中完成，难度极大，国内尚无可借鉴先例。

因此，只有在全面、细致地对各种型号油压减振器分解检修工艺进行深入研究分析的基础上，区分差异，找出共性，合理优化组合，以全新的理念开展油压减振器集成式分解检修新工艺研究，妥善解决不同系列（品牌）、多个型号油压减振器共线检修的工艺难题，才有可能达成项目提出的目标要求。

三、油压减振器分解检修新工艺、新技术、新装备研发

（一）新工艺研究

1.集成化分解检修工艺研究

一方面，对动车组5个系列（品牌）60种型号、客车4个系列（品牌）90种型号以及机车4个系列（品牌）88种型号油压减振器的200多份分解检修工艺进行综合技术分析，筛选出相似检修工艺环节，通过合理分区、优化组合方式进行集成化工艺流程设计；另一方面，须充分考虑检修产品多种来料模式的实际生产需求，按照检修工艺、生产节拍合理配置各工作区域场地和工序工位、搭配工装设备，在切实满足生产柔性化需求的同时尽可能提高生产效率。

2.全流程跨区域流水式工艺研究

考虑到检修产品数量较多，个别品种尺寸较长、重量较大，如果采用其他油压减振器分解检修厂家普遍采用的独立工位、单元作业模式，存在物料传递工作量大、生产效率较低等问题。

因此，广海公司通过学习借鉴国内外先进制造企业经验，为油压减振器分解检修流程研发设计了全过程流水式生产模式，同时对检修流程各工作区域内部工艺进行充分细化，采用多种工艺布局方式合理安排，尽可能减少由不同系列油压减振器分解检修工艺不尽相同造成的环节上的交叉及往复作业。特别是从三次分解工序至组装工序，中间覆盖零部件检查工序、零部件精洗工序，研究设计了一套跨越多个作业区域的自动控制输送线，用于将检修过程的油压减振器检修配件按生产工序依次输送，各工位作业人员可根据任务需求轻松完成上下线操作，最大限度降低检修配件人工传递的工作量和对生产效率的影响。

3.检修物料存储及配送工艺研究

由于不同车型油压减振器系列（品牌）、型号较多，不同型号产品有时差异较大，特别是必换件、偶换件品种众多、数量庞大，需要在检修工艺设计中研究对策，切实解决待修品接收发放管理、检修流程中配件管理、更换配件存储及配送管理和完工合格品入库、发放管理过程中难以避免的差错问题。一方面，考虑在检修信息大数据管理系统中研究设计相应管理模块，对以上各方面的物料控制管理采用芯片加二维码的

全流程信息大数据集中管理模式，既可提高工作效率，又可避免出现错误，还可对有存放期限管理要求的库存配件做到先进先出、有效管理；另一方面，油压减振器完工合格品的存放采用全自动立体智能存放库方式，彻底取代传统的货架摆放和人工存取管理模式，有效实现了场地空间利用最大化及合格品存取管理自动化和智能化。此外，研究设计了检修过程物料配送管理信息系统。该系统根据各工序采集的数据自动生成各个检修过程中的油压减振器必换件清单和偶换件任务清单，按量份制配送到相应工位，有效实现了油压减振器检修过程必换件、偶换件的快速精准配送。

4.污染工序合规处置工艺研究

国内其他油压减振器分解检修厂家受场地条件限制或环保限制，往往将"抛丸除锈"和"油漆喷涂"等污染严重、易引发环保问题的工序委外进行，这导致了分解检修工艺流程不完整，生产中出现工序衔接不顺畅的情况，不仅增加了产品检修周期，还影响了生产效率。

广海公司经过多方调研和分析，针对油压减振器分解检修工艺流程中的"抛丸除锈""超声波清洗""外表油漆喷涂"等作业工序存在的污染及排放问题，在工艺设计过程中分别采取了相应技术处理的有效措施，确保交叉污染及处置排放等环保问题得到了妥善解决，保证了本项目检修工艺流程的完整性。一是在工艺布局设计时，注意对各个存在污染源的检修工序进行封闭隔离处理，避免对其他作业区域环境产生影响。二是严格按照环保要求，对各个存在污染源的检修工序进行污染物排放专业设计，配套设计了相应的污染源处理排放配套设施，确保符合国家环保相关规定。三是通过多次试验，研究采用了既符合油压减振器分解检修技术标准要求，又对大气污染较少的水性漆涂料和漆雾处理效果较好的水帘式漆雾处理工艺，有效降低了漆雾污染对周边环境的影响。

（二）检修大数据信息管理新技术研究

检修大数据信息管理系统近年来在轨道车辆新造行业应用广泛，在动车组日常检修和高级修中亦发挥了较好的作用。

广海公司考虑到该项目分解检修系列（品牌）、型号较多，服务的用户亦有较多不同的实际情况，为全面提升项目各方面管理水平，在广泛学习、调研基础上，在总体工艺设计过程中大胆探索，配套研究了由7个模块（后期可继续拓展）组成的油压减振器检修大数据信息管理系统，确保实现"生产调度管理智能化，检修全过程管理智能化，关键岗位作业标准化，检修过程零违章，关键工序质量卡控智能化，物流仓储管理现代化，装备管理智能化以及售后服务追踪、统计、分析智能化"等管理目标。

①实现了检修过程"物流"和"信息流"同步，有效解决了生产调度管理方面难题。

②对检修过程信息进行大数据采集管控，有效解决了全流程管理问题。

③建立了各岗位电子作业指导书，检修过程数据机控代替人控，实现关键岗位作业标准化。

④建立了数据规范信息库，检修过程数据机控代替人控，实现关键工序质量卡控。

⑤建立了数据统计分析和综合查询模块，实现物流仓储科学智能管理。

⑥建立了装备综合管理模块，实现设备、工装和设施的集中管理。

⑦建立了产品售后服务大数据管理模块，实现了产品售后服务管理及质量追踪智能化。

（三）新工艺装备研发

以往油压减振器分解检修所需设备多为非标设备，生产厂家水平高低不同、性能参差不齐。经过检修工艺分析和市场调研，广海公司在项目总体工艺设计中，对油压减振器零部件组装、减振器整体组装、关键零部件直线度高精度自动检测、扭矩智能控制、焊接智能机器人、油漆自动喷涂、节点压装等关键作业环节高标准自主研发了一批自动化、智能化程度较高的设备，显著提高了油压减振器分解检修过程中各检修、检测作业过程相关装备的自动化、智能化水平。

四、油压减振器分解检修项目总体工艺研发

（一）分解检修工艺流程及平面布局工艺设计

广海公司经过对各个系列（品牌）、型号油压减振器分解检修工艺的反复研究论证及生产节拍测算，决定该项目采用全过程流水式作业、多品种共线生产的工艺布局设计方案。

检修场地总占地面积2591平方米，分为A、B两个作业区域。其中A库面积2016平方米，B库面积575平方米。A库设有油压减振器二次分解区、三次分解区、零部件检查区、清洗区、配送区、组装区、试验区、标记刻打区、平放试验区、后道装配区、喷漆房、包装区、普客A2检修试验区、包装材料配送间、配件库、成品库、发货区及员工培训室。库内主要作业区域均配置了吸顶式冷暖空调，其中组装区与试验区环境能够确保充分满足各种型号油压减振器分解检修所需的温湿度要求。B库设有油压减振器来料录入室、待修品存放区、一次分解区、抛丸除锈区及空压机房。各区域合理分布，工位设计紧凑，数量充足，可充分满足日检修200支各型油压减振器任务需求。

（二）分解检修设备、工装配置工艺设计

经过市场调研和反复研究，广海公司高标准精心选配了各种专业设备42项（67台），各类专用工装11项（731件）。

检修工艺使用的关键设备包括：油压减振器零部件智能组装线、减振器总体智能组装机、液压综合性能试验台、减振器焊接智能机器人、减振器自动分解线、自动控制生产输送线、全自动双通道超声波清洗机、三枪三色全自动静电喷涂烘干线、微控扭矩校验机等较先进的专业设备。

（三）检修大数据信息管理系统研发

为了提高油压减振器分解检修项目各方面管理水平与整体档次，广海公司在设计工艺方案时引入了现代生产管理理念及国外企业现行好的做法，配合信息化系统专业公司人员完成了一体化设计工作，配套了先进的检修大数据信息管理系统，全面覆盖油压减振器检修生产过程。该项目成为广州铁路局管内乃至全路首个轨道车辆油压减振器检修信息管理系统案例。

五、研发项目实施效果

1.项目生产成效显著

该油压减振器分解检修新工艺项目现已全面建成投入使用。广海公司已顺利通过了广州铁路局、中国铁道科学研究院集团有限公司组织的动车组、客车、机车各型号油压减振器分解检修能力评估审查，取得了相应车型全部系列（品牌）、各个型号油压减振器分解检修资质。截至2023年5月，广海公司已完成油压减振器分解检修超12万支，检修产品质量稳定可靠，得到业内一致好评。

2.多品种集成兼容检修新工艺应用情况良好

经过三年来的油压减振器分解检修生产情况检验，该项目总体工艺设计体现出以下特点和优点：

①该项目总体工艺设计有效实现了动车组、客车和机车油压减振器多品种集成、共线分解检修的任务目标，具有独创性。

②流水式检修工艺采用柔性化布局设计，高效先进。

③流水式设计将工艺实现路线设计为"U"形，所有的工序完成后往同一路线方向依次流转，确保每一工序流转路线不交叉，工序流转顺畅。

④根据油压减振器组装工艺的特点，将组装工序分为"零部件组装"与"整体组装"两工步，两个工步工位前后紧密排布，提高了前后工位之间物料的流转效率。根据日产能需求，两工步各设置多组工位且并列排开，形成层叠式工艺布局，具有布局美观、工艺分工明确、作业效率高的特点。

⑤检修工位合理配置，各类专用工装配置齐全，确保可检修产品覆盖范围广泛。

3. 自主研发的一批新型专业装备智能化、自动化程度高，性能优良

①自主研发设计了一批集自动化、智能化、信息化于一体的先进工艺装备，包括动车组油压减振器智能组装线、全自动焊接机器人、活塞杆智能组装机、智能控制节点压装机等，工艺装备均处于国内行业领先地位，具备较强的核心竞争力。

②合作研发的全自动双通道超声波清洗机使用效果极佳。

③合作研发了一套集喷漆、烘干、风冷于一体的全自动静电喷漆线设备，油漆喷涂采用了三枪三色全自动静电喷涂系统，可智能识别不同型号的油压减振器，准确选色、自动完成喷涂及烘干作业。

4. 自主研发的油压减振器检修大数据信息管理系统作用显著

①检修现场和工作台位配备了大量工位机和平板电脑，可对关键岗位的"人、机、料、法、环、测"六要素进行智能管控，实现油压减振器检修关键岗位全过程管理和质量追溯。

②系统对流水线生产进度进行可视化管理，管理控制中心电脑及工作区域大屏幕上可实时显示各个生产区域作业情况、关键设备运行情况、各个油压减振器在流水线的检修进度、流转情况和异常问题处理情况。

③系统对产品检修履历进行动态管理，在油压减振器首次收录时，即为该油压减振器建立了电子履历，分配唯一识别的档案编号，该档案记录了油压减振器编号、类别、型号、生产厂家、出厂时间、所属单位、铭牌信息等。每次检修后，根据检修记录对电子履历进行动态更新，按用户权限提供汇总查询功能。

④系统通过数据采集和网络互联，可自动汇总生成每个油压减振器的必换件清单和偶换件清单，充分满足油压减振器检修过程量份制精准配送要求。

六、研发应用效果评价

广海公司油压减振器分解检修项目新工艺研究与总体设计研发是一项标准要求高、技术难度大，在没有任何同类方案实例可参考借鉴条件下，通过精益策划、精心构思、精良设计完成的综合性极强的技术创新工作。

新工艺创造性采用柔性化兼容检修技术，实现了和谐号动车组3个系列（品牌）16种型号进口油压减振器分解检修技术消化吸收和创新转化目标，填补了国铁集团动车组油压减振器自主检修项目的空白，不仅检修效率高而且检修产品质量稳定可靠，产生了良好的社会效益和经济效益。

该项目新工艺设计符合国铁集团、广州铁路局对轨道机车车辆油压减振器实行属地专业化集中分解检修的相关要求。截至目前，广海公司已取得CRH1A平台、CRH2A平台、CRH380A平台、CRH3C平台、CRH380B平台、CRH6A平台、CR400AF平台动车组共5个系列（品牌）41种型号油压减振器分解检修资质，铁路客车KONI、DISPEN、SACHS、TYG共4个系列（品牌）90种型号油压减振器大修资质，铁路机车共8个系列（品牌）209种型号油压减振器检修资质，使检修产品成为广州铁路局机车车辆部件检修自有产品。该项目进入了广州铁路局部件检修自有产品目录，为全路首个完全实现动车组和机车车辆油压减振器属地自主检修目标的项目，具有独创性、先进性特点和自动化、信息化及智能化优点。

从项目完成后的实际效果看，轨道车辆油压减振器分解检修新工艺理念先进、措施得当；总体设计技术规范、布局合理、流程顺畅、装备精良、设施一流，与之配套的信息化大数据管理系统更是四化赋能、相得益彰。该项目符合国铁集团铁路企业改革发展方向，切实贯彻了国铁集团关于动车组重要部件属地化自主检修的高标准要求，符合广州铁路局关于自主打造全路一流的华南片区轨道装备油压减振器检修中心的定位与规划。

该项目推广前景广阔，具备推广至全国动车组、客车、机车油压减振器检修业务相关单位的潜质，可进一步应用于油压减振器新品的组装和研发，对于推动轨道装备油压减振器分解检修走向规模化、智能化、精益化、数字化起到创新引领、立标打样的作用。

主创人：梁　明

参创人：卢林德　何启毅　薛晋武　黄俞铭　杨　锦　张振悦　万　涛　戴幸冰

基于5G的铁路机房智能巡测机器人研制与应用

中国铁路广州局集团有限公司

中科智感科技（湖南）有限公司

铁路机房用于安装铁路行车设备，分布在铁路沿线，除少数有客运、货运车站机房外，其他机房均位置偏僻、交通不便。为确保行车设备不间断运用，铁路机房每天需要进行2次至3次现场巡视，并安排人员在附近24小时值守，确保异常情况能在尽可能短的时间内应急处置，为此需要耗费大量的人力物力。

5G（第五代移动通信技术）的大带宽、低延时为铁路机房巡测机器人的研制和运用提供了数据通道基础。2019年以来，广州铁路局联合中科智感科技（湖南）有限公司开始合作，根据铁路机房运维作业中日益突出的痛点和短板，综合应用先进的5G物联网技术、人工智能技术、遥控技术和数字化技术，创造性地实现了铁路机房的无人式、远程化、智能化巡测作业，通过5G网络将机房巡测结果实时反馈给各级维护人员，有效地解决了传统人工巡检人力不足与不断增长的铁路运维需求之间日益尖锐的矛盾，同时带来巨大的社会效益和经济效益。项目成果具备极强的先进性、创造性和应用上的示范性、标杆性。

一、项目研发背景

截至2022年年底，全国铁路营业总里程达到15.5万千米，其中高铁约4.2万千米。随着高铁的快速发展和普速铁路的普遍提速，无人信号机械室、中继站等机房数量剧增，主要分布在偏远地带，自然环境和交通条件比较恶劣，电务人手紧缺，难以全面按国铁集团的各种维护规程及要求实施巡检。

《高速铁路信号维护规则》对每个电务段信号机械室和中继站都规定了人工巡视、检查和测量方法。一般是车站有人时机械室每天巡视不少于2次，无人时机械室和中继站每周不少于1次例行人工巡检。超长巡检间隔，隐含了机械室设备运行风险。

《铁路信号维护规则》第5条要求，信号维护工作要"积极采用现代化的技术手段，优化维护作业方式方法，推进修程修制改革，提高劳动生产率"，以保证信号设备处于良好运用状态。

基于5G的铁路机房智能巡测机器人，是针对车站、中继站、通信基站等铁路机房环境及其维护应急管理短板，研发设计的一套机房维护管理系统。系统软硬件采用模块化设计，深度应用物联网技术和声、光、热、电、气多维智能感知与信息处理技术，实现对行车设备机房的可视化、自动化、智能化、数字化远程管理，还预留了与路局大数据平台的信息交互接口。

2019年5月，由广州铁路局和中科智感科技（湖南）有限公司组成包括教授、教授级高工、高级工程师、博士、参研单位和实施单位核心技术人员等在内的32人的研究团队，由主创人广州铁路局钟志旺博士担任组长。广州铁路局负责设计与运用验证，中科智感科技（湖南）有限公司负责硬件选型和软件实现。

二、项目研发需求分析

（一）人工巡检风险、效率分析

根据国铁集团运输作业标准化建设管理和《铁路信号维护规则》的要求，中继站等无人值守站每周需要至少1次现场巡视。无人值守站路途较远、险路多并且布点分散，因此传统现场人工巡检工作效率较低，不利于铁路的正常运营。

另外，人工现场巡检均为夜间作业，交通安全风险大。一旦碰到恶劣天气、偏远路段、通道受阻等情况，人工巡检的交通风险会急剧上升，甚至造成人员伤亡事故。

（二）实时查看机房状况需求分析

当前，较长的人工巡检时间间隔使管理者不能实时了解机房的运行状态，特别是机房作业人员急需远程协助或管理人员有作业跟踪、盯控需求时，更显得捉襟见肘。

当集中监测、动环监控等系统告警时，指挥中心也无法通过视频查看机房相关情况来确认故障是否真实发生并发出精准指令。这就带来了决策上的两难，造成不必要的人力物力浪费。

（三）故障抢修需求分析

目前，信号车间、站段技术人员对中继站等无人值守站技术支援力量薄弱，一旦发生设备故障，仅能在先到达现场的人员电话报告现场情况后做出应急决策，故障判断、应急处置时间长、效率低。

（四）故障修向状态修转变的需求分析

目前，集中监测系统对室内环境、设备外观状态不能实现远程视频查看，不能直接对监测告警的设备运行状态及周边环境进行远程查证，而且由于监测系统仍然存在一定的误判率，有些设备异常状态不能及时发现，不利于提前防范信号设备故障。

所以基于这种传统方式的维修只能是故障修，它必定会带来一定的损失，更新、更全面的技术手段亟须引入，以在故障发生早期，根据设备运行状态、数据来预判并持续跟踪故障发展来实现提前预警。即让传统的故障修向更先进的状态修转变。

（五）数字化、智慧化运维的需求分析

近年来，我国铁路行业蓬勃发展，铁路运营里程数持续增长，给路局带来的运维压力也越来越大。同时，国铁集团多次提倡铁路运维要向数字化、智慧化转型。所以更新的运维技术和手段也亟须引入铁路机房运维作业中来。

三、铁路机房智能巡测新方法、新手段、新功能研究

铁路机房智能巡测机器人系统，是用于信号机械室和中继站等无人值守机房的设备应急作业安全管理，并集环境和设备安全巡视、记录、告警于一体的机房维护管理系统。

（一）应急处置辅助研究

（1）根据监测告警自动寻址取证方式研究

项目研究中，在大数据平台接收集中监测系统或者其他第三方业务系统的告警数据后，智能巡测机器人自动到故障设备位置拍摄取证，并及时上传至指挥中心，为分析者提供判决依据。这种智能化的报警联动方式，可以快速响应、快速求证，大大提高应急处置过程的精准度和快速反应能力。

（2）远程手动实时视频查看方法研究

即故障告警时，管理人员可以远程手动控制机器人进行全方位巡视，全面了解告警机房相关设备和环境情况，指导故障处置人员行前正确准备工具、备件，为抢修争取时间。

（3）实时监视应急处置过程研究

机房现场部署物联网设备、巡测机器人及其他相关设施，管理人员可以通过机房管控系统的监测数据、实时视频和对讲功能，指导故障处理过程。

（二）机房设备巡测方式、方法研究

（1）周期性巡测方法研究

依据巡检计划，到各预置位进行周期性巡视，将巡视视频和照片通过5G网络实时传回车间控制室，供远程人工分析。系统具备实时智能分析和异常告警功能。

（2）人工远程巡测方法方式研究

研究人工远程巡测方法，实现在站段、车间等处所远程遥控智能巡测机器人对各机柜、各高度、各位置行车管控设备的巡测。

（3）红外热成像摄像机搭载研究

在巡测机器人行走机构上搭载红外热成像摄像机，以实现对设备外温或重点部位

实时温度的监测，并提前预警，将消防隐患消灭在萌芽状态。

（4）与机房设备数字孪生、全生命周期系统接口预留

系统已经预留了与机房设备数字孪生、全生命周期系统的接口，为后续业务的开展奠定基础。

（三）环境监测控制方法研究

（1）机房温湿度实时监测方法研究

研究更加科学、精准的机房温湿度实时监测方式方法。

（2）噪声与气体检测方法研究

当机房有玻璃破碎、门窗被击打等异常声音时即产生告警；当室内出现异常气体时即产生告警，并形成日报记录。

（3）烟雾与粉尘监测方法研究

系统可以实现在火灾萌芽阶段的提前预警，并持续跟踪关注进一步发展态势，及早发现并防患于未然，做到真正意义上的状态修。

系统可以发现探测机房中的异常事故，对常见的多种会导致空气粉尘异常的隐患都有较好的监测作用。

（4）机房照明开关智能控制方法研究

系统可以自动控制照明，实现了远程控制机房照明的开关和闭合，满足不同场景的需求。

（5）空调远程智能控制方法研究

研制空调远程智能开闭的控制方法，以实现远程遥控机房空调开闭的功能。

（6）漏水实时监测方法研究

系统可以精准、高效地实时监测机房漏水隐患。

（四）机房作业人员管控方法研究

（1）作业人员身份及资格智能判断方法研究

根据作业计划核对作业人员身份及岗位资格证件并记录数据，判断准备进入机房的作业人员的身份和资格，确定其是否被允许进入机房。

（2）作业行为远程监视方法研究

通过合理的摄像机布设，实现机房无死角监控，记录作业全过程行为。可以识别作业人员的标准化作业执行情况，还可以识别如抽烟、越界等违规行为，并及时预警。

（3）远程作业督导方法研究

通过在巡测机器人上搭载语音通话功能，结合机器人本身配置的摄像机，可以实时查看现场情况，并与现场进行语音会话，指导现场人员施工作业。

（五）智能分析报表自动生成方法研究

（1）系统工作日志自动生成方法研究

通过作业过程数据记录，依照铁路日常工作报表的格式和要素要求，系统自动生成各类记录表等工作日志，供站段作业管控人员使用。

（2）机房智能感知预警记录自动生成研究

通过记录系统运行过程中的各类传感器数据，基于视频的智能识别功能，将智能感知的全部预警数据排序，自动生成报表和可视化统计图表。

（六）视频智能识别算法研究

（1）高分辨率下视频智能算法研究

由于在高分辨率图像场景下，目标往往具有多种图像属性，所以在项目研究中，采用数据重采样、解耦训练和损失重加权等方法来优化算法，平衡和优化不同种类样本的训练算法，在实际应用中也证明了识别准确度有明显提升。

（2）低分辨率下视频智能算法研究

针对低像素、低分辨率的物体图像，经过不断尝试，项目研究采用FCOS算法[①]，在实际应用中，对于低分辨率场景下的视频图像确实有很高的识别率。

四、研发项目实施效果

（一）项目实践成效显著

该项目成果2021年在广东省江村编组站得到应用，提高劳动效率40%以上，减少机房检修作业人员40%以上；2022年在湖南省怀化西编组站应用，提高劳功效率40%以上，减少机房检修作业人员80%以上。其中，怀化西编组站四场机房设备巡视实现了无人化。

在研制和运用过程中，研制团队已获知识产权4项，包括实用新型、外观专利、软件著作权各1项，发明专利1项并已公开。

（二）项目成果应用情况良好

经过在广州铁路局多个电务段机房的应用，轨道机房智能巡测机器人系统表现出以下优点和特点：

①周期性巡测与手动远程巡测相结合，满足多场景下机房巡检作业的需要，具备

---

① FCOS算法是一个one-stage的、全卷积的、以每个像素预测物体的方式的目标检测算法，类似于语义分割。

极好的接受度和应用前景。

②使用悬轨方式进行机器人安装，将机器人布设在桥架上方。一方面避免对作业人员的影响，另一方面比起走地机器人能更好适应具有梯度地面的机房环境，具备较强的示范性。

③站机子系统使用有线式数据传输，然后各机房通过5G互通并接入站区边缘计算子系统。机房内即便是行走的机器人，其系统供电和数据传输也依靠有线方式来实现，既满足国铁集团和各铁路局对信息安全的要求，又满足机房现场运行安全的需要，规避了如锂电池爆炸之类的隐患。还具有良好的兼容性能。具备极强的适用性和推广价值。

④巡测机器人折叠式拍摄臂最大可伸长至2.2米，可以对现有绝大部分机房机柜设备进行正面最佳角度拍摄。拍摄完毕，机械臂收起后还可以90°折叠，收入机器人本体，该设计具有一定的创造性。

⑤机器人应用了先进的数字编码式定位技术，确保了精准定位。同时，其拍摄臂的垂直伸缩距离和旋转折叠角度也都采用了数字定位方式，实现了在垂直移动和折叠转动方向上的高精度控制。这种技术组合赋予了机器人极强的环境适应能力，使其能够在各种复杂条件下稳定运行。在实际应用中，这种定位方式展现出了卓越的性能，机器人能够精确地到达指定位置，从而实现了目标的最佳角度拍摄，照片清晰度较高。

⑥机器人本体厚度经过多轮优化，目前可以达到小于40cm，满足绝大部分机房（包括复杂的老旧机房）的安装要求，并且优于当前市场上主流同行产品，可见领先性突出。

（三）5G网络与铁路业务的融合，带来良好的应用效果

①5G网络的应用，让传统的组网方式发生较大改变，采用基于边缘计算——铁路私有云结构实现公网专用。按站区设置1套5G本地边缘计算子系统，完成本地业务计算。本地计算结果通过北向接口实时传送至位于广州铁路局私有云进行集中决策。广州铁路局私有云进行向湖南、广东、海南3省8个下属单位指挥中心分发计算结果。应用效果良好。

②5G技术的大带宽、低延时特征，大大加快了系统的接入数量和传输速率，具有良好的示范性。在站区（5km半径区域内）各个行车设备机房内部、机房之间、机房与本地边缘计算子系统之间采用5G通信，实现多对象（1000个以上数据采集点）、大量数据（每秒数据量100M以上）的实时响应。

五、研发项目应用效果评价

基于5G的铁路机房智能巡测机器人研制与应用的研究颠覆了铁路原有巡检作业模式，该项目巧妙地应用5G传输技术，基于声光电多要素的新一代5G物联网技术、人

工智能技术、数字化集成技术，大胆创造、细心论证、反复测试、不断迭代，最终获得成功，是一项复杂、先进而综合性能极强的创造性工作。

产品在实际应用中，显著地提升了传统机房巡检作业效率，提高劳动效率40%以上，减少作业人员80%以上。具备突出的创造性和极强的推广性。

1.在社会效益层面

①实现对通信、信号机房设备的全方位远程监视，有力地提高了通信、信号机房安全管理水平。

②为故障应急提供正确信息，帮助工作人员及时作出应急决策，大幅缩短应急处理时间，减少对铁路运输的影响。

③大大减少电务部门的人工巡检次数，降低人身风险。

2.在经济效益层面

①机器人实时巡检，并联动传感器记录现场状态。可提前发现火灾隐患，及早安排相关排查，减少火灾发生概率。而一旦发生火灾，中继站要更换被烧坏的相关设备，经济损失至少数万元。

②实时查看设备状态，将故障修转换为状态修。在故障应急时，机器人能提前查看故障点，给维修人员提供实时现场画面，大幅缩短应急处置时间。实际上，若中继站设备异常，将导致该线运营受影响，经济损失至少760元/分钟。

3.总体评价

项目的整体创新设计既符合国铁集团对运维数字化、智能化、智慧化的要求，又满足广州铁路局对机房智能巡检的要求，并做了大量创造性工作。研制成果在长沙电务段、怀化电务段等专业站段机房进行应用，通过了安全上道审查，并迭代升级了多个版本，率先在铁路行业实现了机房智能化巡测，具备极强的标杆性。

实际应用中的效果也表明，项目具有良好的推广前景。目前应用于广州铁路局管辖的湖南、广东、海南三省1.2万千米铁路、951个车站，近2000个通信信号行车设备机房，另有其他行车设备机房近5000个。同时，项目还可以推广至其他路局、IDC（互联网数据中心）机房、煤矿机房领域，推动传统机房巡检模式向智能化、智慧化、数字化转型升级；同时引领传统机房运维模式从故障修向状态修转变，大大提高了安全性。

主创人：钟志旺　唐明辉

参创人：黄程辉　段红梅　罗　展　邝华彪　周　勇　李　涛　陈　奥　喻建枫

商旅财务智慧化管理创新成果

国家能源集团共享服务中心有限公司

随着数字技术的快速发展，数字化转型成为企业创新发展的关键要素之一。习近平总书记在党的二十大报告中提出，要"加快发展数字经济，促进数字经济和实体经济深度融合"。中央企业是数字化转型的主力军，国家能源投资集团有限责任公司（以下简称"国家能源集团"）秉持"数字驱动转型发展、智慧引领国家能源"的理念，以信息化智能化促进改革重组融合、管理效能提升、生产经营提效、产业转型升级，以更好地发挥国民经济"顶梁柱"作用，更好地履行"能源供应压舱石，能源革命排头兵"的企业使命。2020年国家能源集团筹建商旅平台，助力企业智慧出行管理，运用智能化方法简化商旅财务过程中复杂、重复、低附加值的工作，在财务合规、降本增效、管理提升等方面获得成效。

一、项目背景及系统建设情况

（一）实施背景

国家能源集团拥有煤炭、火电、新能源、水电、运输、化工、科技环保、金融8个产业板块，产业遍布全国34个省（自治区、直辖市）和美国、俄罗斯、澳大利亚、印度尼西亚等国家。集团公司所属二级单位约80家，基层单位约1500家，员工约30万人，年度差旅费平均10亿元。

国家能源集团差旅管理由集团公司制订规范和标准并实行差旅预算总额管理。在制度管理方面，集团公司统一规定各二级单位负责人履职待遇和业务支出标准，二级单位及基层单位制订符合企业实际情况的差旅管理制度用以规范员工差旅行为，仅通过制度规定实现差旅支出的逐级管理。

这种传统的差旅管理方式，主要存在管理不统一、效率低、管控难等问题，具体表现：一是规范管理难、成本压降难。差旅过程中的机票、火车票、酒店等由员工自行购订，购买渠道分散，议价能力弱。出差后自行报销，规范化管理程度低，预算及标准管控难以落实到位。二是报销审核量大、费时费力。报销流程需要员工贴票扫描上传、填写报销明细信息、发票验真、上传申请单、财务审核、制证稽核、支付打印等环节，流程长、重复性工作量大、人员投入多。三是差旅信息收集难、风险管控难。集团层对差旅费管理仅按预算总额管控，获取相关差旅信息基本靠人工逐条统计，收集困难、标准不一、来源分散，导致分类整理工作耗时长。由于差旅数据的缺失，基层员工预算管控意识不强，存在超标预订、事后审批等情况。上级单位不掌握所属单位执行的差旅标准及实际差旅出行情况，管理相对粗放，风险管控不足。

（二）项目基本建设情况

为进一步规范集团公司差旅管理，加强风险控制，降低差旅成本，提高管理效率，2020年7月国家能源集团启动商旅平台建设运营。在充分调研10余家中央企业商旅平台的基础上，反复研究平台建设方案，充分考虑与报账系统、资金系统、OA（办公自动化）系统、SAP系统、影像系统的接口集成，模拟几十种出差场景，对全流程差旅功能逐项检验，对42个系统接口精心测试，解决近百个技术难点。2020年12月31日，商旅平台正式上线运营，为国家能源集团员工提供差旅申请、预订、报销、对账和分析共五大功能。上线过程仅历时6个月，在央企中实现了最短时间内高效快速上线。

商旅平台内嵌商旅财务对账系统、报表分析系统，实现在线申请、移动审批、自行预订、智能报销、自动对账等功能，使商务出行便捷化，实现了事前审批、事中监控、事后反馈的全流程线上管理，使各层级商旅业务可视化。

2022年商旅平台已上线用户单位超1500家，实现集团公司全覆盖。2023年全年完成订单量145万单，订单金额8.9亿元。自上线以来累计完成订单188万单，订单金额超11亿元。交通（机票及火车票）和酒店的商旅线上预订率分别为96%和60%，达到中央企业先进水平。

二、商旅财务系统创新成果介绍

商旅财务系统集预订数据管理、对账结算、智能分析于一体，实现了免垫付、免取票、免报销信息录入的"三免"服务，以及统一费控、统一结算、统一数据分析的"三统一"管理。统一费控，商旅平台通过对不同企业、利润中心或成本中心进行个性化差标配置、出差申请预算控制，自动判断业务是否合规，并做出风险预警，控制差旅支出。统一结算，由商旅平台统一与差旅资源供应商（以下简称"供应商"）结算，与用户企业实行大票月结，节约员工和财务部门的报销和审核时间，提高工作效率。统一数据分析，多维度进行差旅数据分析，深入挖掘价值，考核供应商服务质量，提升集团公司智能化管理水平。

商旅财务系统实现了智能化管理，在订单数据收集、对账结算、信息填报、单据审核、制证对账、商旅资金管理、档案归集等方面实现全流程自动化，提升了集团公司的差旅管控能力（见图1）。

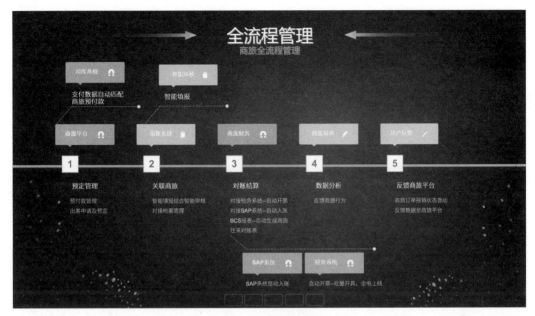

图1 全流程管理

（一）系统协同创效

商旅财务数据与业务数据实时传输，支持系统间相互穿透查询，实现数据共享共联。商旅业务从申请、预订、报销、结算的全周期管理上，践行了业财融合、各系统协同创效理念。

商旅财务系统与资金系统协同。用户单位支付商旅预付款后，通过资金系统自动生成流水明细，划款至对应公司商旅后台，用户单位预订商旅产品的订单占用金额，在商旅预付款中实时扣减。

商旅财务系统与报账系统、影像系统协同。员工线上提交出差申请，经审批后可以预订差旅产品，预订成功即时形成结算订单。出差返回后，商旅结算单数据自动传输至报账系统，员工点击关联商旅后自动生成费用明细，无须人工填写报销信息。相关票据通过影像系统自动识别，回挂至对应报销单进行归档。报账系统回传数据至商旅财务系统，按月自动形成对账单，确认无误后双方自动结算记账。

高效的系统协同改变了财务审核单据量大、效率低、频繁退单、报销周期长的现状，成功替代了传统模式下员工自行预订、资源分散、手工填单、员工垫资的商旅出行方式，实现了集团层面统一订购渠道、精益化管控的目标。商旅财务系统在资金管理、数据共享、智能审核、合规管理方面较传统出差模式有跨越式变革，大幅提升了管理效能。

（二）供应商结算管理精细化

1.供应商结算对账全面自动化

商旅平台与供应商通过商旅财务系统自动比对差旅预订订单，比对成功后按月出具账单并结算，实现了系统自动对账功能，压缩了对账时间，提升了结算效率；此外，对账记录、差异订单等历史数据均有电子存档记录，充分保证了商旅结算数据的准确性。

2.供应商结算账期优势明显

目前，商旅平台与供应商按30日+30日账期（30日预订周期、30日结算周期），由供应商先行垫资，次月结算，商旅平台无须支付预付款。2023年以来，商旅月均资金占用额达7000万元，商旅业务集中后，订单量逐步增加，供应商为争取长期稳定且用量大的商旅客户，不断提高垫资能力和服务质量，使商旅平台对供应商的议价能力增强。商旅平台无须承担已下订单的资金成本，提高了国家能源集团整体的资金使用效率。

（三）客户结算由自动化向智能化进阶

目前，商旅平台服务客户均为集团公司内部单位，商旅财务系统与客户的结算充分利用了集团公司影像系统、报账系统、SAP系统、司库系统等各系统的相关功能，实现了多系统数据集成，使商旅对账结算更加智能化（见图2）。

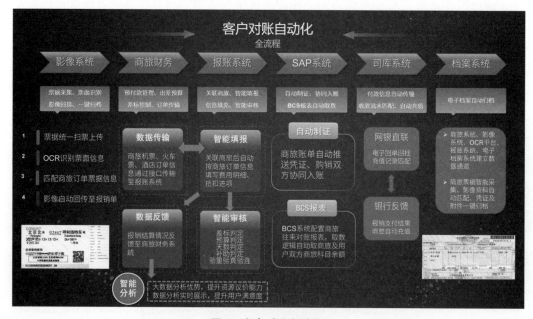

图2　客户对账自动化

1.对接影像系统

供应商将商旅票据按规则分单位制票，将票据送至商旅平台，商旅平台统一扫描后上传至影像系统，通过影像系统自动识别票面信息，再与商旅平台匹配订单信息，实现票据影像自动回传至报销单据的电子附件中，配合电子档案系统实现了原始凭证的自动归集，打通了商旅系统、影像系统、OCR平台、报账系统、电子档案系统之间的数据通道，实现影像资料的智能采集，大大节省了档案整理时间。

2.对接报账系统

员工报销差旅费时，无须填写差旅费用明细，报账系统关联商旅出差申请单和订单后，自动填充费用金额、发票金额、抵扣进项税、税率、出差日期、出差城市、交通工具、报销标准、报销天数等明细信息，节约了基层员工报销填写及反复修改的时间。员工无须自行扫描上传票据及出差申请单，减少了员工报销整理票据、扫描票据、上传至影像系统的工作量。

报账系统嵌套智能审核系统，在稽核环节植入智能审核规则，使差旅费用报销单无须人工审核，智能审核报错提示审核要点，使业务审批、财务审核更高效智能，真正地实现了差旅业务无纸化办理。报账系统结合智能审核功能，简化了低附加值的差旅费审核工作，节约各财务环节审核的时间，提升企业整体的运营效率与管理水平。

3.对接SAP系统

与用户单位结算时，商旅财务系统按月自动出具结算账单，用户点击确认后，商旅财务系统自动推送双方结算凭证至SAP系统进行会计核算，无须人工干预核算记账，做到购销双方一笔账，消除双方记账差异。

为便于用户单位核对商旅预付款，商旅财务系统在BCS报表系统中配置商旅往来对账表，自动抓取往来单位在SAP系统中的商旅专用科目余额，对账差异列表实时展示差异金额，实现与用户单位往来挂账的自动对账功能。

4.对接司库系统

商旅预收款模块对接司库系统，收款流水匹配用户单位商旅账户，自动充值至对应用户单位的商旅账户下，实现预付款余额实时查询。

商旅平台与用户单位双方可以签署自动划款协议，通过司库系统实现收付双方按协议约定的定期定额自动划款，减少资金支付的人工录入及审核。

5.统一管控更规范，统一结算更高效

传统差旅管控模式下，集团公司所属各单位的差旅管控方式不统一，如出差申请模式不统一，纸质申请、线上申请不统一，内容格式不统一，预算管控强弱不统一，审核标准及审核效率有差异。

商旅平台通过统一信息配置，将差旅管控全流程进行固化，建立标准化流程，从申请单格式、差旅标准、报销流程、过账配置等方面进行规范管理，实现集团公司层面的标准化管控。尤其在差旅标准管控方面，商旅平台嵌入企业差旅标准，智能展示出行方案，提供符合不同层级员工差旅标准的差旅产品，实现了"可见即可订，可订即合规"，从而在员工出行前保障了差旅行为的合规性；报账系统中嵌入差旅费报销标准，智能审核再次判定不同职级的费用合规性。

商旅财务统一结算，实现了集约化的差旅费用报销管理，报销结算效率提升，员工集中在第四季度报销差旅费的情况明显缓解，差旅费各季度均衡入账，尤其在第四季度预计全年费用时，商旅平台差旅费用能够实时直观展示，准确性提高，克服了传统模式下人工层层统计带来的数据不准确的问题。

6.统一票据管理降低风险，发票管理更严谨

传统模式下员工出差预订均为个人化行为，难免会出现票据不合规、票据遗失导致无法抵扣增值税及所得税的情况，同时也存在电子普通发票重复报销和虚假报销的风险。长期派驻工程项目现场的员工，存在差旅费用报销不及时导致费用跨期、个人邮寄报销票据丢损等问题。

商旅平台推动差旅票据管理规范化，预订酒店按规定开具符合要求的增值税专用发票及销货清单，票据标准统一，避免了住宿票填开不规范导致的不可抵扣情况，降低了票据不合规风险。票据整理方面，由商旅财务集中将火车票、机票、住宿票按月度账单分类整理粘贴，便于归档，避免了票据遗失导致的所得税不可抵扣等情况。同时，员工个人能够在移动端进行快速报销，缩短报销周期，增强费用报销的及时性。截至2023年5月底，商旅平台累计提供了46万张票据处理的"一站式"服务，各单位票据处理工作量下降50%。

（四）商旅财务智能分析

长期以来，由于差旅信息的数据缺失，集团公司在差旅成本分析、费用管控层面很难开展差旅业务的数据收集统计，同时因为差旅费在成本费用中占比较低，忽视了对这一数据的深入分析。商旅平台上线后，利用商旅财务的数据，可使差旅行程透明化、差旅数据丰富化、差旅支出清晰化，由此商旅行为的可视化分析从无到有、逐步创效。

1.充分利用大数据分析优势，提升资源议价能力

通过分析长期积累的全集团职工差旅行为数据，形成全面直观的费用报告，能够获得形式多样的个性化决策支持数据，如酒店入住量、住宿选择习惯、同时段全价机票预订频次、出行方式及时段偏好等信息，形成可视化、多维度分析图谱。

一方面，商旅平台具备了与酒店集团和各大航空公司集中谈签优势，为全集团降本增效贡献力量。另一方面，商旅平台可以对员工差旅行为进行用户场景预测，引导出差人员选择高性价比产品和服务，如选择折扣机票、入住协议酒店等，合理降低差旅费用支出。

截至2023年5月，商旅平台已与10家酒店集团和1200家单体酒店签订优惠协议，协议酒店价格优势明显，商旅平台的协议酒店订单占比达到70%；与21家航空公司开展优惠合作，商旅平台协议航空公司订单占比达到60%，均达到央企领进水平。2023年，商旅平台已与10家酒店集团和1200家单体酒店签订优惠协议，协议酒店价格优势明显，商旅平台的协议酒店订单占比达到70%；与21家航空公司开展优惠合作，商旅平台协议航空公司订单占比达到60%，均达到央企先进水平，为集团公司每年节约差旅费用约7500万元，平台降本作用初显。

2.数据分析实时展示，满足用户管控需求

用户单位通过实时商旅数据，全面掌握本单位商旅订单、费用报销、对账结算等流程环节进度，使差旅行为在各公司层可视可控。目前为用户单位规划创建分析报表7张，全方位展示公司员工的差旅行为及报销情况等。

商旅财务系统支持多维统计分析，以多种方式归集，进行灵活穿透式展示，能够对数据进行实时可视化分析，有利于优化公司差旅行为管理，合理降低差旅费。

三、商旅财务系统近期延展方向

（一）连接自动开票系统，纳入数电票试点

积极争取成为全面数字化的电子发票（以下简称"数电票"）试点，被纳入数电票推广使用开具端纳税人名单，将商旅平台与国家税务总局乐企平台对接，开具乐企直连数电票。票据全面电子化后，机票、火车票将实现自动接收和分配，无须人工扫描、上传和按单位分拣；住宿票无须领购纸质发票，大幅缩减填开打印及分联次粘贴时间。

数电票将完全替代人工扫描贴票，缩减低价值工作的人员规模，降低人工成本。同时，能缩短交票时间，降低票据邮寄风险，真正实现会计凭证无纸化管理，使商旅平台与用户之间形成即开即收的即时互动，大幅提升商旅财务结算效率，真正实现"业、财、税"一体化，赋能商旅业务数智化转型。

商旅财务系统还将配合集团公司税务系统建设，对接自动开票系统，实现住宿发票批量开具，有效降低操作成本和填开错误的风险，提高数据的安全性和准确性，进一步提升结算效率。

（二）配合司库系统建设，实现自动划款入账

目前商旅财务正在与集团内部的信息化公司、财务公司共同开发商旅预付款触底自动划款功能，开发完成后将尽快在全集团范围内上线使用。商旅财务系统、司库系统、报账系统、SAP系统间有效衔接，在商旅预付款低于预警额时，按商旅平台与用户单位双方协议约定的金额，通过司库系统由财务公司账户自动划款，收付双方自动记账，减少收付双方提单审批、收付款核算的工作量。自动划款功能实现后，差旅量大的单位也不无须支付大额预付款，可由系统进行多次小额划款，实现各单位资金占用最优化。

（三）在大数据分析基础上，合理匹配财务资源

随着商旅平台的持续运营及数据分析功能的逐步开发完善，未来两年内，预期差旅大数据分析将发挥优势，能够合理预测用户单位逐年逐月差旅费用，进而准确预计商旅资金支出额，实现向预算系统推送差旅费月度、年度预算数据的功能。通过与司库系统的建设对接，同步匹配月度、年度资金计划，实现各财务系统间的协同管理。

（四）搭建支付渠道，丰富个性化差旅体验

通过建设双渠道支付系统，实现由标准化向个性化的差旅应用过渡。商旅平台可以对差旅标准放开刚性控制。系统根据公司人员的职务、级别对其乘坐交通工具等级、住宿标准进行差旅标准控制。如果员工超标准预订，系统会先给予超标准提示，若同意则可继续购买，系统自动拆分超标部分，通过对私支付渠道由个人支付，既防止超标准消费，又人性化地满足了员工个性化需求。

随着商旅资源的不断丰富，未来将引入城市间租车、国际商旅、私人预订等个性化服务，商旅财务分类分批配合系统建设实施，进一步扩大平台适用范围，丰富结算模式。

（五）建立央企联盟，扩大商旅数据资源优势

商旅平台运营成熟后，通过组建央企商旅联盟，挖潜数据背后的效益。为优化商旅资源，商旅平台将与外部资源渠道融合，使商旅资源更丰富。通过联盟体的方式直接与部分大型酒店集团（如华住集团、锦江国际集团、亚朵集团、东呈集团等）签订集团客户协议价格，组建直连酒店将资源纳入商旅平台统一管理，联盟内企业均可使用。同时各联盟体利用入住量大的优势，将常住酒店通过谈签协议价格也纳入商旅平

台统一管理，成为联盟体共同的协议酒店。同样，机票也可以采用央企联盟体的身份，通过统一与航空公司谈签价格、分别签订协议的方式，纳入商旅平台统一管理。建立央企联盟，充分利用好央企商旅联合优势，最大化地发挥数据价值，加强中央企业对自身商旅业务的规范管理，促进联盟企业降本增效。

主创人：赵宏兴　李　军　张东红
参创人：宁国睿　张惠娟　王丽萍　贺一星

电网企业工程全过程智慧管控体系构建与实施

国网辽宁省电力有限公司朝阳供电公司

国网辽宁省电力有限公司朝阳供电公司（以下简称"朝阳公司"）成立于1960年，是国家电网有限公司（以下简称"国网公司"）所属的重点子公司，主要以建设和运营电网为核心业务，负责朝阳市177.82万客户的电力供应。

朝阳公司持续加大电网投资力度，推动电网智能化蜕变、全方位升级，"十三五"期间累计投资54.71亿元，较"十二五"增长40.68%。积极助力新能源快速发展，全面支持新能源接网并网，积极服务清洁能源消纳利用，助力"双碳"政策落地实施。截至2022年，辽宁朝阳地区新能源装机容量413.93万千瓦，全省第一，全国单体容量最大的中电朝阳50万千瓦光伏平价上网项目实现当年开工、当年全容量并网，工程建设创造了"朝阳速度"。

为适应电网投资快速发展的需要，2020年以来，朝阳公司落实提质增效专项行动，坚持问题导向、目标导向、价值导向，通过查找工程管理存在的薄弱环节，不断探索和提升业财融合水平的方式，创新并实践工程财务管理新模式，构建以"1平台、2机制、3引领"为核心的"123"工程全过程智慧管控体系，打通电网工程建设全过程价值管理链路，推动企业管理水平和经济效益双提升。

一、实施背景

（一）顺应电力体制改革的内在要求

随着电力体制改革深入推进，确立了以"准许成本＋合理收益"为核心的输配电价模式。新形势下，电网企业的投资、成本将面临更加严格的监管。输配电价是基于有效资产核定的，这就对公司资产管理提出了更高要求。

因此公司要顺应电力改革趋势，深化资产精益管理，就要加强工程全过程管控，提升电网投资的精准度、日常经营的透明度，夯实有效资产，主动适应，服务外部监管。

（二）推动战略目标落地的迫切需要

国网公司提出了"建设具有中国特色国际领先的能源互联网企业"发展战略目标，要求深度广泛应用"大云物移智链"等数字技术，推动公司数字化、智能化转型。财务管理作为企业管理的核心，要适应发展，朝着数智化转型。国网公司财务部积极响应公司战略，迈入数智化转型新阶段，通过构建"财务中台＋智能应用"智慧共享财务平台，秉持开放、协同、精益、智慧、共享五大管理理念，探索创新多项实践成果。

朝阳公司针对电网投资规模大、新能源接网工程数量多的情况，创新构建工程全过程智慧管控体系，做到工程全链条全过程精准管控，促进各环节数据实时共享，发挥财务价值引领作用，支持公司战略目标落地。

（三）提升工程全过程管理的重要举措

在工程全过程管控中，地市级供电公司还存在一些不足：一是工程管理跨专业协同责任不清，信息沟通不畅。由于工程数量多，地域分布广，管理链条长、涉及专业多等诸多因素，各部门管理经常会出现责任不清、衔接不顺畅、信息传递不及时等一系列问题，造成工程出现"无人管"的空白区域。二是工程财务转资进度受施工进度迟缓、物料退库报废流程等影响，导致工程预转资不及时、工程付款集中批量提交、工程结算审计缓慢等问题，带来了一定的资金安全风险和审计风险。

因此，应加强业财联动，打破管理壁垒，创建工程全过程智慧管控体系，解决工程管理存在的痛点难点，全面提升工程管理质效。

二、内涵与主要做法

朝阳公司发挥工程全过程智慧管控优势，坚持以国网公司及国网辽宁省电力有限公司（以下简称"省公司"）提质增效及"三清理两提高"专项行动为指导，全面贯彻落实工作要求，结合工程管理实际，按照"过程引领、业财双融、协同推进"的工作思路，创建以"1平台、2机制、3引领"为核心的"123"工程全过程智慧管控体系。围绕业务活动质量、管理效益水平两个管理维度，在公司9类工程中实施全过程推进、全方位融合、全要素协同的管理模式，聚力合作共建、服务共享、价值共创，着力强化关键节点管控、业财融合、督导警醒、多维分析和激励提升，切实提升工程管理能力和水平，实现工程节点精细管控、资金安全精确管控、资产价值精益管控、往来款项精准管控目标，切实实现工程全过程精益管控，提升工程全过程管控质效，加快推进数据智慧应用，挖掘财务数据价值，以数据连接推动业务融合，以数据应用驱动管理变革，切实增强财务工作的资源配置能力、风险管控能力、协同服务能力、决策支持能力。

（一）完善组织架构，夯实体系运行基础

1.加强组织领导，提供坚强保障

朝阳公司成立工程竣工决算编制领导小组，由公司总经理担任组长，分管财务的领导担任副组长，下设领导小组办公室，设在财务资产部，成员由发展部、建设部、运检部、营销部、综合四室、审计部、物资部等部门人员组成。领导小组主持召开工程进度协调月度、季度例会，落实工程进度管理职责分工，加强工作进展情况督导，做到部门联动、分工负责、齐抓共管。成员部门职责界面清晰，任务分工明确，责任落实到人。

2.强化组织协调，形成工作合力

朝阳公司加强内部协调，畅通信息沟通渠道，形成部门联动、高效协调的工作模式。建立机动性研讨、定期推进会议、周总结、月汇报等制度，搭建各部门沟通协同平台，准确查找和定位业务管理薄弱点和管控关键点，及时解决实施过程中存在的问题，保证项目立项有计划、实施有方法、总结有成效。建立专题攻关机制，针对工程管控环节中影响总体进度、施工质量、结决算进度的超期、受阻等难点，各部门深入交流和分析，从工程建设成本、风险防范及改进措施等方面着手，全面分析预算执行情况、累计完成投资等情况，制订切实可行的改进措施和实施计划，确保工程管理闭环，提高工程财务管理水平。

（二）搭建"一平台"，强化业财深度融合

朝阳公司遵照国网公司"数字化、网络化、智能化"发展战略和公司信息化建设总体规划，积极探索工程全过程数智化转型，组织构建工程智慧管控平台。平台借助互联网技术架构，实现工程信息实时传递共享，提升工程全过程信息的及时性、准确性、完整性。通过共享工程进度信息，提升工程管控信息传递效率，降低沟通成本，解决公司各部门间工程信息不对称、传递不及时的难点，打破工程信息孤岛，缩短工程建设周期，压缩结决算时间，减少公司长期未解决的问题工程数量，提升工程管理质效。

1.明确建设目标及原则

由于朝阳公司工程投资大、项目数量多、管理链条长、涉及环节多、时间跨度大，常出现各部门协同不畅、工程结算缓慢、财务入账拖延、工程转资效率低等问题，朝阳公司明确了以"简便快捷、实用高效、实时互动、敏捷响应、信息安全"为基本建设原则，以解决电网工程实际管理问题为基本建设目标的建设思路，搭建工程智慧管控平台，解决内部协同、进度督办、绩效考核等难题。以简单、便捷的协同管理工具，实现工程信息有效共享，为工程管理部门提供切实有效的监管渠道及风险预警手段，推动工程财务管理由单一的核算向价值创造、精益管理转型。

2.构建智慧管控平台架构

基于《国家电网有限公司工程财务管理办法》《国网财务部关于加强工程竣工决算及时性管控的指导意见》等文件规定，结合工程管理实际情况，朝阳公司梳理各类工程的全过程流程图，覆盖计划下达、工程建设、验收及预转资、结算、决算到正式转资的工程全过程管理环节，包含工程所涉及的全部单位或部门。通过业务调研、开展研讨会等形式，与工程管理部门交换意见和思路，探讨工期设定规则、超期判定规则等事项，完成工程智慧管控平台功能需求的梳理和细化，确定各类型项目关键节点时限管控逻辑公式，确定各类型多维度报表数据展示、节点执行状态预警提醒等运行功能。

平台涵盖基建、技改、农网、大修、生产辅助大修、生产辅助技改、小型基建、营销专项、自维项目9类工程。帮助工程项目各链路、各节点管理人员树立时间理念，层层打通业财关口，进一步加强工程全过程闭环管控，提升工程项目实施进度及时性、规范性，以及工程结决算的实效性、准确性。

3.搭建工程智慧管控平台

朝阳公司结合多年的工程管理实践经验，与互联网的先进技术进行有效融合，为全面提升工程管理工作中的效率，解决各类业务难题，将各类信息资源在网络系统中充分展示，创新开发工程智慧管控平台，借此实现信息共建共享、线上智慧管控。

工程智慧管控平台设置工程待办、工程超期、工程督办等模块，分为普通账号和管理员账号。普通账号拥有工程信息维护、工程待办、工程超期、工程督办、民营企业工程质保金付款提醒、工程查询统计等功能；管理员账号除拥有上述功能外，还有工程时限设置、环节工作内容设置功能。工程管理人员通过任务待办和发送短信，对工程进度实时动态掌控，强化节点时限管控。

（1）实施工程类别差异化管理

为保障工程整体按计划交付，由于不同类型工程施工地点、施工内容、施工难度不同，朝阳公司对各类型工程实施差异化管理。以各类工程管理过程中的关键节点为切入点，明确了23项关键节点，以工期为整个工程时间段总控，划分完成时限。各类工程工期设定采用"标准工期+差异工期"结合的方式。对于制约因素基本相同的业务环节，采用统一标准工期；对于制约因素不同的业务环节，采用"基准线+差异工期"的方式。同时，根据实际情况，可关闭个别流程环节，以满足业务实际中的多样化场景需求。一方面保证工程整体工期可控，另一方面也适应了工程实际情况，体现了平台的"智慧管控"。

以"大中型基建"为例，通过计划下达时间与现场开工的计划完成时间、竣工投运的计划完成时间，以及部分环节的默认工期，推算出全部环节的计划开始时间与计划结束时间。

（2）实施工程进度多维度管理

明确各个节点的实施进度。智慧管控平台能够对工程设置两个状态，即正常状态和超期状态，其中超期状态中包括工程整体是否超期，工程全过程中的某个业务环节是否超期。在工程推进过程中，如果当前时间已超过工程最后一个流程环节的计划完成时间，则工程状态为超期。如果当前环节超期严重，后续环节开展时，从自然日来看已经超期，但后续环节实际工期小于环节的计划工期，则该环节视为不超期，即为正常状态。通过不同状态的管理口径，及时发现工程管控中的弊端，便于项目管理部门通过系列有效可行的治理措施给予解决。

4.科学设计平台服务功能

基于各工程管理部门业务需求、建设目标、建设原则，开展工程智慧管控平台技术架构技术选型，选取兼容性、稳定性、扩展性强的开源架构作为核心技术，并通过软件代码完成相关架构和控件的技术集成以设置平台各项功能。

（1）工程信息维护功能

各工程管理部门借助PMS（工程生产管理系统）项目库中储备项目信息字段，筛选工程智慧管控平台所需字段，利用预制模板将工程信息批量导入平台。通过关键字段（投资计划、开工时间、竣工时间、招投标时间等），按照预设的逻辑规则，自动计算所有环节的计划完成时间。各工程管理部门结合工程实施过程中的实际情况，进行适应性的调整，调整完毕后，启动流程。各环节计划将作为公司层面统筹管控的关键依据，各部门能够在线查看各类工程信息情况，从而实现工程全过程的管控和统筹。

（2）工程督办待办功能

在各工程管理部门明确各类工程关键节点管控流程后，平台依据各类型工程责任流程图，自动向业务环节负责部门、负责人推送到达时限的工程节点待办事项，实现跨专业工程进度节点管控的有序衔接。工程相关管理部门能够及时看到即将超期、已经超期的工程及对应环节。相关人员可对执行中的超期环节进行定向督办，及时开展相应管控工作。通过监测实现自动实时预警，预到期提前提醒、到期提醒、逾期提醒及督办，及时找出工程管理中的滞点，推进工程的实施进度。

（3）工程查询统计功能

工程智慧管控平台中有各类报表，可以满足不同层次、不同人员的管理需求。实时的报表数据展示，为公司工程财务绩效考核提供佐证依据，确保绩效考核依据的公正、公允，并设置穿透功能，实现数据源的可追溯，发挥信息化数据的共建、共享优势。可以通过平台实时查询工程的资金执行进度及实际财务入账的进度。统计各部门的工程执行情况，包括超期环节数量的统计。统计工程处于不同状态的数量，展示单项工程的执行情况，包括正常和超期的环节数量。实现民营企业付款专项统计，统计各类工程有关民营企业的付款完成情况，未付款原因说明等信息。根据各部门、各类型工程完成情况，设置优劣完成值，用发放勋章的方式对各专业部门进行激励。

平台上线以来，各项目管理部门已累计录入1681项工程，并按工程实际进度在平台中对项目进行录入维护、跟踪流转。通过工程智慧管控平台，集成工程管理各个时间节点，实现数据从业务前端到财务末端即时线上推送，彻底改变了以前工程分散、各自管理、信息传递不及时的状况，调动起了各协同部门的积极性、主动性，实现各类型工程全过程管理管控。

（三）构建"两机制"，推进工程规范管理

1. 工作任务清单机制

朝阳公司借助工程智慧管控平台中各类型工程实际进度情况，出具多维度、多口径的工作任务清单，具体列示各项工程在某个、某个进程中的滞后明细，如总体超期、单个环节严重受阻等。领导小组将下发工作任务清单，要求相关工程管理部门协同配合，尽快制定解决措施，全力推进工程进度。

基于现有信息化系统，工作任务清单实行台账备案方式，对各项滞点进行逐项分析说明，利用信息化手段构建台账，多维度展现工程全过程管控环节的业财数据。全方位、多角度分析实时动态数据，通过进度、款项性质透视工程项目信息，展示实时信息数据，加大工程全过程管控力度，提出解决措施及预期成效，保证各项工程管理过程中的问题清晰呈现，实现信息共享、反馈及时、动态调整、实时监控。对于存在的问题，及时与相关部门沟通协调，实现从工程管控业务源头、执行过程到价值记录全链条体系化提升工程管控规范水平和多维数据质量水平，为工程全过程智慧应用奠定坚实基础。

2. 问题清单预警机制

朝阳公司定期归纳汇总上一年度在工程全过程财务管控过程中遇到的问题，收集整理成问题清单，及时向项目管理部门发出预警通知，并指导其规范前期准备工作，规避工程实施过程中曾出现的异常情况，做到"事前控制"。

实施过程中借助工程智慧管控平台中的各种报表数据，主动对接项目管理部门，定期将问题清单以督办通知单的形式发送至各项目管理部门。按照各项目的建设规模和所处阶段，合理设置工程计划节点实施日期，项目管理部门根据实际情况每周反馈各项目开工、竣工及结算完工日期，特别关注长期在建工程、业扩配套项目、应决未决项目及纳入"三清理两提高"中的被考核项目，形成具有针对性的清理计划。针对发现的问题，及时查找原因，提出从源头解决问题的方法，夯实工程全过程智慧管控体系运行的基础，通过动态追踪工程进度信息，及时发现问题、解决问题，确保工程全过程管理风险可控在控。

（四）发挥"三引领"作用，提高工程管理质效

1.数智引领，加快工程决算进度

一是推动自动竣工决算深入应用。利用 ERP 系统，以 WBS（工作分解结构）为数据载体，确定各类费用分摊规则与资产形成来源，实现工程成本自动归集。设置工程决算数据集成功能，由系统一键式自动生成工程财务竣工决算报告，提高工程财务竣工决算的及时性和资产价值分摊的准确性。

二是深化工程自动转资功能。应用 RPA（机器人流程自动化），根据实际业务情况，在分析总结手工转资经验的基础上，开发工程自动转资功能，批量完成工程转资业务，将财务人员从低价值的重复性劳动中解放出来，实现经济效益和管理效益的双重提升。

2.合规引领，提升风险防控能力

一是常态化开展"三清理两提高"工作。通过工程智慧管控平台，直观展示各工程建设环节，实现超期预警、跟踪督办、强化过程管控。持续推进长期挂账清理、工程物资清理、工程往来清理，提高暂估转资和计划决算效率。针对长期未清理的事项，挂牌督办、逐项分析成因并制定清理措施，严格执行刚性管理，不断提升改进，堵塞管理漏洞，切实防范工程管理风险。

二是助推民营企业清欠工作扎实开展。民营企业欠款清理一直是公司的重点工作，工程智慧管控平台将民营企业欠款情况纳入监管，实现付款情况实时动态反映，欠款余额准确分类汇总，到期及时提醒督办，确保民营企业欠款应付尽付，有力提升了清欠工作质效。

3.绩效引领，强化过程监督管控

一是实行"周反馈、月通报、季考核"的督导机制。通过实时查看部门间的协同工作成效，借助管控平台按月输出各单位、各工程的统计数据，以考核为抓手，实现工程全过程管理"抓得住、放得开"。将工程完成情况纳入企业负责人考核，实现压力传导、考核前移。

二是考核结果与绩效挂钩。将"三清理两提高"完成率纳入内部模拟市场指标体系，按月评价工程清理成效与预算执行效果，激发员工工作潜力。

三、实施效果

（一）经济效益

工程全过程智慧管控体系的创建与应用，促进了在建工程早投入、早收益，缩短

工程管控时限，提高供电可靠性，持续推进有效资产及时形成，促进财务资源释放、资产质量提升。

朝阳公司通过常态的工程财务全过程管控，减少长期未决的问题工程数量，充分发挥资金规模效应。安家220千伏输变电工程、北塔子220千伏风电送出工程等16项工程顺利投运。截至2022年年底，借助工程全过程智慧管控体系，长期在建工程清理完成率100%，暂估转资效率同比提升21%、计划决算效率同比提升33%；加快有效资产形成，固定资产额度达到158亿元，为省公司成本核价提供数据支撑；加大工程结算签证、工程投资审计力度，增收节支共计582万元。

（二）社会效益

朝阳公司主动争取资金政策，支持朝阳千万千瓦级新能源基地建设，滚动调整"十四五"电网规划，调增66千伏及以上项目22项，新增投资38.28亿元，调整后投资合计97亿元，约为"十三五"总投资的1.8倍，创历史新高。截至目前，朝阳电网新能源装机413.93万千瓦，位居辽宁省第一。承接省公司北斗示范应用试点项目，完成7座北斗基站建设，确定4大业务领域6个业务北斗应用场景。与中国移动、中国联通及中国铁塔开展业务研讨，在5G端到端网络切片、基站建设、现场远程诊断等方面达成合作意向。

（三）管理效益

工程全过程智慧管控体系实施以来，朝阳公司完成3063项工程决算，累计转资28.4亿元，工程资产管理基础进一步夯实，工程财务管理水平显著提高。以"工程全过程管控"为切入点，建立了一套规则体系，加强了业财协调联动，工程结算时间同比缩短25天，决算编制时长平均压缩11天，决算及时率提升至96%。

通过着力强化关键节点管控、业财融合、督导警醒、多维分析和激励提升，切实提升工程管理能力和水平，提高工程转资效率，夯实有效资产基础，实现降本提效、资金优化管控、资产精益管理、往来款项高效治理，做到风险及时防控，切实实现提质增效终极目标。

朝阳公司连续两年被评为省公司先进单位，4项农网改造升级工程入选省公司优质工程，2项农网改造升级工程被评为国网公司"百佳工程"。常新变电工程被评为国网公司区域级现代智慧标杆工地。安家变电工程首获省公司220千伏电压等级基建工程历史最高荣誉——2022年度中国电力优质工程奖。

主创人：王荣茂　周树伟

参创人：于兆河　张建伟　杨新悦　姜丽娟　随　磊　李　婷

HL公司财务数智化转型的探索

华陆工程科技有限责任公司

在新一轮科技革命背景下，国务院国资委制定了《关于中央企业加快建设世界一流财务管理体系的指导意见》，对国有企业的财务转型提出了新的要求。HL公司作为一家传统的工程公司，也存在以下常有的痛点：由于业务分布范围较广，常见项目周期较长、新业态转型创新性发展和经验不足、协同发展和共享效率不高等。面对财务数智化管理新形势、新要求，HL公司积极探索数智化转型的路径，致力于在核算、"两金"、财务驾驶舱等模块上进行信息化建设，打通数据孤岛，逐步在数智化转型上开拓出特色化的发展道路。

一、数智化建设背景

早在2017年，习近平总书记就提出"要制定数据资源确权、开放、流通、交易相关制度"。随着"大智移云物区"等新技术创新迭代的速度加快，经济社会数智化转型已全面开启。2019年10月，党的十九届四中全会首次将"数据"增列为一种生产要素；数据成为和土地、劳动力、资本、技术并行的五大生产要素之一。

2020年，国务院国资委印发了《关于加快推进国有企业数字化转型工作的通知》。2021年，财政部发布了《会计信息化发展规划（2021—2025年）》，要求发挥国有企业在新一轮科技革命和产业变革浪潮中的引领作用，进一步强化数据驱动、集成创新、合作共赢等数字化转型理念。同时，鼓励企业优化数据中心布局，提升服务能力，加快企业上云步伐，激发企业整体创新活力，营造全面勇于、乐于、善于数字化转型的氛围。2022年12月，《中共中央、国务院关于构建数据基础制度更好发挥数据要素作用的意见》，围绕数据产权、流通交易、收益分配、安全治理等方面进行全面布局，可见数据资源在赋能企业高质量发展方面愈发重要。

作为一家深耕工程业务的传统国有企业，HL公司面临新业态创新性不足、协同发展和共享效率较低的问题，在政策的号召下，积极进行数智化转型。为此，HL公司结合自身经营管理特点，以及近年来加快推进高质量稳健发展的战略转型要求，积极推动财务管理转型，促进企业价值创造。

二、财务体系数智化建设

（一）建设意义

财务部门作为企业管理的中枢部门，向前与业务部门互动，记录业务经营活动的财务成果、引导业务人员创造价值；向后与各级管理人员协作，根据企业战略调整财务资源配置、支持管理层依据准确的多维度的信息进行科学决策。因此，在企业数字化转型的过程中，财务部门具有成为转型工作的先行者、引领者和推动者的天然优势，可以促进公司业财信息全面对接和整合，推动业、财、技一体化管控和协同优化，并最终建成一流的财务数智化体系。

（二）建设目标

与现有财务体系的不同之处在于财务数智化体系更加重视管理会计职能，强调引导资源配置、实现价值创造，并以此为目标，不断整合新兴技术手段，优化财务流程，提升财务自动化水平。通过数据治理提升数据质量、实现数据整合，进而提高业务洞察与分析能力。结合《关于中央企业加快建设世界一流财务管理体系的指导意见》（国资发财评规〔2022〕23号），HL公司财务体系数智化建设目标主要归纳为以下几点（见图1）。

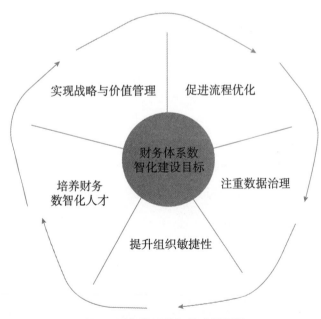

图1 财务体系数智化建设目标

1.实现战略与价值管理

传统的财务体系是基于核算型、管理型的财务管理职能构建的。目前，随着数字科技的进步和信息化的发展，企业的数字化转型已经成为大势所趋，而财务管理职能已经明显地向战略型转变。在这一过程中，财务部门首先要明确数智化财务的定位和愿景，并根据转型目标规划数智化转型路径。在规划落地的过程中，借助数智化工具，分步实现智慧化综合经营计划、绩效管理和战略支持。

2.促进流程优化

与传统的线下财务流程相比，财务相关流程的线上化、标准化是财务数智化转型要实现的目标之一。财务流程优化以流程现状评估为起点，在此基础上，围绕财务服务对象、财务服务场景和财务数据应用场景，对财务相关制度、流程、职责进行梳理、分析和优化，通过系统化工具整合财务运营全流程，实现制度无死角、流程无断点、职责高协同。

3.注重数据治理

随着数智化进程的加快，财务部门应更加重视数据治理，实现"用"和"治"的结合，即以应用为导向，实现治理目标，并在后续为大数据财务分析、业务价值预测等的实现奠定基础。

4.提升组织敏捷性

财务数智化转型对财务组织架构的灵活敏捷性、精简高效性提出了更高的要求。因此，财务部门需要重新定义数智化财务组织架构，在此基础上建立财务共享中心、战略财务中心，实现财务服务集中高质量供给，促进财务服务端到端的流程执行。

5.培养财务数智化人才

在财务数智化转型过程中，财务人员的角色比之前更加多元化。因此，财务部门需要梳理数智化岗位技能，并不断评估当前人才状态与未来目标的差距，明确财务人员数智化绩效目标，制订相应的财务人才培养与招聘计划，逐步打造数智化财务团队。

三、HL公司财务数智化转型

（一）HL公司简介

HL公司是国务院国资委直属的重点骨干企业，是集"投融资、技术研发、技术咨询、工程设计、采购施工、项目管理、开车指导、运行维护"等业务于一体的国际工程公司，年收入规模约70亿元。2021年，HL公司作为母公司所属二级混合所有制改革试点单位，成功引入W公司，形成母公司、W公司和员工持股平台的三元股权结构，在所属集团内部率先完成混改，企业发展呈现崭新面貌、迸发全新活力。

（二）转型期财务信息系统建设情况

作为工程公司，转型前HL公司信息化程度较低，主要依赖于久其核算系统进行账务处理；财务审批和报销流程较单一且没有关联性；财务分析也主要基于财务指标来进行。

1.基本情况

在集团公司的统一部署下，HL公司逐步实施财务信息化工作，按本公司信息化规划要求并结合本公司实际情况，搭建符合HL公司实际生产经营管理需要的财务信息系统，使财务系统从单纯的会计核算系统向企业资源管理系统过渡，从而实现财务工作的脱胎换骨。

2.信息系统使用情况

HL公司财务类信息系统主要根据集团公司要求使用久其（核算与报表）、用友（工资）和软通动力金融服务平台等财务系统软件，对内业务主要是基于公司综合管理信息系统财务审批报销流程进行相关款项的确认。久其系统使用集团公司的标准版本，未做二次开发，转型前报表系统与核算系统的对接存在一定问题，不能实现完全取数，需要大量的人工工作。公司正在与久其公司沟通处理。

转型前业务信息系统主要包括综合信息管理平台、项目管理平台、进度控制平台、全过程费用控制平台、施工管理平台、宏景人力资源管理系统、集团公司集中采购平台等。其中，综合信息管理平台具备日常办公管理、商务经营合同管理、人力资源管理、技术管理、项目管理、档案管理、资产管理，以及党群、工会和各部门管理等功能，基本覆盖公司所有业务流程。项目管理平台具备项目信息管理、人员负荷管理、入库统计、奖金统计、项目月报、设计质量复查和设计修改等功能。进度控制平台主要用于工程项目进度节点导入/录入、节点跟踪、节点变更和追溯记录等，对全过程进度进行控制。全过程费用控制平台具备项目规定管理（汇率、工期、项目预算、总费用状况、资金状况等）、总包合同管理、分包合同管理、费用控制（工程量清单管理、项目预算控制、限量限价控制）、项目收支、变更管理、项目结算和项目报告等功能。

施工管理平台主要对招投标、施工安全、施工质量进行管理。招投标管理：分包商管理、专家库管理、招标准备、施工招标、开标唱标、评标决标、合同管理、投标管理；施工安全管理：体系管理、资源管理、专项安全管理、安全培训管理、安全会议管理、安全报告管理、安全活动管理、安全应急管理、安全事故管理、安全沟通管理；施工质量管理：体系管理、资源管理、工程划分管理、过程质量检查管理、质量培训管理、质量会议管理、质量报告管理、质量活动管理、质量事故管理、质量沟通管理等。

公司财务类信息系统由于接口问题，无法与公司内部现有业务信息系统进行关联，转型前主要通过手动录入或Excel导入方式进行数据交互。在考察财务机器人后，拟使用财务机器人进行跨系统链接，打通财务与业务之间的信息孤岛，实现业财信息化融通，并用财务机器人代替人工做大量规律性、重复性的工作，实现以较小的投资，达成信息资源的整合。企业财务和业务系统的整体架构见图2。

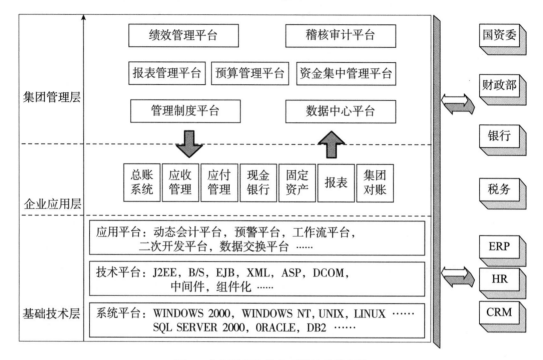

图2 企业财务和业务系统的整体架构

（三）使用过程中出现的不足

HL公司虽建立了多平台系统，但实践中发现一些不足之处，主要表现在以下四点：

第一，信息系统不具有前瞻性和灵活适用性。目前，HL公司的信息系统聚焦于现有的工程业务。面对新业务形态，信息系统的适用性有限。公司对于新增的装备业务、实业业务板块，需考虑匹配新的信息系统或模块方能达成管理要求。针对新业态，HL公司更多从专业角度提出目前公司业务存在的问题和困难，如尚未做到以发展眼光看待问题，各项能力发展不均衡，员工的活力、创造力没有被充分激发。

第二，财务体系化程度仍然不够。受信息分散，以及及时性、有效性不足等因素限制，财务分析工作时效性较差，亟待进一步提升。

第三，管理平台联动性较差。资金管理平台目前主要职能是做好资金的动态监测以及过程管控。但针对资金的筹措、闲余资金的理财、各模块之间的动态调拨，尚有不足。

第四，系统数智化程度较低，效率不高。财务信息系统的各子模块已经实现协同运行，但整个系统的数智化程度较低；一些模块之间的数据联动还依靠人工操作；无法实现对生产经营、投资活动的实时反映，数据的共享效率较低，数据资产价值无法显现。

HL公司财务信息化建设目前尚处在初创期，众多子系统功能正在经历从无到有的量变过程，需要一定时间的发展，使其与业务持续融合并积累大量相关经验，才能最终达到质变，从而实现财务数智化转型的飞跃式发展。

基于现有财务信息系统中的优势与不足，HL公司正积极探索数智化转型的实施路径。

（四）数智化转型的探索

根据集团公司（即HL公司的控股股东）财务资金部关于全面建设财务数智化信息体系的统一部署和财务工作整体转型升级的总体要求，HL公司财务部主动求变，结合公司战略发展要求和业务开展现状，探索建立符合业财融合新要求下的财务信息系统。通过顶层标准化和一体化设计，HL公司经过近几年的不断实践，利用RPA等新技术手段，数据孤岛等矛盾得到了一定程度的缓解，预算、税务、核算、资金、"两金"、财务驾驶舱等各财务子系统初步完成搭建并逐步向业务端延伸，财务系统的数字化转型探索实践迈上新台阶。

HL公司目前使用的财务信息系统主要分为集团统一部署（久其核算系统、软通动力资金系统、帆软资金系统）和自主开发（资金管理平台1.0、"两金"管理平台、财务驾驶舱平台、发票管理平台、全面预算管理平台）两大类，各财务平台信息化建设及使用现状见图3。

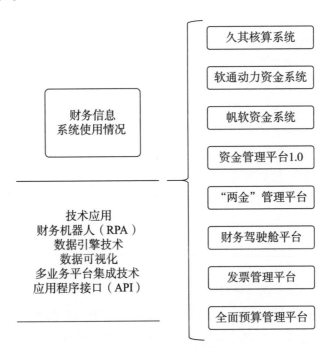

图3　各财务平台信息化建设及使用现状

①久其核算系统。公司目前在用的久其核算系统为集团标准版本，服务器部署在HL公司，主要负责会计核算以及财务报表的工作。

②软通动力资金系统。HL公司遵循集团公司资金管理要求使用软通动力金融服务平台对公司资金进行管理，通过银企直连等方式，实现了集团和子公司多层面，多银行、多账户信息整合以及资金集中管理功能，包括但不限于资金集中收付、资金划拨归集、网银自助结付汇、银行账户维护等。然而，软通动力资金系统因不同银行的不同情况及地域间的差异，无法实现资金数据全方面的自动抓取，如自动银行取数等。

③资金管理平台1.0。资金管理平台1.0从资金管控的主要矛盾出发，围绕业务大额支出紧抓业务资金预算编制。借助信息化手段搭建由业务至财务的过程化管控体系。资金管理平台从资金计划流程出发，链接了从业务审批平台到网银系统支付的全过程，同时对资金计划的执行结果定期开展统计分析，促使业务资金计划数据的严谨性和可靠性不断提升。下一步，资金管理平台将向司库管理平台转型升级，探索从资金流入到资金运用的全周期管控方式。

④"两金"管理平台。"两金"管理平台依托合同管理平台进行二次开发，成功打通了财务与公司经营业务的数据壁垒。以业务合同数据为基础，财务人员将合同的收款、开票情况与合同节点进行匹配反馈，同时设置回款节点系统自动预警，方便业务人员第一时间把握合同执行的总体情况。该平台的使用，大幅提升了业务运营过程中的节点回款率，优化了公司的经营性现金流量，为"两金"指标的压降提供了极大助力。

⑤财务驾驶舱平台。运用数据的可视化技术，借助图形化手段，向公司领导层和信息使用者更加清晰有效地展现财务信息，更加直观地传达公司全面预算指标的完成情况和数据关键的方面与特征，进而更好地发挥数据资产的价值。但财务驾驶舱平台数据的实时性和智能程度不足，无法实现财务数据的实时自动取数。

⑥发票管理平台。发票管理平台主要通过大数据等信息化手段，实现进、销项发票的全流程管控。系统进项管理模块支持二维码扫描、OCR（光学字符识别）扫描等多种认证方式，可实现批量勾选、批量导出发票明细，生成统计报表等多种管理功能，简化业务流程的同时有效提升业务合规性；通过对系统的二次开发，销项模块与公司OA（办公自动化）系统业务流程的发票开立审批流程实现直连，信息自动获取，实现了跨平台的一键开票。但由于发票系统信息与OA系统财务报销流程未实现直连，因此发票的查重验真仍依赖人工，无法实现完全的系统自动化。

⑦全面预算管理平台。做好预算事前计划的同时，将事中控制打通，将公司年度预算指标向各科室分解下达，通过将预算指标分解并与OA系统财务审批流程挂钩，确保在流程上和业务数据及时获取上有抓手有源头，以便建立事前预算、事中控制、事后分析的有效管控体系，实现预算控制计划、计划指导经营、经营对比预算的闭环管理。同时，通过数据采集，各层级的预算管理部门在同一平台上实现了对市场、产值、

资金、人力、费用、研发等业务数据的统筹分析，确保年度经营目标的达成和战略目标落地。目前，全面预算管理平台正在向主要项目责任成本控制延伸这一目标开发，力求进一步发挥平台的管控作用。

四、HL公司数智化建设的展望

新一代信息技术蓬勃发展，驱动全社会生产方式加速变革，经济数字化转型是大势所趋，国有企业是数字化经济时代的中坚力量。结合HL公司数智化转型现状，其后续进一步发展需考虑从以下几点发力。财务信息系统改进之处及未来规划见图4。

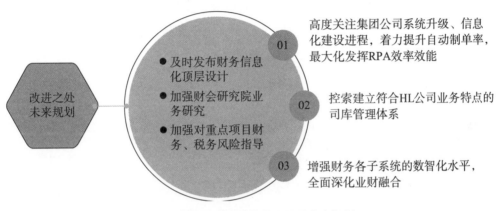

图4　财务信息系统改进之处及未来规划

一是高度关注集团公司财务核算系统升级、共享中心建设及各业务子系统的信息化建设进程，充分配合并做好系统上线所需的调试、培训、对接等相关工作。

二是围绕集团公司司库体系建设规划及相关要求，探索建立符合HL公司业务特点的司库管理体系，将资金管控的触角从资金划拨与结算等日常业务操作延伸覆盖至资金运营、数据分析、风险预警等其他方面，发挥司库决策支持和价值创造作用。

三是提高财务各子系统的数智化水平，全面深化业财融合。建立健全财务数据产生来源、数据自动化采集、数据资源整合、数据分析和应用的全生命周期治理体系，从梳理完善数据标准、规则、组织入手，到加强技术支持和模型定制，运用财务机器人实现流程自动化、电子发票识别、会计大数据价值挖掘等"数字+"场景应用，实现企业的业务信息与财务记录联动。

参考文献

［1］张俊瑞，苏洋，王海洋.转型经济背景下杨纪琬先生中国会计改革思想：继承与发展［J］.会计研究，2017（11）：14-21+96.

［2］蒋雪.对数智化下业财融合的思考［J］.财会月刊，2022（S01）：62-66.

［3］吴涛.科研院所财务"数字化"建设实践研究——以C科学院为例［J］.会计

之友，2023（02）：131-138.

　　［4］何宇城，周炜旻，周宝英，等.中国宝武探索建设世界一流财务管理体系的实践与思考［J］.财务与会计，2023（02）：24-28.

　　［5］杨占清，许振江，龚清清，等.国有企业财务数智化转型路径试探——以A能源企业实践为例［J］.新会计，2023（03）：34-37.

　　［6］王建新，曹智铭.数字经济背景下对企业财务转型的思考［J］.中国总会计师，2021（07）：54-56.

　　［7］胡仁昱，刘勤，邱穆青，等.从电算化到智能化的发展跨越——第二十届全国会计信息化学术年会主要观点综述［J］.会计研究，2021（10）：190-192.

　　［8］李静丹.数字化转型中建筑施工企业财务信息化建设研究——以JG建筑企业集团为例［J］.中国总会计师，2022（06）：94-97.

　　主创人：史华伟
　　参创人：安　康　董燕婷　张　帆　高欢子

高效差压铸造成套装备

秦皇岛信越智能装备有限公司

差压铸造工艺是在低压铸造基础上，通过在模具外部增加密封罩，实现充型压力的双向精确控制，从而提升铸造产品的组织致密性和强韧性，是铝合金关键零部件的一种重要生产工艺。差压铸造机作为生产汽车零部件的核心铸造装备，之前依赖进口，费用高昂且技术受限，严重制约我国汽车零部件产业工艺提升。为打破国外技术垄断，秦皇岛信越智能装备有限公司（以下简称"信越公司"）开发了一整套先进的智能差压铸造装备及技术，充分的生产实践证明，该装备及技术整体已达到国际领先水平，目前已在多家企业推广应用。

一、项目开发的背景、意义

近年来，随着汽车行业的蓬勃发展，汽车工业技术的不断提升，汽车厂商对于零部件轻量化的要求也大幅提高，对汽车零部件厂商的制造水平和工艺提出了新的要求。以铝合金为代表的轻量化零部件是汽车轻量化重要内容，差压铸造机作为铝合金零部件铸造的关键装备，相对于重力铸造和低压铸造，可使零件更具组织致密性和强韧性，在制造高性能、轻量化汽车零部件及工艺提升方面发挥着重要作用。

差压铸造技术广泛应用在汽车转向节、控制臂等零部件生产中。铝合金汽车零部件产线及产品越发多样，对提高生产效率的需求也越来越大，这对差压铸造装备工艺扩展性及自动化功能提出了更高的要求。智能差压铸造装备的生产研发，能实现数字化交互及智能化操作，可提高汽车零部件工厂生产效率及生产管理水平，对我国高端装备领域实现智能化技术突破有着重大的示范意义。

但长期以来，差压铸造设备制造技术一直被国外公司垄断，严重限制着国内汽车零部件制造水平的提升和工艺创新。同时，国外差压铸造装备技术起步较早，欧美等发达国家和地区在此领域一直处于技术领先地位，并对我国实行技术封锁。这导致差压铸造装备技术提升和突破受到严重限制，从而影响了新型汽车零部件的生产效率和产品工艺质量的提升。

在此背景下，信越公司开发了一整套先进的智能差压铸造装备及工艺技术，填补了国内差压铸造领域的空白。与此同时，重点解决了差压装备PID（比例、积分、微分控制）智能加压充型控制技术、液压伺服泵控制技术、楔块锁紧技术、伺服电机分体式取料托盘控制技术和坩埚炉自适应插接换炉技术等长期困扰行业发展的技术难题。

二、项目主要原理、技术内容及路线

差压铸造又称反压铸造、压差铸造。它是在低压铸造的基础上派生出来的一种铸造方法。与低压铸造的不同点在于，差压铸造在铸型外增加密封罩，内充压缩气体，使铸型处于气体的一定压力之下。金属液充型时，使保温炉中气体的压力大于铸型中气体的压力，如低压铸造时那样实现金属液的充型、保压和增压。但此时铸件是在更高的压力作用下结晶凝固的，所以可获得致密度更高的铸件。

差压铸造机整体结构主要由机械系统、液压系统、压力控制系统、冷却系统、坩埚炉系统组成；要保证达到工艺要求，实现高质量复杂造型零部件的稳定生产。

机械系统：整机的高刚性导向结构，保证开合模精度及偏载稳定性；独立锁模机构，保证模具在铸造过程中的合模间隙和台板回弹量达标；独立取料机构，实现取料、卸料和等待位置及行程的精准控制，使取料托盘运动平稳、与主机运动同步，减少等待时间，提高生产效率。

液压系统：台板快速运动控制的液压差动系统、负载平衡系统；液压伺服泵，通过伺服电机矢量调速控制液压压力机流量参数，实现液压驱动参数的数字化控制、远程自动化和节能降耗。

压力控制系统：铝液悬浮比例无极气动控制技术，通过比例控制阀无极控制，保证加压曲线铝液液位更精准；通过PLC通信与PID智能实时控制技术，实现上下腔压力的精准控制，从而精确控制铝液在模具内的流动状态。

冷却系统：高精度超声波数显流量计，实时显示各个冷却回路水流量，具备工艺范围设置、报警、批量控制等功能。

坩埚炉系统：一种自适应插接换炉技术，包含铝液转运系统、铝液精炼系统等，能够实现炉体与除气、静置和差压铸造机工位的自动换接，以提高生产效率。

三、技术关键点和主要创新点

1. 机械系统

采用有限元分析软件进行整机开模偏载下的模态分析，创新设计了四立柱高刚度抗弯设备主体新结构、机液协同驱动和无级变速稳态开合模控制技术，进一步提升设备稳定性、刚性等技术指标，开合模平行度达到0.2mm/1000mm，解决了复杂抽芯铸件表面拉伤和变形问题。

采用液压比例阀、高精度位移传感器、同步驱动器，配以机械齿轮同步机构，实现设备模板的高精度稳定运行，降低偏载造成的台板平行度偏差。解决差压铸造设备开合模精度不高和自动化程度低等造成的铸件表面拔模拉伤、变形，铸造成品率低等问题。

采用四点独立模具锁紧机构，有效减少坩埚炉、模具、热变形等因素造成的合模平行度偏差，保证模具合模精度，有效改善各部件受力状况，大幅减少铸件飞边。

采用新型取料机构，独立于机架的分体式取料托盘机构，以伺服电机控制，实现取料、卸料和等待位置及行程的精准运动，使取料托盘运动平稳、与主机运动同步，减少等待时间，提高生产效率。

2. 液压系统

通过伺服电机矢量调速控制液压压力及流量参数，实现液压驱动参数的数字化控制、远程自动化和节能降耗。

应用双泵伺服液压驱动技术，通过双泵的自动切换，实现设备各功能负载下的准确高效驱动，提升响应速度，降低液压冲击，提高系统抗干扰能力，在运行效率、节能降耗等指标上达到国际领先水平。

3. 压力控制系统

自主开发的数字化差压铸造控制系统，功能完善，界面简洁，操作方便，可实现对设备参数的实时监控以及对压力控制系统、冷却控制系统、伺服液压系统等参数的实时监控和设置，远程控制功能和总线扩展功能一应俱全；高精度压力控制系统，具有精确的压力传感器监护坩埚炉和铸造室内的压力，采用比例阀精确控制铸造压力曲线，实现铸造压力精准控制、精准补偿等。

PLC内置高端的PID参数，对铝液加压曲线进行实时修正，保证加压曲线跟随误差达到10mbar以内；冷却控制系统具备冷却控制回路，采用超声波数字流量计显示，数据稳定准确，方便直观。铸造成品率由92%提升至98.5%，实现产品性能及质量的全方位管控。

开发铝液悬浮比例无极气动控制技术。铝液悬浮是金属模铸造的高端技术，通过比例阀无极控制，坩埚炉内保持一定压力，使铝液稳定保持在冒口附近，从而减少升液管温度损失，解决冒口因温降造成的堵塞问题，提高升液管使用寿命。

针对复杂薄壁深腔结构的转向节补缩困难、缩松多、致密度不高、成品率低等技术难题，发明了三级差压大结晶压力(最大3500mbar)铸造技术、薄壁深腔局部空气挤压技术和数字化模块化水冷模具技术，突破了枝晶间补缩的技术难题，铸件孔隙率减小至0.1%以下，成品率从90%提升到98.5%以上，实现了高强高韧铝合金转向节稳定生产。

4. 数字制造系统（DMS）

自主开发DMS，以实现产线差压铸造装备的远程控制、实时报警、数据交换、工艺交互等功能，在安全控制、数字化交互方面达到国际领先水平。

四、总体性能指标（见表 1）

表 1 压差铸造装备总体性能指标

项目	主要性能指标	实际应用情况
压力控制精度	上下腔压力偏差 ±3mbar	±3mbar
台板平行度	移动台板与中隔板四点平行度偏差≤0.2	0.1～0.18
模具锁模力	主锁锁紧力≥1200kN	1200kN
动作节拍	台板开合模+托盘取料进出时间≤35s	33.5s
保温炉表面温度	≤80℃	76℃
成品率	≥95%	98.5%

五、国内外先进技术对比

通过对国外先进设备的技术参数及产线应用效果进行调研对比，得出结论：本项目差压铸造机的各项指标均已达到或超过国际先进水平（见表2）。

本项目主体采用四立柱加固梁机构，配合液压、机械同步开模机构，设备刚度提升40%，有效提高设备稳定性，在生产形状复杂、模具带抽芯机构的产品生产过程中有效减少了表面拉伤和变形问题。

本项目双泵伺服液压驱动系统相对于国外设备采用的定量泵和比例阀系统，在低速保压功率、快慢速切换、高速稳定性等性能上更优。同时，伺服液压系统的安全抗干扰能力优于国外设备，无设备误动作问题。其综合指标较传统差压铸造机节能40%，铸造效率提升20%。

具有自主知识产权的差压铸造控制系统，包括设备驱动、PID智能加压充型控制系统、冷却控制、数字化互联等子系统的开发，在铸造压力精准控制、精准补偿等指标上达到领先水平。

表 2 国外机型与信越公司机型对比

对比项目	国外机型	信越公司机型	水平对比
主体结构	四导柱结构	四导柱结构+加固机构	整机刚性提升40%，领先
模具锁紧力	128t	128t	持平
电气控制系统	AB控制系统	西门子控制系统	持平
压力控制系统	比例阀控制	比例阀控制+局部挤压工艺	领先

（续表）

对比项目	国外机型	信越公司机型	水平对比
冷却控制系统	基恩士（Keyence）数字流量计，流量显示经常跳变，不稳定	易福门（IFM）数字流量计	数字流量计稳定性更优，数据更准确
液压控制系统	定量泵＋蓄能器＋比例阀控制	采用伺服液压系统，液压站采用双泵控制	压力及运行速度实时可调，系统响应更迅速，提高生产节拍；伺服泵较比例阀抗干扰能力更强，安全性能更优
成品率	90%	98.5%	领先

六、项目成熟程度的说明

2016年，信越公司组建了差压铸造装备研发团队，开发了一整套先进的智能差压铸造装备及技术，整体技术达到国际领先水平，截至目前已建成差压铸造生产线20条，销售差压铸造装备101台套，见表3。

表3　项目专利

序号	知识产权名称	编号	知识产权类型	国家（地区）
1	一种楔块锁紧装置	ZL201620869510.7	实用新型	中国
2	一种差压铸造机取料沾水装置	ZL202110233952.8	实用新型	中国
3	一种差压铸造机的液压伺服系统	ZL202120457406.8	实用新型	中国
4	差压机中控系统V1.0	2021SR06311656	软件著作权	中国
5	信越差压铸造机嵌入式控制软件V1.0	2021SR0983556	软件著作权	中国
6	信越差压机外观专利	WIPO116152	外观专利	海牙

七、推广应用情况（部分）

①无锡戴卡轮毂制造有限公司，2018年销售3台套；

②秦皇岛戴卡兴龙轮毂有限公司，2019年销售2台套；

③无锡戴卡轮毂制造有限公司，2019年销售2台套；

④中信戴卡股份有限公司，2019年销售2台套；

⑤秦皇岛戴卡兴龙轮毂有限公司，2020年销售15台套；

⑥宁波拓普汽车电子有限公司，2020年销售5台套；

⑦无锡戴卡轮毂制造有限公司，2020年销售5台套；

⑧凯世曼铸造长春有限公司，2021年销售5台套；

⑨拓普电动车热管理系统（宁波）有限公司，2021年销售15台套；

⑩秦皇岛戴卡兴龙轮毂有限公司，2021年销售12台套；

⑪拓普电动车热管理系统（宁波）有限公司，2022年销售12台套；

⑫戴卡凯斯曼成都汽车零部件有限公司，2022年销售4台套；

⑬DIKA Morocco Castings SAS，2022年销售10台套。

八、效益分析

1. 经济效益分析

目前，信越公司具备年产30套整机及配套附属设备能力，已建成差压铸造生产线20条，销售差压铸造装备101台套，预计未来市场需求量较大，可用于生产转向节、控制臂及副车架等高性能轻量化铝合金零部件。对标进口装备，本项目关键零件已国产化，成本降低40%以上，多项关键技术指标和智能化程度优于国外品牌；已拥有成熟的技术成果，并取得CE认证，产品远销多家海外公司，累计销售额4亿元以上。

2. 社会效益分析

我国是汽车零部件生产与消费大国，尤其要注重能源安全和环境问题。由于环保和节能要求日趋严格，汽车轻量化已成为世界汽车发展的大趋势。本项目差压铸造机最大年产量50万件转向节，其稳定高效、节能的优势为新能源汽车行业的快速发展、铸造工艺提升以及汽车零部件轻量化打下了良好技术基础。

九、存在的问题

随着汽车行业的快速发展和市场竞争日趋激烈，客户需求变化较快，企业要全面了解客户商业模式、痛点难点，深入分析客户需求，以满足不同客户群体的特殊要求和个性化需求。同时，应建立全过程交流渠道，让客户积极参与到产品设计和改进中来，进一步提升设备性能。此外，应加强关键核心技术研发，提高部件国产化率。加强差压铸造相关设备模块化、标准化建设，缩短项目周期，努力实现低成本发展。

主创人：刘双勇　赵永刚　曾昭军

参创人：王斌生　任彦朝　马向前　路　鹏　鲁德谦　唐新宇　杨　光　费佳欢

第二部分　理论类成果

双链融合下生产技术创新研究

——研发创新型企业生产通用技术平台的设计与搭建

南方电网电力科技股份有限公司

摘　要： 本文旨在研究双链融合下的产业化体系的具体实现方法，对试制试生产过程与批生产过程的特点进行了分析，设计与搭建了生产通用技术平台。该平台应用实践于研发创新型企业的产品生产，开创了新型生产管理模式，对生产技术进行了创新，融入了企业供应链管理理念，具备在现代工业企业内部全面推广的条件和价值。

关键词： 双链融合　试制试生产　生产通用技术平台　生产技术创新

一、前言

基于习近平总书记关于双链融合论述及政府文件与双链融合理论阐释，在创新链向产业链转化中建立试制试产一体化机制，创建从研发样机到规模化产品的标准产业化路径，实现创新链向产业链的产品化突破。培育和实现"基础科学研究—应用科学研究—生产技术创新—实用产业研发"的完整链条，系统整合国家乃至全球的科研、设计和高技术制造能力，探索新兴产业的技术体系和组合机制，是促进战略性新兴产业发展的科学方式。

试制试生产的建立是构建创新链和产业链协同发展新机制中的重要一环，构筑产品生产技术支撑能力，是夯实试制试生产的基础。制定核心主营产品DFM（可制造性设计）通用规范，推进生产通用技术平台的搭建，在产品结构设计规范、电气装配与线束工艺、PCBA（印制电路板）生产工艺、产品测试等方面制定统一标准，创新引入物料认证环节进而建立公共物料选型库，降低生产成本，打造产品家族印记。批生产过程的管理由于没有与试制试生产过程进行数据集成，无法实现技术与信息共享，存在大量重复性工作，数据不准确会造成很大损失，故以SRM（供应商协同）为基础，以生产通用技术平台为支撑，实现研发资料、生产资料的交互，是未来的发展趋势。

创新链和产业链对接过程中存在创新链难以带动产业链升级，产业链技术含量低，生产技术能力弱，无法将创新成果的核心优势有效转化为产品的核心竞争力的问题。南方电网电力科技股份有限公司（以下简称"南网科技"）属于研发创新型企业，由科研院所转型而来，在不断引进先进产品技术的同时，时刻注重生产管理水平的提高，对其专业化要求越来越高，认为推进生产通用技术平台的设计与搭建具有重要意义。

二、推进生产领域产品级标准体系建设

南网科技基于产品国标、行标、企标制订生产领域通用技术和工艺标准。产品级标准体系建设应从产品设计标准开始，逐步覆盖至产品验证标准、物料认证标准中，从而形成完整的产品技术标准体系（见图1）。

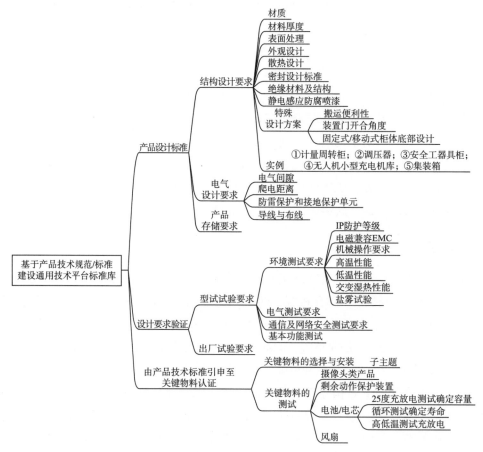

图1 生产领域产品级标准体系设计

1.产品级设计标准

产品级设计标准包含结构设计标准、电气设计标准、产品运输及存储标准等。参考公司主营产品关联的产品级别技术规范/标准，从材质、材料厚度、表面处理、外观设计、散热设计、密封设计、绝缘材料及结构、静电感应防腐喷漆等结构设计角度，从电气间隙、爬电距离、防雷保护及接地保护单元、导线与布线等电气设计角度，明确公司产品级设计标准，并为后续产品迭代提供支持。

示例：调压器系列产品参考《户外配电箱通用技术条件》《低压成套无功功率补偿装置》《低压成套开关设备和控制设备》等标准，对材质、钣金厚度、防腐处理、密闭

性、IP等级（电气设备外壳对异物侵入的保护等级）、设计方案（搬运便利性、装置门开合角度）、绝缘电压等进行具体要求。表1中的调压器结构设计思路参考上述标准，如标准中一般对装置要求为1.5～2.0mm不锈钢板，标准中"绝缘电阻试验"明确绝缘电压为690V。安全工器具柜虽同为柜体类产品，由于产品的功能需求及所处环境不一致，结构设计思路具备独特性，两款产品部分结构设计思路对比见表1。

表1 调压器与安全工器具柜结构设计思路对比

对比内容	调压器	安全工器具柜
钣金材料（材质、厚度等）	箱体应采用1.5～2.0mm厚度不锈钢板，箱体使用寿命至少8年以上	冷板，厚度2.0mm；使柜体在使用上有足够的机械强度，可抽出部件等应具有足够的机械强度以承受正常使用时所产生的应力
外观设计	防水沿设计；外形结构设计合理，方便吊装、巡视和检修；可视窗能够方便观察设备运行指示灯；箱体上应有醒目的安全警示牌；箱体左右两边必须有接地装置，且接地标志明显，方便接地；箱体采用前后双门结构形式，每门需2个以上铰链	安全工器具柜中的金属件和金属外壳应进行防锈蚀处理；安全工器具柜使用的绝缘材料应是阻燃的；安全工器具柜底板、称重隔板和一般隔板，应能分别承受960N、180N和60N的正向额定荷载，且底板、隔板的最大弹性变形量不超过6倍板厚；最大永久变形量不超过3倍板厚
柜体底部设计	箱体底部四周采用加强筋，提高承载能力；箱底固定孔设计腰形，方便安装	8mm脚轮板，底部筋板焊接加强，M12可调脚杯，2.5寸重型脚轮；安装重型脚轮便于移动柜体，方便安装，并能够锁止，脚轮锁止与脚杯一起固定柜体，保证柜体的稳定和平衡，脚杯可调节高度，使得能够垂直安置柜体
密封设计	门锁采用平面MS887锁扣设计，防止外力开启；表面加防雨盖板，美观实用；门四周打发泡胶或者优质防水胶条；箱体防护等级至少IP43，能防止直径大于1mm的工具、电线及类似的小型外物侵入；同时防雨或者防止垂直倾斜小于60度的方向而造成损坏	所有暴露的接缝处和进出线处必须有密封设施，密封设施应达到与外壳相同的IP防护等级

同类型（如柜体类）不同产品进行结构设计分析，由于产品特性不同，在结构设计方面各具各的标准，因而产品设计思路存在差异，故需以产品为单位来收集产品的技术规范，并针对结构、电气、运输及存储等进行分析，推进产品级标准体系的建设。

2.产品级验证标准

产品的验证标准由两部分组成：功能性测试和环境测试。对于功能性测试，依据产品通用技术条件中的技术要求内容，由研发部门对功能性测试进行定义。对于产品环境测试，在生产管理过程中需建立生产环境控制、老化工艺等生产标准，为制程检验提供依据，以建立严格的产品检验标准。

环境测试包含产品环境测试要求内容和电工电子环境测试的试验方法。

（1）产品环境测试要求内容

依据产品级别技术规范/标准，其环境测试相关内容一般明确规定验证方法涉及的具体参数。

示例：调压器产品所处环境需参考技术环境，技术规范GB/T 15576—2008《低压成套无功功率补偿装置》对环境测试进行要求，涉及耐腐蚀性、绝缘材料性能、耐紫外线辐射验证、机械碰撞试验、防护等级等环境测试。如耐腐蚀性，技术规范中有明确的湿热循环试验的具体参数，如温度、相对湿度、试验时间、循环次数。

（2）电工电子环境测试的试验方法

测试中试验方法的具体参数依据环境测试要求，侧重于具体实现手段。电工电子环境测试的试验方法，如IP防护等级、电磁兼容性EMC、机械操作、高低温的试验方法，可参考GB/T 2423.4—2008《交变湿热循环试验》GB/T 11026《电气绝缘材料耐热性 第1部分：老化程序和试验结果的评定》等国标为试验方法的支撑基础，一方面对产品生产环境及测试环境搭建具有参考价值，另一方面对于生产管理部门基于试验具体方法可采用"自主检测＋委外检测＋监督检测"相结合的形式对产品进行检验。

3. 产品级物料认证标准

由主营产品技术规范/标准延伸至关键物料的选型和检测标准。

示例：《变电站机器人巡检系统通用技术条件》中规范性引用文件《视频安防监控系统技术要求》，对摄像头物料选型及来料检测具有指导意义。考虑传统的摄像头来料检测仅集中于外观尺寸及光洁度等检测，上电检测即可认定物料合格，基于上述物料规范性引入文件，结合试制试生产工作中摄像头技术规格书的整理分析，物料认证标准在来料检测基础上进行升级：①对视频探测及图像采集明确规定等级；②视频探测设备应与现场环境相协调，具有相应的设备防护等级；③防雷接地要求；④系统可靠性。

以由产品技术标准引申至关键物料认证为基础，结合试制试生产工作中物料技术规格书的整理分析，以通用物料集成度高的产品逐步拓展，最终搭建公共物料库及对应认证标准，供研发人员在产品设计优先选取，逐步减少物料类别，形成集约化采购；并改善传统来料检测仅关注外观的检测需求，从源头解决产品质量问题。

三、推进生产领域通用性标准体系建设

生产领域通用技术和工艺标准的建设，需形成产品结构件设计与加工工艺、PCB

（电路板）制板工艺、装配工艺、布线工艺等企业通用规范等，并逐步提炼整合与生产工艺高度关联的设计规范，建立公司通用标准体系和产品标准体系，通过统一标准缩短研发周期，降低研发和生产成本，形成公司产品的设计风格、技术风格、工艺标准。生产领域通用性标准体系设计见图2。

1.广泛应用于所有产品的结构标准

（1）工业设计

考虑到公司产品众多，且隶属于不同的产品研发机构，产品目前设计不统一，不具备规范的产品形象，公司在产品设计、开发、研制、流通、使用中需具备统一的形象特质，应考虑将产品的内在品质与外在形象统一起来。

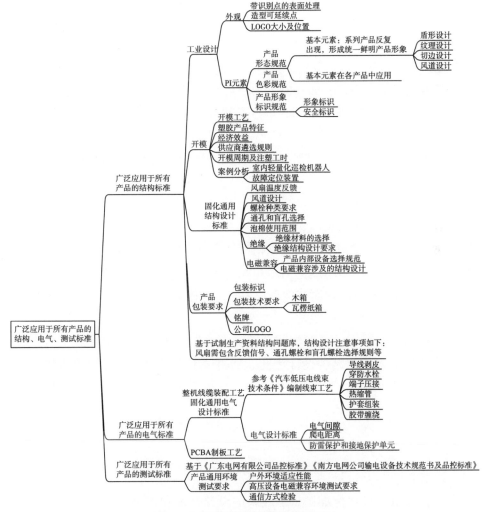

图2　生产领域通用性标准体系设计

通过产品调研与定义，如产品策略分析、产品战略定义、用户研究分析、流行趋势分析等，对现有产品形态设计元素进行总结提炼，对产品加工工艺、使用环境进行综合考虑，依据产品形态的基本分类与特征进行总结，提炼出家族基因——准确反映公司核心价值的基本元素及相关规范，在后续产品研发和原有产品迭代过程中继续使用。基本元素涵盖：带识别点的表面处理、造型可延续点（如横向设计、圆角、棱角）、LOGO（标识）大小及位置等外观基本元素，风道设计风格等结构设计基本元素；工业设计规范涵盖：产品形态规范、产品色彩规范、产品形象标识规范。

（2）开模技术

产品开模通用技术规范主要针对以下5点。

①开模工艺的选择，注塑、滚塑、吸塑等技术特性，如对产品精度、产品一致性、材料选择、表面处理、产能、漆面牢靠度、产品不良率等进行不同工艺的对比分析，便于试制试生产过程中结构设计定型。

②塑胶产品特征关键的生产技术，如产品或零部件内容、胶粒或模具品质区别、关键的生产技术、材料的选择等。

③经济效益之成本评估，如开模工艺的选择对加工件成本的影响、量化分析开模成本与机加（或手板件）成本的对比、产品级成本构成（定制件、加工件、通用件、专用件）。

④明确产品开模对图纸、材质、防护等级、功能等的要求，以及开模时间进度，反馈至研发层面。

⑤开模供应商遴选规则。

（3）通用化结构设计标准

通用化结构设计标准对于产品级结构设计，暂未明确的规范，具备一定的广泛性和通用性。如DL/T 375—2010《户外配电箱通用技术条件》中对部分结构组装工艺的描述为"装置焊接、组配、防腐处理等工艺应符合相关标准"，并未对关键参数进行描述，故需对通用化结构设计标准进行归类分析。

国标、行标、企标中的设备构体公差、焊接工艺规程及评定一般原则等通用标准要求可作为产品通用化结构设计标准。试制试生产过程具备通用性的结构审核标准亦可作为通用化结构设计标准，如风扇需具备温度反馈、螺钉通孔盲孔的选择条件等。

2.广泛应用于所有产品的电气标准

（1）线束工艺及电气设计标准

线束工艺及电气设计标准制定从线束的设计开发和选型，至线束的生产品质控制。根据国家标准QC/T 29106—2004《汽车低压电线束技术条件》和企业线束标准，指导公司线束生产流程。其中，《整机线缆装配工艺》规定了各个关键工序的标准化操作规范，导线剥皮作业规范、端子压接作业规范、胶带缠绕作业规范等线束工艺标准为装配人员在整机装配时提供操作指导，同时适用于来料质量控制（IQC）和质量工程师（MQE）以及成品质量检验（FQC）对来料验收和生产、发货检验等生产品质的控制。

（2）PCB 制板工艺

PCB 制板工艺包含两类。①基于国标、行标建立通用化 PCB 制板工艺标准，如基于 IPC—610G 行标构建电子组装件 PCBA 外观验收标准；除此之外，PCB 工艺还包含 PCB 组装工艺、元器件选型标准等。②针对产品的特性，定义 PCB 工艺需求。示例：PCB 三防漆涂覆工艺要保证长期在户外运行产品的防尘、防潮、防腐蚀性能，针对不同产品的特殊性，以产品为单位收集公司主营产品 PCB 三防漆涂覆工艺，对于密封性涂敷厚度、涂敷作业环境、烘板温度和时间等进行分析，为后续的产品迭代及同类型产品研发提供技术支撑。

3. 广泛应用于所有产品的测试标准

测试标准以已有成熟产品为基础，引申至暂未具备通用技术规范（技术条件书）、国标企标行标、品控标准的研发产品，对其型式试验报告、整机测试、首检抽检方案进行验证。

示例：变电站巡检机器人作为成熟产品具备物资品控标准，规定了可靠性要求的验证要求，其中高温试验、低温试验、外壳防护性能测试试验、交变湿热试验要求可作为户外条件下的环境适应能力验证参考；电磁兼容试验可作为变电站环境下检测类设备的环境适应能力验证参考。

测试标准依据产品通用性对测试进行分类，如所处环境适应能力：户外环境适应性能、隧道环境适应能力、高压设备电磁兼容环境测试、电池功能验证需求、通信方式检验等。

示例：产品若处于高压设备电磁兼容环境中进行测试，其环境测试可参考《架空输电线路图像视频监测装置技术规范书》等成熟产品测试标准，其对静电放电抗扰度、射频电磁场辐射抗扰度、电快速瞬变脉冲群抗扰度、浪涌（冲击）抗扰度、射频场感应的传导骚扰抗扰度、工频磁场抗扰度、脉冲磁场抗扰度提出参数等级要求。

四、推进生产问题库建设

依据产品设计标准和生产工艺标准，结合产品研发及试制试生产中的质量控制要点、客户的质量反馈、产品出厂质检工作等，基于产品问题分类的不同维度，建立研发和生产的检验标准，保证各阶段、各工序的质量，为后续产品开发迭代及量产提供技术支撑：①建立产品研发符合性、可靠性的检验标准；②建立从生产来料、制程到成品各阶段的检验标准。生产问题库设计示意见图 3。

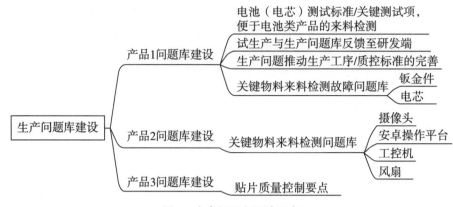

图3　生产问题库设计示意

五、推进生产通用技术平台与生产协同云管理系统结合

对研发产品试制试生产和自主批量生产进行全流程信息化管理，并对外协生产多工厂、多供应商进行生产供应链协同管理，实现公司新产品从研发试制、NPI（新产品导入）到量产全过程端到端数字化管理，做到产品生产交期可计划，产品生产进度可视化，产品质量可追溯。在此过程中，运用协同系统中的CAPP（计算机辅助工艺过程设计）系统以及ES（专家系统），将生产数据和通用技术平台知识库高效结合，完成研发资料、生产资料、工治具线上交互，丰富生产数据专家库知识内容，实现技术协同。生产协同云管理系统见图4。

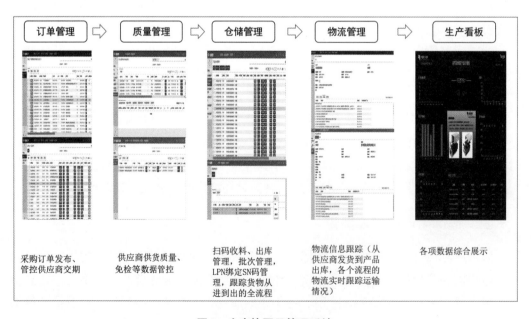

图4　生产协同云管理系统

通用技术平台信息化管理用于实现生产技术文档的线上集中管理，可通过云管理系统对技术文件的上传和下载进行权限及变更管控，并通过云管理实现与委外加工方的技术文件的线上对接交互，实现通用技术平台共享。目前，针对技术平台信息化管理，对于试制试生产工作，实现生产技术资料、研发资料、工治具、仓储信息、生产信息、质量信息等线上管理，试制和试生产的人、机、料、法、环、测信息全程电子化记录。

六、结语

生产通用技术平台的设计与搭建作为生产技术创新的一种方式，充分考虑了创新技术产业化的过程及构成要素，改变了创新技术低产业化的现状，具备在现代工业企业内部全面推广的条件和价值。

参考文献

［1］SCHUMPETER J A. The Theory of Economic Development：An Inquiry into Profits，Capital，Credit，Interest，and the Business Cycle［M］. Cambridge：Harvard University Press，1934.

［2］邢超.创新链与产业链结合的有效组织方式——以大科学工程为例［J］. 科学学与科学技术管理，2012（10）：116-120.

［3］汤军社，施群，秦现生，等.试制过程与批生产过程结合的研究［J］. 机械工业自动化，1999（03）：13-15+19.

［4］蒋廷云，陈胜国，王寿山，等.浅谈汽车电线束的品质控制［J］. 汽车电器，2014（04）：43-46.

主创人：姜海龙　刘　晶
参创人：徐齐胜　胡　政　高　雅　尤　毅　湛志钢

构建党建"五融五保+先锋行动"机制
引领企业高质量发展

中石化广州工程有限公司

摘　要： 作为中国石油化工集团有限公司旗下主力工程公司，中石化广州工程有限公司坚持以习近平新时代中国特色社会主义思想为指导，坚守"旗帜、栋梁"总定位，积极融入国家发展大局、服务国家发展战略，深刻践行中国石化"三大核心职责"，以世界领先的技术先导型能源化工工程公司为目标，充分发挥党委把方向、管大局、保落实作用，认真落实全面从严治党主体责任，认真贯彻落实习近平总书记关于国有企业改革发展和党的建设的重要论述，大力弘扬"时代楷模"陈俊武精神，把党的建设融入公司治理。近年来，中石化广州工程公司党委创新思维、创新方法，构建党建"五融五保+先锋行动"机制，即将党的建设"融入公司章程、保源头决策，融入长远规划、保发展方向，融入管理体系、保过程管控，融入科技开发、保自主创新，融入项目执行、保计划节点"，把党的领导延伸到企业生产经营的各个环节，辐射到企业管理的细枝末端，推动党的建设与企业改革发展同频共振、深入融合，将党的政治优势、组织优势转化为企业的竞争优势、发展优势。

关键词： 党建　融合机制　高质量发展

一、前言

中石化广州工程有限公司（以下简称"广州工程公司"）成立于1956年10月，是国内能源化工领域集技术专利商与工程承包商于一体的高新技术企业。多年来，广州工程公司承担完成各类大型工程项目5000余项，在炼油、油气储运、新型煤化工等领域创造了多项国内第一和世界第一，炼化一体化设计拿总能力、装置大型化设计能力、数字化交付能力居行业领先地位，连续多年荣登中国工程设计企业60强榜单。广州工程公司坚持以习近平新时代中国特色社会主义思想为指导，立足"旗帜、栋梁"总定位，积极融入国家发展大局、服务国家发展战略，深刻践行中国石化"三大核心职责"，以世界领先的技术先导型能源化工工程公司为目标，大力弘扬"时代楷模"陈俊武精神，实施"全球发展战略、创新驱动战略、能化为本战略、价值聚焦战略、绿色洁净战略"五大发展战略,拓展新型化工、化工新材料、氢能、节能环保、碳中和等新领域,倾力打造相关产业融合发展的全新业务链,以实际行动践行央企责任担当,充分发挥党委把方向、管大局、保落实作用,认真落实全面从严治党主体责任,以高质量党建引领公司高质量发展。自2018年以来,广州工程公司党建工作在中国石化党建考核中连续四年位列A档。

二、实施背景

2016年10月,习近平总书记在全国国有企业党的建设工作会议上发表重要讲话,深刻回答了事关国有企业改革发展和党的建设的一系列重大理论和实践问题,为新时代加强国有企业党的建设指明了方向,提供了根本遵循。习近平总书记指出,坚持党对国有企业的领导是重大政治原则,必须一以贯之;建立现代企业制度是国有企业改革的方向,也必须一以贯之。要把加强党的领导和完善公司治理统一起来,建设中国特色现代国有企业制度。在2018年7月全国组织工作会议上,习近平总书记指出,在一些国有企业,党的领导融入公司治理,在总部一级做得比较好,再往下延伸则存在层层递减问题。2021年5月,中共中央办公厅正式印发的《关于中央企业在完善公司治理中加强党的领导的意见》提出,中央企业党委(党组)是党的组织体系重要组成部分,在公司治理结构中具有法定地位。

近年来,广州工程公司党委认真贯彻落实习近平总书记关于国有企业改革发展和党的建设的重要论述,把党的建设融入公司治理,体现到公司决策、执行、监督各环节,推动党的建设与企业改革发展同频共振、深入融合,将党的政治优势、组织优势转化为企业的竞争优势、发展优势。

三、主要理论依据及创新点

根据习近平总书记有关加强国有企业党的领导的讲话要求和中共中央办公厅《关于中央企业在完善公司治理中加强党的领导的意见》文件精神,广州工程公司创新思维、创新方法,构建党建"五融五保+先锋行动"机制,即"企业党的建设融入公司章程、保源头决策,融入长远规划、保发展方向,融入管理体系、保过程管控,融入科技开发、保自主创新,融入项目执行、保计划节点",把党的领导延伸到企业生产经营的各个环节,辐射到企业管理的细枝末端,创新活动载体,充分发挥党的先锋队作用,持续开展以党员为主体的先锋行动,用高质量党建引领保障企业高质量发展。

四、主要内容和做法

(一)融入公司章程,保源头决策

广州工程公司不折不扣贯彻落实《中国共产党国有企业基层组织工作条例(试

行）》要求，及时修订公司章程，把党组织的职责权限、机构设置、运行机制、基础保障等重要事项写进章程，明确党组织研究讨论是董事专题会、经理层决策重大问题的前置程序，公司重大经营管理事项须经党委前置研究讨论后，再由执行董事按照职权和规定程序做出决定。切实把党的领导融入公司治理各环节，把企业党组织内嵌到公司治理结构之中，使党组织发挥的作用组织化、制度化、具体化，从源头上避免了企业党委领导核心作用发挥不够，党的领导和党的建设弱化、淡化、虚化、边缘化的"四个化"问题。

一是广州工程公司党委履行全面从严治党主体责任，认真贯彻落实中国石化党组和公司党委各项安排部署，立足自身职责，健全党委统一领导、党委书记履行第一责任、行政主要领导履行重要领导责任、领导班子成员中的其他党员干部履行"一岗双责"及党群职能部门管理责任的党建工作机制。把抓好党建作为分内职责，把党建和党风廉政建设主动融入分管工作，听取分管部门党建工作汇报，促进解决分管工作重点难点问题。

二是持续完善"双向进入、交叉任职"的领导体制，在组织架构上将党的领导和公司治理优势有机统一起来。坚持党组织对干部人事工作的领导权和重要干部的管理权，在机关管理部门，部门主任兼任支部书记，认真落实"一岗双责"；在专业部室，部门经理兼任支部副书记、支部书记兼任部门副经理，党政负责人交叉任职，实现了党建与业务工作同计划、同部署、同要求、同落实。

三是持续完善党委议事规则和决策流程，制修订了《公司"三重一大"决策制度实施细则》《执行董事专题会制度》《总经理办公会制度》和主要议事清单，进一步厘清决策权限，明确党委前置研究讨论的地位和事项，建立了"三重一大"决策事项台账，定期维护"三重一大"运行系统。

四是严格执行重大事项请示报告制度。通过党委会、支部书记例会、党支部"三会一课"重温学习《中国共产党重大事项请示报告条例》和中国石化党组实施办法、广州工程公司党委实施细则，进一步规范请示报告事项的管理工作，建立了公司党委请示报告事项台账、基层党组织请示报告事项台账等。

（二）融入长远规划，保发展方向

广州工程公司在"十四五"发展规划中明确要求，今后五年要以政治建设为统领，全方位加强党的领导和党的建设，以高质量党建保障企业高质量发展。在"十四五"及今后一个时期，广州工程公司党委提出了党建工作"1335"的总体思路，即突出"1个主线"，以高质量党建推动公司高质量发展；注重"3个引领"，党建工作注重创新引领、融合引领、信息引领；做到"3个带头"：关键核心岗位党员带头，急难险重任务党员带头，重大项目攻关党员带头；深化"5个功能"，政治聚魂功能、人才聚能功能、文化聚心功能、基层聚力功能、纪律聚风功能。

一是持续加强党的政治建设，把上级重大决策转化为公司发展战略和工作措施，促进各级党组织和广大党员干部增强"四个意识"、坚定"四个自信"、做到"两个维护"。充分发挥把方向、管大局、保落实作用，与中心工作同步研究安排党的建设、党风廉政建设、安全生产、环境保护、保密稳定等工作，深化"一岗双责"融合落实。推动"第一议题""第一课程""第一标尺"制度全面落实，引导各级党组织紧跟总书记步伐、紧扣中央节拍。开展好党史学习教育等党内重大教育、庆祝建党100周年等重大主题活动，形成党内经常性教育长效机制。

二是不断加强党的组织建设。坚持党管干部、党管人才原则，严格执行干部选拔任用相关制度规定，打造政治坚强、本领高强、意志顽强的高素质专业化干部队伍。加大干部轮岗交流力度，使干部能上能下，推进干部队伍结构调整，发挥各年龄层级干部的作用。加大优秀年轻干部选拔培养力度，激励干部担当作为，坚持"三个区分开来"，弘扬新时代科学家精神、企业家精神。强化党支部组织功能，深化组织力提升工程，推动攻坚克难。建立健全基层党组织书记谈心谈话制度、培训制度、述职制度，高质量开展党员教育培训，打造学习型党组织。围绕重大工程建设，抓实境外党建工作，探索"守法+基本+创新"路径。

三是不断加强宣传思想工作和企业文化建设。围绕公司生产经营中心任务，高质量推进宣传思想文化各项工作，担起举旗帜、聚民心、育新人、兴文化、展形象的使命任务。落实党管宣传、党管意识形态、党管媒体要求，推动意识形态工作责任制落实。强化"时代楷模"陈俊武院士典型引领作用（见图1），加强传承石油精神、弘扬石化传统教育。推动海外传播和文化融合，提高公司在海外的品牌影响力。梳理升级公司企业文化体系，提炼公司优秀文化基因，通过"内化于心、外化于行"的策略，使文化理念深入人心、员工自觉认知践行。加强党对统战、群团组织的领导，增强群团组织政治性、先进性、群众性，充分发挥职工主力军、青年生力军作用。

图1　"时代楷模"陈俊武先进事迹报告会在人民大会堂举行

四是持续加强党风廉政建设。把政治监督放在首位，保证重大决策部署到哪里，政治监督就跟进到哪里。把作风建设持续引向深入，持续整治形式主义和官僚主义，贯彻落实好中央八项规定精神、党组实施细则和公司实施办法，防止"四风"反弹回潮。持续完善党委履行主体责任的制度机制，推进廉洁风险防控管理，深化巡视巡察整改，深化项目督察和专项治理工作，围绕难点、热点和关注点开展专项治理。对境内外重点工程建设项目开展督察，深入项目现场进行全面检查。

（三）融入管理体系，保过程管控

广州工程公司把党的领导融入运营管理体系、QHSE（质量、健康、安全、环境）管理体系、工程项目管理体系，通过强化党的引领、完善组织架构、明确岗位职责、健全管理制度和管理流程，确保从企业管理层面到工程项目管理层面，有党组织在引领把关、有党员在发挥先锋模范作用，保证各项管理工作有效落实，实现企业可持续发展。

一是结合实际编制了《项目管理标准体系：项目实施通则》《项目党支部工作手册》，明确规定了组建总承包项目部时同步组建项目党组织，任命党组织书记，健全党组织机构；定期对项目党建工作进行检查和考核；对项目建设重大节点、成绩等进行宣传报道；根据项目实际开展党建共建工作，与地方政府、业主、分承包商等结对共建联建，共同推动解决项目建设难题。根据党中央的精神和上级党组织的具体要求和部署，及时对党建有关制度规定进行梳理修订、补充和完善。

二是持续完善修订基层党建工作制度，近年来先后对《公司落实〈直属单位党委工作规则〉实施办法》《公司党委理论学习中心组学习实施细则》《党委会议事规则》《公司基层党组织书记例会制度》《公司党务公开实施细则（试行）》等党建制度和《公司企业文化建设管理办法》《宣传工作管理规定》《信息公开实施细则》《舆情处置及新闻发布应急预案》等进行了修订，确保体系符合要求。

（四）融入科技开发，保自主创新

科技开发是企业持续发展的重要保障。唯有自立自强，自主创新，自主研发，破解发展中的难题，才能更好地实现企业转型发展。广州工程公司党委充分发挥党组织在科技创新中的政治引领、组织协调、督促落实、监督保障作用，大力弘扬以"爱国、创新、求实、奉献、协同、育人"为主要内涵的科学家精神，深入宣传"时代楷模"陈俊武院士等老一辈科学家和新时代优秀科技工作者献身科学的事迹，为科研人员勇攀科技高峰注入强大精神动力。

一是以成立创新工作室、劳模工作室为抓手，激励公司广大专业技术人员，尤其是党员领导干部，在"卡脖子"技术攻关项目中揭榜挂帅，踔厉奋发，担当作为，奋力打造原创技术策源地（见图2）。

图2　举办劳模和工匠人才创新工作室汇报交流会

二是各基层党组织把解决科技攻关中的难点作为党支部工作的重点，把抓科研项目落实、攻关任务完成作为检验党支部政治功能和组织功能的试金石，围绕安全质量、科研进度、成果转化、技术服务等关键环节开展党员示范岗、党员责任区、党员攻关队等创先争优活动，规范管理运行，加强考核评价，促进党建责任与科研工作融合落实，让党徽在技术开发岗位熠熠闪光、党旗在科技攻关最前沿高高飘扬，真正实现科技创新推进到哪里，党组织和党员的作用就发挥到哪里，科技成果就落地在哪里。

近年来，公司承担的5项国家重点研发项目、7项中国石化"十条龙"攻关项目、1项"绿氢炼化"专题研究及6项氢能重大攻关项目进展顺利。中国石化重大科技攻关项目"催化裂化装置智能化安全平稳运行技术"完成攻关，"燃料电池车用氢气纯化及供应技术研发和应用"等两项顺利"出龙"，茂名乙苯/苯乙烯、中原油田PEM（质子交换膜）制氢工业示范等建成投产，持续打造"三大五新"技术优势，在新型化工、化工新材料、氢能、节能环保、碳中和等领域进行技术攻关，"支撑中国石化汽油质量持续升级的关键技术路线创建和核心技术开发"等4项成果获得中国石化科技进步奖。

（五）融入项目执行，保计划节点

广州工程公司党委进一步强化工程项目党建工作，编制印发了《EPC项目党支部管理规定》，补充完善了《项目党支部工作手册》，形成了具有较强针对性、指导性和实用性的《总承包项目党组织工作操作指南》，工程总承包项目党组织工作实现了标准化、规范化。

一是优化项目党建工作机制，在加强工程总承包项目党建工作的同时，对设计项目党建工作也进行了积极探索，创造性地提出了将党建工作安排列入项目实施计划的思路举措，结合现场实际编制了《项目党支部工作手册》。

二是将党组织的建设与项目建设紧密结合，各项目党支部参与公司"六比一创"主题劳动竞赛，充分发挥党组织战斗堡垒作用；持续将党的建设融入项目建设全过程，通过选定项目实施阶段的关键节点和关键控制点，开展针对性的主题党日活动，建立"党员示范岗"，成立"党员突击队"（见图3），树立"党员攻关牌"，最大限度地激发党员自身潜能，使党员在各个岗位上成为履职尽责、锐意创新的先锋者，成为破解项目难题、为项目创优创造条件的带头人。

图3　围绕中心工作成立党员示范岗、党员突击队

三是大力创新境外项目党建工作新机制，坚持把握"守法＋基本＋创新"原则，在境外设立项目党工委，结合项目情况、当地特点及文化习惯等，通过改进方式方法、创新党员教育管理机制，找准融合点、创新党建工作融合项目执行机制，丰富活动载体、创新跨文化管理机制，以充分发挥党建工作的政治领导、品牌引领、凝心聚力、促进生产的作用。

（六）创新活动载体，持续开展先锋行动

公司承揽的每个项目都有其不同特点，项目执行中都会遇到各种各样的困难和挑战，时间紧、任务重，加班加点已成为常态。面对项目执行的压力和挑战，公司党委和各基层党组织创新活动载体，把项目执行的难点、关键点与党的组织生活、党员示范岗、党员突击队、主题党日活动等载体有效结合起来，把良好的管理方式、工作作风、队伍建设、业务创新、企业文化、精神风貌等融入党的建设，坚持在完成生产经营重点工作中创新党建形式，充分展示党建工作的核心内容和独特价值，推动党建工作与生产经营工作深度融合。

近年来，公司各级党组织持续组织开展了一系列先锋行动。一是"三亮三建"活动，即亮党员身份、亮工作标准、亮岗位承诺，建"党员示范岗"、建"党员突击队"、建"党员先锋工程"。二是"三查三强"促安全主题党日活动，即查政治站位，强化党委领导责任落实；查作用发挥，强化基层组织责任落实；查思想作风，强化岗位工作责任落实。三是"三比三赛"活动，即在各专业部室之间开展以比协作、赛进度，比创新、赛专利，比技能、赛证书为主要内容的劳动竞赛活动。四是"六比一创"活动，即在总承包项目之间开展以比安全生产、比工程质量、比工程进度、比绿色施工、比降本增效、比科学管理、创党建品牌为主要内容的劳动竞赛。还有"党建共建""廉洁共建"和"牢记嘱托、再立新功、再创佳绩，迎接学习贯彻二十大"主题活动等，有力地促进了党建与生产经营的深度融合（见图4）。

图4 举办劳动竞赛，发挥职工主力军作用

五、实施效果

广州工程公司党委以党的政治优势、组织优势和思想优势推动生产经营各项工作，重点项目顺利推进，科技创新硕果累累，新业务开发实现突破，境内外市场更加广阔，管理效能稳步提升，经营业绩持续向好，党组织的影响力和凝聚力进一步增强，职工群众的幸福感和获得感进一步提升，公司发展呈现蓬勃生机，形成了党建工作与企业改革发展同频共振、互促共赢的良好局面。2022年，广州工程公司荣获中国石化"牢记嘱托、再立新功、再创佳绩，迎接学习贯彻二十大"主题行动先进单位，党建考核连续四年位列A档。公司主要经营指标完成情况逐年向好。

主创人：韩卫国 杨洪斌
参创人：杨剑东 李 琳 刘 倩 刘雪琛

国企党组织领导打造世界一流品牌研究

——以 SINOMA 为例

中国中材国际工程股份有限公司

摘 要： 国企党组织领导打造世界一流品牌，是坚持党的领导的重要体现，是打造中国特色品牌的内在要求，是有力统筹规划品牌建设的重要保证。本课题基于中材国际打造 SINOMA 品牌的实践，总结归纳出国企党组织领导打造世界一流品牌的七条实践路径，即增强党组织领导力、加强品牌战略规划、提升技术创新行动力、开拓国际视野、承担社会责任、提升国际传播力、锤炼基层组织力。课题最后从战略高度和理论高度总结出国企党组织领导打造世界一流品牌的五条经验启示，为国企打造世界一流品牌提供了参考借鉴。

关键词： 国企党组织 领导 打造 世界一流品牌

中国中材国际工程股份有限公司（以下简称"中材国际"）党委以国际视野、长远眼光，二十年如一日地打造 SINOMA 品牌。早在 2002 年，党委就提出建设 SINOMA 国际品牌的目标，围绕工程质量、创新能力、经营模式等方面统筹规划，制定了建设世界一流品牌的系统规划，通过打造精品项目、举办国际会议、开展国际战略合作等方式，提升 SINOMA 品牌的国际知名度。党委加大品牌建设宣传和规划力度，使企业全体员工充分认识到打造世界一流品牌的重要性和战略意义，增强对企业品牌文化的认同感，以实际行动积极参与到品牌的建设、塑造和维护之中，不断提升品牌建设效率和质量。党委建立健全专门的品牌建设部门，配齐人才队伍，给予经费等各方面的专门保障。党委领导制定了"十四五""1236"发展战略，以"推动绿色智能，服务美好世界"为使命，以建设"材料工业世界一流服务商"为愿景，统筹领导打造 SINOMA 世界一流品牌全局。目前，中材国际水泥工程总承包业务的海外市场份额占有率达到 65%，连续 15 年全球第一，SINOMA 品牌已经成为世界建材工业靓丽的中国名片。

党的十八大以来，习近平总书记多次强调要培育具有全球竞争力的世界一流企业，并在党的二十大报告中再次明确提出"加快建设世界一流企业"[①] 的要求。在建设世界

[①] 习近平. 高举中国特色社会主义伟大旗帜 为全面建设社会主义现代化国家而团结奋斗——在中国共产党第二十次全国代表大会上的报告[M]. 北京：人民出版社，2022.

一流企业的过程中，品牌是企业竞争力和生命力的集中体现，打造世界一流品牌已成为建设世界一流企业的重要内容。

中材国际是全球最大的水泥技术、装备、工程、服务系统集成服务商。2008年6月，时任国家副主席习近平访问沙特阿拉伯，亲切接见了中资机构和中国工程人员，中材国际的项目人员也在其中。习近平希望中资机构和中国工程人员"重质量、讲信誉，争创中国品牌，树立中国形象，使每个合作项目都成为中沙友谊的象征"。中材国际始终牢记并坚定践行习近平总书记嘱托，市场份额连续15年世界第一，水泥工程EPC全产业链全球唯一，SINOMA已成为世界建材工业最响亮的中国品牌。

一、国企党组织领导打造世界一流品牌的重要意义

习近平总书记在中央全面深化改革委员会第二十四次会议上强调，要"加快建设一批产品卓越、品牌卓著、创新领先、治理现代的世界一流企业"，这对国企改革和发展提出了更快更高的要求。因此，打造世界一流品牌，不仅对国有企业具有重要意义，也是国企党组织重大的政治任务。

（一）国企党组织打造世界一流品牌的背景和意义

世界一流品牌是指在国际范围内具有更高的品质内涵、科技含量、产业引领力和国际美誉度的品牌，一般包含品质可靠、创新领先、价值共赢、责任担当四方面要求。世界一流品牌的建设将为打造世界一流企业争取更大的战略机遇、培育更强劲的核心能力、激发更强大的发展动力。

（1）有助于提升企业的国际竞争力。当前，产业加速升级，拥有差异化的品牌优势日益成为赢得市场竞争的关键。同时，打造世界一流品牌也有助于实现产品、技术等有形资产和文化、精神等无形资产的优化与整合。

（2）有助于国企实施"走出去"战略。建设世界一流品牌，将有利于推动国企成熟的产品、技术和标准走出国门，在国际范围内更深层次、更宽领域地提升企业的国际竞争力、影响力和主导力。

（3）有助于塑造良好的国家形象。国企建设世界一流品牌，有助于向世界讲述好中国故事、传播好中国文化、展现好中国风貌，全面展现可敬可信可爱的中国良好形象。

（二）国企党组织领导打造世界一流品牌的重要性

党的领导是国有企业与生俱来的基因，也是国有企业打造世界一流品牌最核心、最独特的优势，必须立足国企发展实际，将党的领导优势有效转化为发展优势，打造一批具有国际竞争力的世界一流品牌。

（1）是国企坚持党的领导的重要体现。在生产经营、企业管理和品牌建设等过程中都要体现党的领导，这既是确保国企发展不偏离政治方向的需要，也是国有企业做

强做优做大的根本保证。

（2）是打造中国特色品牌的内在要求。在党组织领导下打造世界一流品牌，能充分体现中国国有企业的企业气质和企业文化，使品牌成为讲述好中国故事、传播好中国声音，促进中外民众相互了解和理解的重要载体。

（3）是有力统筹规划品牌建设的重要保证。世界一流品牌建设是一项长期、巨大的复杂工程，需要党组织纵览全局、统筹协调，才能有力有效地推进。

二、国企党组织领导打造世界一流品牌的现状

为更加全面了解我国国有企业党组织领导打造世界一流品牌的现状，本课题组采用问卷调查法，面向多个中央企业和地方国企的职工发放了3420份问卷，并结合学界研究成果和调研结果，总结出当前国企党组织领导打造世界一流品牌的重要成就以及存在的主要问题。

（一）国企党组织领导打造世界一流品牌的重要成就

党的十八大以来，国企在全面深化改革进程中不断迈向高质量发展阶段，党组织领导打造世界一流品牌也取得了一系列重要成就。

1.国企品牌建设意识不断增强

调研显示，65.6%的国企职工认为其所在企业的党委领导班子非常重视品牌建设，24.8%的国企职工认为比较重视，其中中央企业职工对领导班子比较重视和非常重视世界一流品牌建设的认可度在90%以上（见图1），可见国企职工有着非常强的品牌意识。

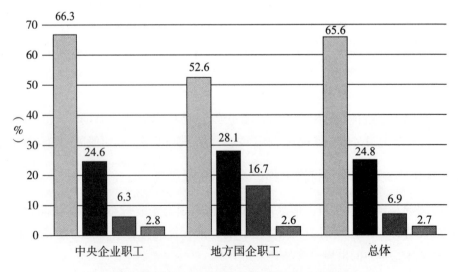

图1　国企职工对企业党委领导班子是否重视品牌建设的认知

2.世界知名的国企品牌不断增多

《世界品牌500强》排行榜显示，2013年中国共有25家企业入围，其中22家是国企，国企品牌最优排名是第53名；2021年中国共有44家企业入围，其中34家是国企，国企品牌最优排名是第23名（见图2）。

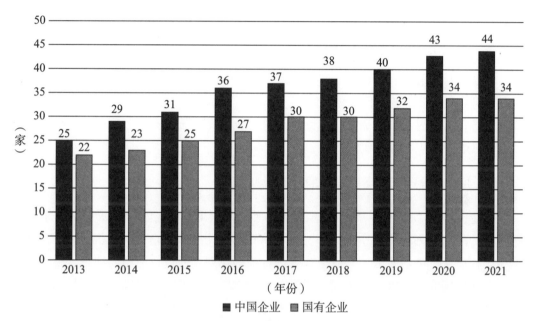

图2 2013—2021年中国企业、国有企业入围《世界品牌500强》数量

（资料来源：世界品牌实验室网站，http://www.worldbrandlab.com/）

3.国企品牌形象不断提升

党的十八大以来，国企不断向着产业链上游发展，高端产品正在逐步替代过去的廉价商品，国企凭借着过硬的技术和优质的服务，赢得了海内外广大消费者的认可。

（二）国企党组织领导打造世界一流品牌的主要问题

通过问卷调查分析并综合国内外相关研究，可以发现，目前国企党组织在领导打造世界一流品牌过程中主要存在品牌建设意识不强、品牌建设的系统规划和宏观统筹缺乏、品牌的海外传播能力不足以及基层职工积极性未得到充分发挥等问题，这些问题制约着国企建设世界一流品牌的实践步伐。

三、国企党组织领导打造世界一流品牌的实践路径

国有企业打造世界一流品牌，既要立足于中国的历史文化、基本国情和国企优势，又要着眼于世界潮流、不同国家的历史文化。中材国际坚持以振兴民族工业为使命，

走自强发展之路；以融入全球经济为契机，走国际化发展之路；以科技创新为动力，走绿色智能发展之路；以社会责任为担当，走和谐发展之路，成功摸索出打造SINOMA品牌的实践路径。

（一）增强党组织领导企业做强做优做大的领导力

国企党组织需要不断增强领导做强做优做大企业的领导力，充分发挥"把方向、管大局、保落实"作用，促进企业不断向上发展。中材国际坚持将企业党组织内嵌到公司治理结构之中，明确党委在决策、执行、监督各环节的权责和工作方式，保证SINOMA品牌建设战略顺利落地；坚持党管干部原则，培养一支高素质的领导队伍，提升打造世界一流品牌的工作能力；制定"十四五""1236"发展战略，以"推动绿色智能，服务美好世界"为使命，以建设"材料工业世界一流服务商"为愿景，统筹领导打造SINOMA世界一流品牌建设全局。

（二）加强世界一流品牌建设的战略规划

打造世界一流品牌是一项系统、复杂和艰巨的工程，国企党组织必须将其纳入企业发展的战略规划之中。中材国际党委在2002年提出建设SINOMA国际品牌的目标，围绕工程质量、创新能力、经营模式等进行统筹规划，通过打造精品项目、举办国际会议、开展国际战略合作等方式，提升SINOMA品牌的国际知名度。加大品牌建设宣传和规划力度，使企业全体员工充分认识到打造世界一流品牌的重要性和战略意义，以实际行动积极参与到品牌的建设、塑造和维护之中。建立健全专门的品牌建设部门，配齐人才队伍，给予经费等各方面的专门保障。

（三）提升党组织领导推进企业技术创新的行动力

科技是第一生产力，创新是第一动力，要坚持科技创新在打造世界一流品牌全局中的核心地位。中材国际以打造世界一流品牌的高度自觉推动创新链与产业链深度融合，构建起"研产用"一体化创新体系，形成了一批高水平科研成果和专利。目前，中材国际拥有6个国家级创新平台，发布国际、国家及行业标准235项，拥有专利2803项，获得中国专利奖2项、国家科学技术进步奖24项（含1项发明奖），收获了中国工业大奖、国家优质工程金质奖、制造业单项冠军等诸多荣誉，为打造世界一流品牌奠定了坚实的技术基础。

（四）开拓企业党组织国际视野与战略格局

世界一流品牌不是自封的，而是在激烈的国际竞争中锻造的。中材国际党委围绕打造世界一流品牌，制定"走出去—走进去—走上去"的国际化发展战略，在走向世界的进程中打响国际品牌。为稳步塑造良好的品牌形象，中材国际以单个国家及其项目的实施为突破点，在获得业主和市场肯定的基础上稳扎稳打，向某个地区扩展，继而打开全球市场。目前，中材国际已经在全球80余个国家建成了1500余座现代化工厂，拥有属地化机构36家，带动6000余家中国企业走向世界，SINOMA品牌已经成为世界建材工业靓丽的中国名片。

（五）积极倡导企业承担世界公民的社会责任

如何履行社会责任，是消费者观察企业的一扇窗。单纯追求高经济效益而忽视社会效益，只会对国企的品牌形象带来负面影响。中材国际深知履行社会责任对于打造SINOMA品牌的重要意义，在实现经济效益的同时，重视社会效益，在环境保护、社区建设、文化融入、雇员福利、社团利益、慈善事业等方面积极作为，使所在国民众共享合作发展成果。坚持以人为本，重视职工关爱工作，发挥公益基金扶贫济困作用，指导全级次企业党组织、工会组织建立健全职工关爱和帮扶机制，解决职工群众困难。

（六）着力提升企业党组织国际宣传与国际传播力

国企党组织要带领企业打造世界一流品牌，需要直面全球客户，积极利用自媒体、社交网络、融媒体平台等新兴宣传业态，开展更加深入有效的品牌宣传工作。以中材国际党委在尼日利亚设立的跨文化融合试点为例，该试点在积极培育对外宣传专业队伍、搭建对外宣传多方平台的基础上，采取线上线下相结合的方式，推进企业"云开放"并邀请当地媒体、民众走进企业，增进企业与当地民众的感情。此外，该试点积极开展中外员工共度节日活动，促进彼此沟通交流，讲好中国故事，传播中国声音，塑造中国形象。

（七）锤炼基层党组织打造世界一流品牌的组织力

国有企业要增强基层党组织的组织功能，团结带领国企广大党员干部、职工群众共同打造世界一流品牌。海外业务是中材国际的关键业务，境外党建是发挥基层党组织建设SINOMA品牌积极性的关键一环。因地制宜，严密组织体系，根据驻外机构特点，灵活设置党的组织，确保党员全部纳入有效管理，基本落实项目经理与党支部书记"一肩挑"制度；建章立制，不断完善制度体系，制定《中材国际党委关于境外机构（项目）党建工作的实施意见（试行）》，建立健全《海外项目部党建工作管理办法》《境外党支部标准化建设手册》，推动境外党建工作制度化、规范化；党管人才，建设国际化人才体系，深化市场化选人用人机制，全球招聘境外属地公司职业经理人，紧紧依托基层党组织和党员干部团结带领职工群众共同打造SINOMA品牌。

四、国企党组织领导打造世界一流品牌的经验启示

打造世界一流品牌企业，是新时代党和国家对国有企业提出的新要求新任务。国企党组织在领导企业坚定贯彻"走出去"的战略和实践中，探索和总结出领导打造世界一流品牌企业的若干经验。

（一）坚持党组织领导打造世界一流品牌的原则不动摇

在打造世界一流品牌的过程中，党的领导有助于为品牌建设提供坚强的政治保证，使品牌真正彰显中国力量、中国智慧和中国价值观念。因此，国有企业党组织就是要树立起领导打造世界一流品牌的自信自觉，坚持高站位布局、高水平规划世界一流品牌的建设方案；就是要将党的领导融入打造世界一流品牌的各环节，在党的领导下规范产品生产环节、严格管理秩序、推动科技创新、激发工作热情、开展国际宣传，塑造良好的品牌国际形象；就是要充分发挥企业党建功能，教育、凝聚和动员国有企业广大职工，激发全员的劳动热情和创造活力，从而在国有企业内部形成打造世界一流品牌强大的凝聚力与向心力。

（二）坚持围绕国家"走出去"战略建设世界一流品牌

我国国有企业是参与全球品牌竞争与合作的"国家队"，应当深刻理解党中央实施"走出去"的深远意义，围绕国家"走出去"战略打造世界一流品牌。当今世界正经历百年未有之大变局，国企党组织就是要通过打造世界一流品牌不断扩大国际市场、吸引国际资源，促进国际国内双循环；就是要结合国家"一带一路""中非命运共同体"等国家战略有力推进一流品牌建设；就是要深刻理解中国对外开放在市场机制、意识形态等方面面临的难题，既要做好在国际竞争中的应对之策，也要努力使品牌建设成为真实的中国声音的传播者。

（三）坚持融汇中西文化打造世界一流品牌

品牌文化建设是打造世界一流品牌的重要环节，必须加快建构起一套既能彰显中国道路、中国国有企业和中国品牌的特点，又能适应于国际话语体系的理论体系和传播体系。这就要求，国有企业党组织在保留中国文化特点的基础上，创造性转化和发展中国文化，打造一流品牌文化；就是要及时学习和了解不同国家的历史文化和思维认知方式，坚持"一国一策"打造品牌；就是要深刻认识和研究海外传播规律和技巧，做到持续、有效、正面传播，展示中国企业的良好国际形象。

（四）坚持对标世界一流品牌加强制度规范建设

打造世界一流企业与世界一流品牌的要求，赋予了国有企业党组织新的使命与责任。在领导打造世界一流品牌的过程中，一些国有企业党组织存在着管理水平不高、重视程度不足等现象，影响世界一流品牌的建设效果。因此，国有企业党组织就是要加强顶层设计，推动制定管理、生产、宣传、销售等环节相应的规章制度，明确企业不同主体的责任，不断规范生产经营管理；就是要加快推进党组织领导打造世界一流品牌的行为规范的建设，明确党组织领导打造世界一流品牌的战略地位、使命责任、基本原则等，使之成为我国国有企业党组织的实践准则；就是要使制度创新、管理创新成为国有企业技术创新的重要动力，不断提高产品的生产效率、生产质量和价值内涵，更快更好地打造一批体现中国特色、具有国际竞争力的世界一流品牌。

（五）坚持"四位一体"打造世界一流品牌

国务院国资委将世界一流企业概括为"三个领军、三个领先、三个典范"，并在质量标准、技术创新、价值理念、社会责任等方面提出了明确要求。国企党组织就是要充分考虑消费者的使用价值与情感价值的满足，赋予品牌更丰富的文化内涵与精神内涵，建成更具特色的品牌文化；就是要领导国有企业承担国际治理责任，使品牌建设适应国际社会在生态、环境等方面的先进理念，打造中国企业的良好国际形象。

参考文献

[1] 胡百精. 敞开的品牌：央企品牌传播8讲［M］. 北京：中国人民大学出版社，2016.

[2] 胡正荣，李继东，姬德强. 中国国际传播发展研究［M］. 北京：社会科学文献出版社，2021.

[3] 黄升民，赵新利，张驰. 中国品牌四十年（1979～2019）［M］. 北京：社会科学文献出版社，2019.

[4] 汪同三. 品牌蓝皮书：中国品牌战略发展报告（2021～2022）［M］. 北京：社会科学文献出版社，2022.

主创人：刘　燕　董丽娜

参创人：潘韵文　荆　凯　邓洁胖　李荧琳　闫晓庆

坚持"六聚" 提升"六力"
以高质量党建推动企业转型发展

中铁武汉电气化局集团有限公司城市建设分公司

摘　要：近年来，中铁武汉电气化局城建公司党委认真学习贯彻习近平新时代中国特色社会主义思想，深入开展"六聚"党建品牌创建，"聚焦三个引领，提升企业转型发展领导力；聚焦三基建设，提升企业转型发展组织力；聚焦三支队伍，提升企业转型发展战斗力；聚焦三个融合，提升企业转型发展影响力；聚焦三项监督，提升企业转型发展保障力；聚焦三个纽带，提升企业转型发展凝聚力"，将党的建设融入企业转型和改革发展中，充分发挥党支部战斗堡垒作用和党员先锋模范作用，促进工程项目建设、推动企业改革发展取得明显成效。

关键词："六聚"　"六力"　党建融合　改革发展

2022年以来，中铁武汉电气化局集团有限公司城市建设分公司（以下简称"城建公司"）党委坚持党建工作与生产经营深度融合，聚焦"抓效益、创信誉"，以推动企业高质量发展为主线，充分发挥"把方向、管大局、保落实"作用，推动企业转型发展取得成效。全年中标20余项工程，涉及水利、公用建筑、市政道路、铁路专用线、迁改、新基建、地铁城际运维等多个领域，新签合同及营业收入额创历史新高，公司党委被评为中国中铁先进基层党组织。

一、实施背景

坚持党的领导、加强党的建设是我国国有企业的光荣传统，是国有企业的"根"和"魂"。《中国共产党章程》规定："国有企业党委（党组）发挥领导作用，把方向、管大局、保落实，依照规定讨论和决定企业重大事项。"这为新时代国有企业党委确立领导地位、发挥领导作用指明了方向。站在"十四五"规划这一特殊历史节点上，国有企业党委引领企业改革发展的地位重要、使命光荣、职责重大、任务艰巨，必须在深化国有企业改革和完善企业治理中充分发挥领导作用，以过硬的政治领导力为统领，全面加强和改进党的建设，努力当好企业改革发展的"火车头"。

城建公司是世界"双五百强"企业中国中铁股份有限公司所属中铁武汉电气化局集团有限公司的二级公司，经历两次重组整合，企业改革发展面临着重重困境。如何融入中心抓党建，找好党建与中心工作的契合点，是公司党建工作面临的重要课题。近年来，公司党委认真学习贯彻习近平新时代中国特色社会主义思想，开展"六聚"党建品牌创建，聚焦三个引领，提升企业转型发展领导力；聚焦三基建设，提升企业转型发展组织力；聚焦三支队伍，提升企业转型发展战斗力；聚焦三个融合，提升企业转型发展影响力；聚焦三项监督，提升企业转型发展保障力；聚焦三个纽带，提升企业转型发展凝聚力，将党的建设融入企业转型和改革发展中，充分发挥党支部战斗堡垒作用和党员先锋模范作用，促进工程项目建设、推动企业改革发展取得明显成效。

二、主要做法

（一）聚焦三个引领，提升企业转型发展领导力

公司党委把学习习近平新时代中国特色社会主义思想作为提高政治站位、强化思想理论武装的重要手段，深入学习党的二十大精神，切实增强"四个意识"、拥护"两个确立"、做到"两个维护"。一是强化思想引领，制订年度党委中心组理论学习计划，通过邀请中共广州市委党校和广州大学马克思主义学院专家授课、开展现场践学研讨等形式，深入学习党的十九届六中、七中全会及党的二十大等系列会议精神，先后以党的二十大精神、习近平经济思想、"三个转变"、安全生产等为主题开展集中学习研讨9次，推动学习成果转化。二是强化政治引领，发挥党委把方向、管大局、保落实作用，构建和落实集体决策制度体系，修订完善了《党委会议事规则》等制度办法，细化党组织研究讨论前置程序清单，严把决策程序关、范围关和讨论表决关，做到"抓住大事定议题，个别酝酿求共识，集体讨论做决断，分工负责抓落实"。全年召开党委会议18次，学习习近平重要指示批示63项，对55项议案履行前置研究程序。三是强化发展引领，在企业发展思路、发展战略、发展定位、重大原则、重大决策等方面把关定向，确保党对企业发展的正确领导。坚持召开年度党委扩大会议研究年度重点工作，提出开展"四大活动"和"六聚焦六突破"发展举措，督促推进"十四五"规划及三年滚动计划落实，确保企业转型发展方向不偏。

（二）聚焦三基建设，提升企业转型发展组织力

坚持以党的政治建设为统领，深入聚焦"三基"建设，不断激发内生动力，为"打造一流城建　建设幸福企业"提供坚强保障。一是建强基本组织。结合专业化项目管理公司组建，调整优化基层党组织设置，做到应建尽建，确保党组织全覆盖、作用有效发挥、管理流程高效畅通。二是健全基本制度。修订公司党建责任制考核评价

办法、新形势下项目党建工作实施办法等，完善"五双"党建活动方案，制订"双聚"党建活动方案，推进党建责任制落实，与基层单位党组织签订党建责任书，督促落实"三会一课"制度、党组织委员会会议制度、党支部书记季度写实制度、党建工作任务清单制度，督促党群部门编制业务工作标准化手册，推动党建工作管理标准化。开展党建联建活动，先后与广州地铁、广州大学黄埔研究生院、武汉光谷中华科技园投资有限公司、湖北省武汉东湖新技术开发区人民检察院、中国铁路设计集团有限公司等开展党建联建活动，推动党建经营融合发展。三是培育基本队伍。强化党员教育管理，深化主题党日活动成效，引导广大党员树立"合格党员"的标准就是工作效率多提高5%、重要任务多承担5%、工作质量多提升5%的理念。以"五双"党建活动为载体，推动党组织和党员明岗位、知责任，引导党员切实发挥模范带头作用，主动担当作为，推进企业转型发展。深化党员创新活动，全年完成项目科研立项10个、专利申报11个、工艺工法编报7个。开展党支部书记谈发展系列活动，增强支部书记提素质、强管理、谋发展的能力。举办党群干部培训班，实施党群干部轮岗交流，推动党群人才队伍建设。《念好"五字经"推动转型发展》在国企网、《国企》杂志上刊发，《"和合城建"促转型》在《国企管理》杂志刊发，《党建如何成功推动企业转型发展——基于"五双"党建活动实践》成果获2022年广州市党建学会调研成果二等奖。《"和合城建"企业文化建设的实践》获2022（第八届）国企管理创新成果二等奖、第三届现代工业企业创新成果现代工业企业党建创新成果最佳奖，《"五双"党建活动推动企业转型发展的实践》获第三届现代工业企业创新成果现代工业企业管理创新成果二等奖。公司党委荣获"新时代党建+企业文化"示范单位、中国中铁先进基层党组织，公司党委书记黄进荣获"企业党建实践创新典范人物"。

（三）聚焦三支队伍，提升企业转型发展战斗力

公司党委积极探索新时代国企党建工作新内涵新方法，贯彻落实"党要管党、全面从严治党"和"党管干部、党管人才"，通过抓好三支队伍建设，有效推动企业高质量转型发展。一是提升领导班子谋划发展能力。修订"四好"班子管理办法，明确建设及考核标准，修订公司领导班子成员契约化任期制管理办法，与领导班子成员签订年度绩效责任书，组织公司新任职领导班子成员参加委外培训班，实行班子成员定期晒行程、晒计划、晒成果制度，增强了领导班子整体合力。调整优化基层领导班子，补充4名"90后"中层正职领导班子成员。二是提升干部队伍干事创业能力。坚持党管干部原则，把好干部选拔任用关，统筹运用民主测评、业绩考核、日常履职等考核结果，加大奖惩力度，形成能者上、优者奖、庸者下、劣者汰的鲜明选人用人导向。强化干部培训工作，在中国大连高级职业经理学院举办中层干部网络培训班，有效提升了中层干部队伍的综合素质。开展中层干部月度写实活动，督促干部牢记职责，激发干事创业活力。三是提升人才队伍创新创效能力。开展人才队伍现状调研，制订菁

英人才工程实施方案，实施外部招聘、内部公开招聘，实施见习项目领导岗位、挂职锻炼、优秀大学生新秀评选表彰、大学生补贴、大学生"三阶段培养、五年跟踪"、大学生轮岗交流、双导师带徒等举措，有效地推动人才队伍建设。

（四）聚焦三个融合，提升企业转型发展影响力

公司党委始终坚持将意识形态工作融入主责主业，不断提高对外宣传的工作质量，展示公司高质量发展的良好形象，以政治理论引导高质量发展。一是推动宣传思想融合，增强发展共识。落实意识形态工作责任制，开展形势任务教育，领导班子成员带头开展现场宣讲，统一干部职工思想，凝聚发展共识。强化对内对外宣传报道，以重点工程、重点工作、重要时间节点、先进人物等为重点，通过中央电视台、光明网、《人民日报》《湖北日报》等中央及省部级媒体报道粤港澳大湾区广州集装箱物流基地、佛莞城际、汕汕高铁等铁路项目，以及滨湖、豹澥等民生工程，宣传湖北省五一劳动奖章获得者陈林等先进人物的事迹，展示企业品牌形象。二是推动党建业务融合，促进管理提升。围绕中心工作，开展"思想大解放、发展大对标、系统大培训、管理大提升"四大活动，开展"解放思想年""能力提升年"，通过"学习研讨、调研对标、查摆问题、整改提升"四个环节，实现"五破五立五提升"，通过实施"698"能力提升工程，逐步提升领导班子、公司后台、项目部三个层面综合能力素质，实现公司五大综合能力提升。先后组织对标中建三局集团华南有限公司、武汉市汉阳市政建设集团有限公司，举办城建大讲堂，邀请中国建筑第三工程局有限公司商务管理专家，围绕房建专业大商务体系建设进行授课，有效促进了项目效益提升三年行动、大商务体系建设等重点工作。三是推动企业文化融合，凝聚发展合力。大力推进和合城建企业文化建设，举办"喜迎二十大、聚力再出发"企业文化节系列活动，定期编辑出版《和合城建》期刊，制作城建公司企业形象宣传片，对外展示了企业形象、提升了影响力。

（五）聚焦三项监督，提升企业转型发展保障力

公司坚持以习近平新时代中国特色社会主义思想为指导，以强化三项监督为着力点，为推动企业高质量发展提供坚强保障。一是强化党纪组织监督，以党风廉政建设推动企业正风肃纪。落实党委主体责任，与各单位签订党风廉政建设责任书，定期召开党风廉政领导小组会议，党委、纪委沟通会商会议，定期研究党风廉政建设，推动新时代廉洁文化"六个一"活动收到实效。召开警示教育大会，对问题进行曝光，起到了一定的震慑作用。与湖北省武汉东湖新技术开发区人民检察院在滨湖项目开展企检共建活动，通过签订廉洁共建协议、赠送廉政书籍、邀请检察院专家讲授预防职务犯罪等形式，推动项目"一安两优"目标实现。二是强化巡察监督作用，以巡察问题整改推动企业管理水平提升，提出"六抓"和"五制化"整改要求。"六抓"即提高

站位抓整改、明确目标抓整改、压实责任抓整改、统筹协调抓整改、务求实效抓整改、严肃纪律抓整改；"五制化"即整改任务责任制、整改问题清单制、整改推进台账制、整改结果公示制、整改不力问责制。全面梳理、研究集团公司巡察组移交的四个方面27项问题，并分解至各对口部门，结合实际制定整改措施75项，按要求积极推动巡察整改"后半篇文章"，整改过程中修订完善各类规章制度56项。三是强化审计监督作用，建立公司审计专家库，制订年度审计计划，推动项目过程审计、久竣未结项目审计、项目经理离任审计全覆盖。先后对原深圳区域项目部、大田项目部、东海岛项目部、西成项目部、成贵项目部、原华中区域项目部等进行审计，开展项目审计及发现问题处理、亏损项目治理及责任追究工作，对相关违规问题进行了处理通报，促进了管理水平提升。

（六）聚焦三个纽带，提升企业转型发展凝聚力

坚持以人民为中心的发展理念，不断创新工会、共青团工作载体，强化职工群众利益、事业和情感纽带。一是强化职工利益保障。确保工资及时发放，修订薪酬管理办法，加强考核激励，努力提高职工收入。加强"三工建设"，为公司本部及项目部购置健身器材、置办职工书屋，不断改善职工工作生活环境。二是强化职工参与。开展"喜迎二十大、建功十四五"主题劳动竞赛，掀起经营开发和施工生产高潮，有效推动了公司年度各项目标的完成。开展"学制度、抓执行、强管理"网络知识竞赛、"我为转型发展献计"活动，提高职工参与公司经营管理的主动性。开展"青年素养提升"工程，党委书记讲授专题团课，举办建团100周年系列活动，召开大学生座谈会，研究青年关注的问题，引导团员青年参与创新创效活动、青年安全岗等活动，推动团员青年成长成才。三是强化职工关爱。关注职工思想动态，开辟心理咨询室，邀请心理学专家进行授课，开展职工思想状况调查，针对普遍关注的问题和事项，责成相关部门认真研究解决，回应职工期盼。开展职工业余文化生活兴趣小组活动，组织开展多种形式的参观学习、实践体验、分享交流活动，与集团公司总部、武汉光谷建设投资有限公司、中新广州知识城园区总工会联合举办足球、篮球比赛，进一步丰富广大职工的业余生活，增进员工与员工、企业与属地及业主的交流。开展"书香城建"读书分享活动，鼓励干部职工业余时间多读书，营造学习氛围，公司职工书屋荣获"中华全国总工会职工书屋——便利型阅读站点"荣誉称号，持续开展"冬送温暖""夏送清凉""员工生日、节日慰问""三让三不让承诺"等活动，推动幸福企业建设。

三、主要成效

党的政治优势，做实了就是生产力、做强了就是竞争力、做细了就是凝聚力、做活了就是发展力。城建公司党委通过开展"六聚"党建活动，有力推动了企业党建工作与生产经营融合，助力企业高质量发展取得明显成效。2022年，城建公司生产经营

达到了新高度、改革创新取得了新成就、转型发展实现了新突破，先后中标兴县至保德县地方铁路二期工程瓦塘至冯家川复线项目铁路四电工程、开封宋城文化广场项目、武汉市光谷第四十二小学工程总承包（EPC）项目、流芳园西路（流芳园南路—流芳园横路）工程总承包项目、光谷中心城西社区邻里生活中心项目、194C地块创新人才基地项目、光谷中心城中轴线区域地下公共交通走廊及配套工程后期运营弱电工程总承包项目、南湖锦绣良缘周边初雨调蓄及景观提升工程总承包项目、广州至清远城际轨道交通机电运维项目等近20项工程，实现了第一个水利项目、第一个风电项目、第一所学校、第一个城市综合体、第一条市政道路、第一条保税区铁路专用线工程、第一个地下空间智慧城市项目、第一个城际运维项目等多项"第一"的突破。建成大田物流基地、佛莞城际，诺德逸都、雄东装修等房建项目如期交付，滨湖民生项目实现6栋封顶，在建项目安全生产有序可控，连续9年实现安全生产，滨湖、豹澥还建房项目连续在武汉东湖新技术开发区房建项目综合检查评比中获得央企第一名的好成绩，企业品牌影响力得到有力彰显，公司发展势头持续向上向好。

主创人：黄　进
参创人：何文博　钱　程